海棠花红 美美与共

文明先锋激扬新时代吴江精神

陈忠 著

中国纺织出版社有限公司

图书在版编目（CIP）数据

海棠花红　美美与共：文明先锋激扬新时代吴江精神 / 陈忠著 . -- 北京：中国纺织出版社有限公司，2021.4（2025.1 重印）

ISBN 978-7-5180-8390-9

Ⅰ . ①海… Ⅱ . ①陈… Ⅲ . ①中国共产党—党员—先进事迹 Ⅳ . ①D263

中国版本图书馆 CIP 数据核字（2021）第 039586 号

HAITANGHUAHONG MEIMEIYUGONG：WENMING XIANFENG JIYANG XINSHIDAI WUJIANG JINGSHEN

责任编辑：范雨昕　　责任校对：寇晨晨　　责任印制：何　建

中国纺织出版社有限公司出版发行
地址：北京市朝阳区百子湾东里 A407 号楼　邮政编码：100124
销售电话：010 — 67004422　传真：010 — 87155801
http://www.c-textilep.com
中国纺织出版社天猫旗舰店
官方微博 http://weibo.com/2119887771
永清县晔盛亚胶印有限公司印刷　各地新华书店经销
2021 年 4 月第 1 版　　2025 年 1 月第 2 次印刷
开本：710×1000　1/16　印张：18.5
字数：272 千字　定价：168.00 元

序

锦　绣　吴　江
JIN　XIU　WU　JIANG

锦　吴江的前程似锦，忆江南，最爱是吴江，鱼米之乡，风调雨顺，水孕灵秀。立足本地，放眼全球，以博大精深的气魄打造高质量发展新吴江。

绣　吴江是绸都，丝绸之府，丝绸纺织世界闻名，吴江的发展力求精致，精益求精。产业精耕，创新引领；城市精美，生态乐居，秀外慧中；文化精深，文人辈出，江南特色。

吴　"口"寓意鱼米之乡，热情好客，美食琳琅，"太湖三白"闻名于世，美食节成为旅游风景线，运河宴是招牌；"天"寓意风调雨顺，四季分明，宜创业，宜居住。

江　"水"寓意江南水乡，文化积淀深厚，运河、太湖养育了吴江人民；"工"寓意自古以来就工业基础雄厚，明清时期出现资本主义生产萌芽，民营经济发达，工厂林立，工业旅游发达，工匠精神传承。

新时代，吴江抢抓长三角一体化国家战略的发展机遇，快上新台阶，全力打造"创新湖区"、建设"乐居之城"，争当贯彻新发展理念的引领区、一体化发展的标杆区、高质量发展的样板区。

积极参与文明实践活动，践行志愿服务精神：奉献、友爱、互助、进步。苏州市吴江区在文明城市建设过程中，积极发挥党建引领作用，努力践行新时代文明实践，传播新思想，引领新风尚。践行社会主义核心价值观，精神文明在吴江遍地开花结果。本书记录了苏州市吴江区一些党建＋文明典型代表的先进事迹。在中国共产党的领导下，在新时代征程中努力奋斗，他们是文明先锋的代表，是吴江精神的浓缩展现，代表130余万吴江人的文明磅礴力量。

海棠花红，美美与共，文明先锋激扬新时代吴江精神，服务一体化国家战略，让"海棠花红"党建品牌以最鲜艳的姿态，迎接中国共产党成立一百周年！

陈忠

2021 年 1 月

目 录

第一篇　建设新时代文明实践中心指导理论篇 ················ **001**

中央对建设新时代文明实践中心的指导要求 ················ **002**

地方对建设新时代文明实践中心的指导要求 ················ **006**

第二篇　新时代文明实践中心实践体系风采篇 ················ **009**

新时代文明实践中心简介 ································ **010**

　文化服务中心：文旅融合促发展，文明实践扬新风 ················ **012**

　文明健康中心：党心＋医心 ································ **015**

　科技科普中心："院士行"品牌引领 ································ **017**

　教育服务中心：名师联手打造未成年人心理健康品牌 ················ **020**

新时代文明实践品牌活动 ································ **025**

　理论宣讲：精细策划促进精准宣讲开花结果 ················ **025**

　文明红利：文明家庭信用贷 ································ **028**

　好人广场：引领文明新风尚 ································ **028**

　智慧文物：文明实践融入文物保护 ················ **031**

新时代文明实践所 ··· 034

　　松陵街道新时代文明实践所 ····································· 034

新时代文明实践站 ··· 038

　　全国文明村 ··· 038

　　　黄家溪村：一样的蓝天，不一样的乡风文明 ··········· 038

　　　众安桥村：特色田园乡村典范 ····························· 043

　　省文明村 ·· 046

　　　开弦弓村：独树一帜，践行法治德治自治三位一体的乡村治理模式 ··· 046

　　区文明村 ·· 048

　　　蠡泽村：带有"范蠡"特色的乡风文明 ···················· 048

　　　红旗村：一体化发展"农业样板"示范目标 ··············· 051

　　特色村 ··· 054

　　　吴越村："前世今生"传承文明小康梦 ···················· 054

文明实践点 ··· 058

　　吴江家风家训传承馆：两个《纲要》实施典范 ············· 058

　　飘逸纺织：纺织创新体验文明实践点 ························ 062

　　中国宋锦文化园：跨越千年的丝绸记忆 ···················· 065

　　运河上街农贸市场农民自产自销区：小市场大民生开出文明花 ··· 071

第三篇　新时代文明实践特色单位风采篇 ······················· 073

文明单位联盟实践足迹：

　　文明单位以"四个融入"全方位打造文明实践品牌 ········· 074

全国文明单位···082

　亨通集团有限公司（本部）：亨通精神引领高质量发展·········082

　恒力集团有限公司（本部）：文明大提升，发展大跨越·········090

省文明单位···092

　盛虹控股集团有限公司（本部）：树时代新风，谱文明新篇·····092

　康力电梯股份有限公司：文明实践融入民族工业世界品牌建设···099

　苏州市吴江区人民法院：司法为民，公正司法···············102

　苏州市吴江区人民检察院：文明厚德树正气，检察之花别样红···107

　苏州市吴江区公安局：为人民服务，树文明新风·············112

　苏州市吴江区交通运输局：

　　文明创建厚积发展动能，服务经济争当先行示范···········117

　苏州市吴江区商务局：文明实践强精神，商务发展添动力·····120

　苏州市吴江区行政审批局：

　　打造第一窗口文明高地"无疆服务"文明品牌···············125

　苏州市吴江区市场监督管理局：文明实践提效能，市场监管促发展···128

　江苏省苏州市吴江区烟草专卖局：同心致远，争当先锋·······135

　苏州市吴江区气象局：观云测天显本领，用好气象服务民生···136

　中华人民共和国吴江海关：踞吴越胜地，铸忠诚国门·········139

　国家税务总局苏州市吴江区税务局：

　　"税映锤红"谱新篇，凝心聚力促发展·····················144

　苏州市住房公积金管理中心吴江分中心：

　　文明实践融入民生服务，助力建设"乐居之城"·············149

　国网江苏省电力有限公司苏州市吴江区供电分公司：

　　百年历程，人民电业为人民·····························152

中国邮政集团有限公司苏州市吴江区分公司：

奏响文明实践乐章，彰显"国家队"使命担当 ·········· 155

中国电信股份有限公司吴江分公司：文明实践融入"智慧吴江" 159

中国移动通信集团江苏有限公司吴江分公司：

文明实践融入服务，核心价值引领发展 ············ 163

中国人民银行吴江支行：文明实践促发展，金融为民有担当 ········ 167

江苏苏州农村商业银行股份有限公司：

党建＋文明发挥文明"主引擎"作用 ············· 171

苏州市吴江区图书馆：百年耕耘，书香城市文明实践窗口 ········ 175

区文明单位 ································· 178

苏州巨联环保有限公司：

"绿色"本色服务风采，生态文明的护航卫士 ········· 178

中国邮政储蓄银行股份有限公司苏州市吴江区支行：

不忘初心，扎根地方，做好普惠金融的文明实践 ········ 183

苏州市吴江区消防救援大队：

文明实践融入安全管理，"平安象侠"安全行动 ········ 187

苏州市吴江区总工会：念好"争抢闯快拼"五字诀 ·········· 189

中国建设银行吴江盛泽支行：

支持乡村振兴发展，助力文明城市建设 ············ 191

苏州盛泽科技创业园发展有限公司：科技创新，文化创意 ········ 192

江苏省吴江东太湖生态旅游度假区（太湖新城）财政和资产管理局：

"财资税苑"引领发展重心，财政文化统筹管理全局 ······· 200

区文明校园 ································ 207

苏州市吴江区盛泽第二中学：创新践行社会主义核心价值观方法 ···· 207

特色单位 ··· **208**

　苏州市吴江生态环境局：美丽中国，我是行动者 ··················· **208**

　苏州市吴江区供销合作总社："为农务农姓农"服务乡村振兴 ··· **211**

第四篇　新时代文明实践特色村镇防疫风采篇 ············· **215**

文明镇：多措并举，城乡联动，筑战"疫"堡垒 ····················· **216**

　全国文明镇 ··· **216**

　　同里镇：文明同里，志愿先锋 ··· **216**

　省文明镇 ·· **217**

　　黎里镇：联合治水，共同"抗疫" ······································ **217**

　　盛泽镇：靠前指挥，一线作战 ··· **218**

文明村：深挖细查，移风易俗，树战"疫"新风 ····················· **220**

　省文明村 ·· **220**

　　同里镇合心村："三拒绝四防控"打赢防御战 ······················ **220**

　　平望镇莺湖村：全面摸排，守好责任田 ······························ **221**

　　震泽镇三扇村：点面结合，打好阵地战 ······························ **221**

第五篇　新时代文明实践团队及个人风采篇 ··················· **223**

新时代文明实践团队 ··· **224**

　吴江区委宣传部防疫志愿队：在基层一线防疫锤炼宣传业务本领 ··· **224**

盛泽体育总会志愿团队：亚洲跳水冠军郑曲琳领衔志愿防疫 ·········· **226**

苏州市吴江区美美与共助学志愿者协会：美人之美，美美与共 ·········· **227**

盛泽爱心义工协会：感恩志遇　益路有你 ·········· **230**

新时代文明实践个人 ·········· **236**

王一青：持之以恒的精神追求 ·········· **236**

王仁龙：盛泽近50年教龄教育志愿服务者 ·········· **238**

周鑫华：八圻农民艺术家用非遗农民画讴歌新时代 ·········· **241**

安娜："中国好人"与"喜马拉雅"的未成年人教育故事 ·········· **248**

大手拉小手：防疫卫士与新时代好少年 ·········· **251**

陈英：身边的志愿者，我为大家保平安 ·········· **254**

童充：苏州时代新人，引领社会风尚 ·········· **255**

第六篇　新时代文明实践精品创作欣赏篇 ·········· **259**

吴江区公共文化艺术中心：文明实践融入文艺创作精品 ·········· **260**

苏州市吴江区松陵街道：志愿之歌 ·········· **264**

吴晓风：《丝语江南》入选江苏省委宣传部"中国梦"主题新创作歌曲 ··· **265**

华也：新时代文明新风精品赏析（六篇） ·········· **268**

吴雪森：盛泽文联协会防疫作品赏析（两篇） ·········· **278**

第一篇

建设新时代文明实践中心指导理论篇

◎ 要推进新时代文明实践中心建设，不断提升人民思想觉悟、道德水准、文明素养和全社会文明程度。建设新时代文明实践中心，是深入宣传习近平新时代中国特色社会主义思想的一个重要载体，要着眼于凝聚群众、引导群众、以文化人、成风化俗，调动各方力量，整合各种资源，创新方式方法，用中国特色社会主义文化、社会主义思想道德牢牢占领农村思想文化阵地，动员和激励广大农村群众积极投身社会主义现代化建设。

中央对建设新时代文明实践中心的指导要求

中央提出，根据《关于建设新时代文明实践中心试点工作的指导意见》，为推动习近平新时代中国特色社会主义思想更加深入人心，进一步加强改进农村基层宣传思想文化工作和精神文明建设，打通宣传群众、教育群众、关心群众、服务群众的"最后一公里"。总体要求全面贯彻党的十九大和十九届二中、三中全会精神，以习近平新时代中国特色社会主义思想为指导，紧紧围绕统筹推进"五位一体"总体布局和协调推进"四个全面"战略布局，牢固树立和贯彻落实新发展理念，坚持以人民为中心的发展思想，坚持"两手抓、两手都要硬"的战略方针，适应社会主要矛盾的变化，聚焦实施乡村振兴战略，着眼凝聚群众、引导群众，以文化人、成风化俗，调动各方力量，整合各种资源，创新方式方法，用中国特色社会主义文化、社会主义思想道德牢牢占领农村思想文化阵地，不断满足人民日益增长的精神文化需求，丰富人民精神世界，增强人民精神力量，提升人民精神风貌，更广泛、更有效地动员和激励广大农村群众积极投身决胜全面建成小康社会、全面建设社会主义现代化国家。

建设新时代文明实践中心试点工作，要坚持目标导向和问题导向相结合，重点围绕农村基层宣传思想文化工作和精神文明建设谁来做、做什么、怎样做的问题，充分发挥县级党委和政府统筹协调、组织实施的重要作用，推动农村基层党组织履行好直接组织、宣传、凝聚、服务群众的重要职责，充分发挥党员先锋模范作用，有效调动广大农村群众自我教育、自我提高、自我服务的积极性、主动性，整合社会各方面力量建设一支群众身边的志愿者队伍，因地制宜开展经常性、面对面、农村群众喜闻乐见的文明实践活动，大力培育和践行社会主义核心价值观，切实提高农村群众的思想觉悟、道德水准、文明素养、法治观念，更好地推动农民全面发展、农村全面进步。

试点工作以全县域为整体，以县、乡镇、村三级为单元，以志愿服务为基本形式，打通城乡公共文化服务体系的运行机制、文化科技卫生"三下乡"的工作机制、群众性精神文明创建活动的引导机制，整合人员队伍、资金资源、平台载体、项目活动，推动基层宣传思想文化工作和精神文明建设改革创新，实现更富活力、更有成效、更可持续的发展。

三级设置　在县一级成立新时代文明实践中心，由县（市、区）党委书记或专职副书记担任中心主任，中心办公室设在县（市、区）党委宣传部，宣传部部长担任办公室主任。在乡镇一级成立新时代文明实践所，由乡镇党委主要负责同志担任所长。在行政村设新时代文明实践站，由村党组织主要负责同志担任站长。

盘活资源　整合现有基层公共服务阵地资源，打造理论宣讲平台、教育服务平台、文化服务平台、科技与科普服务平台、健身体育服务平台，统筹使用，协同运行。打通党校（行政学院）、党员电教中心、党员活动室、道德大讲堂、村级组织活动场所和综合服务中心等，建立理论宣讲平台；打通普通中学、职业学校、小学、青少年宫、青少年校外活动场所、儿童活动中心、乡村学校少年等，建立教育服务平台；打通基层文联组织、乡镇文化站、文化馆、群艺馆、图书馆、博物馆、影剧院以及歌舞团、戏剧团等，建立文化服务平台；打通科技示范基地、农村科技创新室、科技信息站、益农信息社、科普中国乡村e站、科普大篷车、科普活动室、农家书屋等，建立科技与科普服务平台；建好用好县级体育场馆、农村健身广场、农村文化活动广场，推动中小学体育设施对外开放，建立健身体育服务平台。涉及各平台的机构、人员、资源设施等权属不变，根据文明实践工作需要统一调配使用。

建立队伍　新时代文明实践中心（所、站）的主体力量是志愿者，主要活动方式是志愿服务。县级新时代文明实践中心组织和引导志愿者组建新时代文明实践志愿服务总队，由县（市、区）党政主要负责同志担任总队长。有条件的乡镇、行政村也可以组建新时代文明实践志愿服务队伍。志愿服务队伍的组成主要来自两个方面：一是党政机关、国有企事业单位特别是涉农部门、宣传部门、教育部门、文化和旅游部门、住房城乡建设部门以及学校、党校（行政学院）的在职人员，志愿者所在单位要创造必要条件支持志愿者开展活动；二是乡土文化人才、科技能人、科技特派员、律师、"五老"人员、退休文化工作者、先进人物、文艺志愿者、大学生志愿者、创业返乡人员等。

明确职责　县级新时代文明实践中心负责文明实践工作的统筹协调和组织实施，指导乡、镇、村开展工作，研究制订工作规划，对主要内容、培训教材、人员队伍、活动项目等做出计划并具体实施，做好志愿者的组织引导、登记注册、表彰嘉许、权益保障工作，依托各种平台组织志愿者开展文明实践活动。乡镇新时代文明实践所发挥承上启下作用，按照统一规划部署，结合实际抓好落实，推动村新时代文明实践站常态化开展活动。村新时代文明实践站结合农村群众的生产劳动和实际需要，运用本地资源优势，用农村群众喜闻乐见的形式开展活动。

加强保障　县（市、区）党政主要负责同志要亲自抓、带头做，层层压实责任，推动资源整合和工作落实。县（市、区）党委宣传部要充分发挥指导、协调作用，做好文明实践内容的审核把关，统筹调配各种资源和力量，加强对活动开展情况的督促检查。文明实践工作的基本经费原则上由县级财政提供，上级财政视情予以必要支持。同时，统筹协调文明委成员单位尽职尽责，各展所长，积极参与，鼓励引导社会力量通过多种方式支持文明实践工作。

总结经验　试点地方要围绕加强组织领导、组建志愿服务队伍、整合资源平台、开展文明实践活动、建立运行机制、政策支持保障等，积极探索、勇于创新，努力积累、及时总结行之有效的好经验、好做法。

紧紧围绕深入学习贯彻习近平新时代中国特色社会主义思想，坚持学思用相结合、知信行相统一，着力培养担当民族复兴大任的时代新人，大力弘扬共筑美好生活梦想的时代新风。

学习实践科学理论　组织农村党员群众深入学习习近平新时代中国特色社会主义思想，引导他们领会掌握这一思想的基本观点、核心理念、实践要求，不断增进政治认同、思想认同、情感认同，增强"四个意识"、坚定"四个自信"，更加自觉地维护核心、拥戴领袖，更加自觉地在党的领导下走中国特色社会主义道路。紧密结合农民实际，组织开展形式多样的教育实践活动，让他们更真切地领悟思想，更好地用于指导生产生活实践。

宣传宣讲党的政策　广泛深入宣传解读党的十九大精神，宣传阐释党中央大政方针、为民利民惠民政策，帮助农村干部群众了解政策、掌握政策，特别是要围绕实施乡村振兴战略，把脱贫攻坚、致富兴业、农村改革、民生保障、生态环保等与农民利益密切相关的政策讲清楚、讲明白。开展生动活泼的形势政策教育、国防教育和军民共建活动，引导农村群众自觉把个人和小家的幸福，与国家的发展、民族的梦想联系起来，诚实劳动、不懈奋斗，用自己的双手创造美好生活。

培育践行主流价值　广泛开展中国特色社会主义和中国梦宣传教育，深入推进社会主义核心价值观宣传教育，引导农村群众坚定理想信念，传承弘扬中国人民的伟大创造精神、伟大奋斗精神、伟大团结精神、伟大梦想精神。深入实施公民道德建设工程，深入开展爱国主义教育，大力弘扬中华传统美德，大力倡导社会主义道德，广泛开展学习时代楷模、道德模范、最美人物、身边好人等活动，开展好邻居、好媳妇、好公婆评选和寻找"最美家庭"、创建文明村镇、创建文明家庭活动，引导农村群众向上向善、孝老爱亲，重义守信、勤俭持家。开展宪法学习宣传教育和"七五"普法活动，推动社会主义法治精神走进农村群众、融入日常生活。

丰富活跃文化生活　广泛开展群众乐于参与、便于参与的文化活动，让群众在多姿多彩、喜闻乐见的文化活动中获得精神滋养、增强精神力量。深入挖掘和弘扬中华优秀传统文化蕴含的思想观念、人文精神、道德规范，结合时代要求和地域特色进行创造性转化、创新性发展，深化拓展"我们的节日"主题活动。经常性组织开展"中国梦歌曲大家唱"、乡村广场舞、地方戏曲会演、群众体育比赛、读书看报、文艺培训等活动，提振农村群众的精气神。

持续深入移风易俗　大力开展移风易俗、弘扬时代新风行动，破除陈规陋习、传播文明理念、涵育文明乡风。倡导科学文明健康的生活方式，宣传普及工作生活、社会交往、人际关系、公共场所等方面的文明仪规范。针对红白事大操大办、奢侈浪费、厚葬薄养等不良习气，广泛开展乡风评议，发挥村民议事会、道德评议会、红白理事会、禁毒禁赌协会等群众组织的作用。切实加强无神论宣传教育，引导农村群众自觉抵制腐朽落后文化侵蚀。大力弘扬科学精神，广泛普及科学知识。

地方对建设新时代文明实践中心的指导要求

江苏省提出，中国特色社会主义进入新时代，宣传思想工作的中心环节是统一思想、凝聚力量。这就迫切需要我们紧跟时代步伐、大胆解放思想，坚持问题导向、勇于破解难题，在改革创新中让宣传思想工作始终充满旺盛的生机活力，更好地适应新时代、符合新要求。建设新时代文明实践中心，作为宣传思想工作和精神文明建设守正创新、开创新局的一个重大举措，是盘活基层、打牢基础的一项重大改革，能够更好地承担起举旗帜、聚民心、育新人、兴文化、展形象的使命任务，能够更好地提升人民思想觉悟、道德水准、文明素养和全社会文明程度，能够更好地强信心、聚民心、暖人心、筑同心。

第一，是推动习近平新时代中国特色社会主义思想深入人心、落地生根的迫切需要 坚持用习近平新时代中国特色社会主义思想武装党员、教育人民，是宣传思想工作的首要政治任务。必须按照学懂弄通做实的要求，采取切实有效措施，深化学习教育，推动这一思想走深走实走心，真正使这一思想落地生根、开花结果。建设新时代文明实践中心，就是拓展理论宣传宣讲的有效载体，创新常态化引导人民群众学习理论、践行理论的组织方式，更好地搭建起理论大众化与人民群众生产生活连接贯通的桥梁，让理论的学习宣传在城乡基层长流水、不断线，进一步彰显党的创新理论的真理力量和光芒。

第二，是激发城乡精神文明建设发展活力的迫切需要 近年来，各地对精神文明建设越来越重视，创建的氛围越来越浓厚，测评体系、测评办法更加完善，创建领域不断拓展，有力推动了各地城乡面貌改善和社会文明程度提升，为党和国家事业全面发展做出了积极贡献。但是也应当看到，随着精神文明建设的持续深入，新的增长点在哪里？源源不竭的动力在哪里？答案就在于新时代文明实践中心建设。依托新时代文明实践中心，通过学习传播党的科学理论，通过践行社会主义核心价值观，通过形式多样、丰富多彩的文明实践活动，能给一个城市、一个地区群众性精神文明创建提供内在精神动力。从一定意义上讲，新时代文明实践中心就是深化城乡精神文明建设的"发动机"和"孵化器"，能够推动创建工作既有"面子"又有"里子"，既有"颜值"又有"气质"。

第三，是进一步加强和改进基层思想政治工作的迫切需要　思想政治工作是我们党的优良传统和政治优势，是党的全部工作的生命线。新的时代条件下，思想政治工作必须因事而化、因时而进、因势而新，不断增强吸引力和感召力。建设新时代文明实践中心，就是从不断变化的实际出发，结合新的时代条件继承发扬优良传统，以新的思路理念、体制机制、方式方法，构建基层思想政治工作的新阵地、新平台、新载体，解决好跟不上、不适应的问题，解决好谁来做、做什么、怎么做得好、怎么做得实的问题，更好地发挥统一思想、凝聚人心、化解矛盾、增进情感、激发动力的作用，更好地组织群众、宣传群众、教育群众、引导群众。

第四，是更好地满足群众精神文化生活新期待的迫切需要　经过改革开放40多年的发展，人民群众的生活水平显著提高，对美好生活的向往更加强烈，特别是对美好精神文化生活提出了新的更高要求，由在乎"有没有"到注重"好不好"，由盼"数量"到盼"质量"。这些年，各地各部门大力推动公共文化服务体系建设，深入实施文化惠民工程，创新公共文化服务方式，广泛开展文化惠民活动，丰富了群众精神文化生活。建设新时代文明实践中心，就是坚持以人民为中心的工作导向，把人民日益增长的美好精神文化生活需要作为着眼点和着力点，整合调配全县域各种资源和力量，增强文化服务的综合性、适用性，提高文化供给的精准化、便捷化水平，不断提升群众的文化获得感、幸福感。

第五，是助力城乡基层治理的迫切需要　基层治理是社会治理现代化的重要基础。社会治理工作最坚实的力量支撑在基层，最突出的矛盾和问题也在基层。从新冠肺炎疫情防控实践看，城乡社区既是基层社会治理的基本单元，又是疫情阻隔防控的主战场和最前线，在开展宣传引导群众、助力落实联防联控、关心关爱特殊群体、深化爱国卫生运动等方面发挥了十分重要的作用。建设新时代文明实践中心，就是通过建立完善县（市、区）、乡镇（街道）、村（社区）三级联动，中心、所、站三级贯通的体制机制，有效调配资源、协调各方力量，增强群众凝聚力、社会动员力，使新时代文明实践中心（所、站）成为城乡基层治理的重要依托，确保"平时好用、战时管用"。

第二篇

新时代文明实践
中心实践体系风采篇

◎ 积极参与文明实践活动，践行志愿服务精神——奉献、友爱、互助、进步。苏州市吴江区在文明城市建设过程中，积极发挥党建引领作用，努力践行新时代文明实践，传播新思想，引领新风尚。践行社会主义核心价值观，精神文明在吴江遍地开花结果。

新时代文明实践中心简介

　　吴江区新时代文明实践中心位于吴江区松陵街道鲈乡南路969号（长坂路与鲈乡南路交叉路口以西），以区"中心"（街道"所"、社区"站"）和"文明+党建+社区"一体化建设为特色，占地面积23333平方米（35亩）[1]，建筑面积约1万平方米，于2019年5月正式挂牌启用。中心主体建筑（图2-1）外是吴江好人广场和思贤广场。实践中心一楼一体化建设有松陵街道新时代文明实践所、湖滨华城社区新时代文明实践站。实践中心一楼还整合了多功能报告厅、居民文化服务中心、思贤书屋、医疗室等阵地。实践中心二楼的主体是吴江区党建服务中心。此外，还设置了群众喜闻乐见的乒乓球室、书法室、妇女儿童之家等阵地。实践中心三楼是苏州公民道德馆和即将投入使用的区新时代文明实践中心展示馆、志愿服务中心、文明实践指挥中心。

图2-1

　　队伍建设　构建"1+11+X"志愿服务体系，打造区、镇、村三级和机关企事业单位、社会公益组织志愿服务队伍，实现了新时代文明实践志愿服务团队的全域化覆盖。成立了七大行业志愿服务队和一批特色志愿服务队伍，比如我为城市添光彩、我为城市送清凉、赛会志愿服务联盟、鲈乡学子志愿服务队、非遗传承志愿者、应急救援志愿服务队等团队，在全域覆盖的基础上推动新时代文明实践志愿服务团队在全行业的覆盖。截至2020年12月2日，全区注册志愿者人数达31.9万人，注册志愿团队1954个。全年开展文明实践活动46535场，参与人次149.6万人，服务总时长750万小时。

　　统筹协调　成立理论宣讲（社科联牵头）、教育服务（教育局牵头）、文化

---

[1] 1亩≈667平方米。

服务（文体旅局牵头）、科技科普服务（科协牵头）、文明健康服务（卫健委、民政局牵头）五大平台，分别设立了实体中心，展示全区阵地、团队、项目品牌和资源，目前已经全部启用。建立新时代文明实践中心建设工作联席会议制度，每季度召开一次工作例会，加强协调指导，推动各地、各部门、各单位形成文明实践工作合力。在2020年一季度的联席会议，发布了《吴江区深化新时代文明实践中心建设提升行动方案》，在全区开展思想引领、资源整合、志愿服务、精准服务四大提升行动。

工作指导与督查考核 成立事业单位新时代文明实践指导中心，统筹指导新时代文明实践工作。采用文明实践云平台数据分析与实地督查相结合的方式，对照省试点考核指标体系要求，对新时代文明实践中心、所、站、点的建设情况开展常态化测评，与苏州科技大学马克思主义学院合作共建，对薄弱点位进行重点指导提升。

特色成效 一是，活动形式丰富多彩。围绕文明城市创建、农村人居环境整治、垃圾分类，开展我为城市添光彩——文明畅行、文明实践进网格——净美家园、美丽庭院建设、垃圾分类新时尚等志愿行动，同时积极开展民间河长、鲈乡学子暑期志愿服务、同学你好青春护航、我为城市送清凉、女童保护等特色活动。二是，基层创新层出不穷。打造街坊党校、黎花里流动课堂等百姓理论宣讲品牌，用接地气的表达、有温度的内容、有活力的互动，开创"文明良票"志愿者礼遇方式，将文明商户培育与志愿者礼遇有机结合。三是，典型引领打造精品。2020年完成打造"十百千万"新时代文明实践体系。串联10条新时代文明实践品牌线路，培育100个新时代文明实践示范站、100个新时代文明实践示范点（基地），选树117支新时代文明实践示范团队，1000名优秀文明实践员和20000余户文明实践示范户。充分发挥文明单位的社会覆盖面和影响力，成立全省首个"省级文明单位联盟"，定期开展"4+X"文明实践活动，充分利用长三角示范区的区位优势资源，探索成立"长三角文明实践联盟"。筹备成立吴江区新时代文明实践基金，为开展新时代文明实践工作提供不竭动力。

文化服务中心：文旅融合促发展，文明实践扬新风

图2-2

吴江区新时代文明实践——文化服务中心位于吴江图书馆三楼，总面积500平方米，是开展理论宣讲、主题教育、文化宣传的重要有形阵地。借助此次提升新时代文明实践文化服务中心功能的契机，新时代文明实践文化服务活动今后将以主要场馆为阵地、以文化志愿者为载体、以公共文化活动为重点，立足基层，面向群众，不断提升城乡公共文化服务能力和水平，满足人民群众精神文化需求的新期待，展现新形象。（图2-2）

整合资源，构建吴江特色的公共文化城乡服务体系　吴江位于长三角一体化发展的核心区，目前吴江区已经构建覆盖吴江全境范围的区、镇、村三级公共文化服务网络。吴江区公共文化艺术中心、吴江图书馆、吴江博物馆、柳亚子纪念馆等重点场馆是吴江区开展公共文化服务的重要场所。在乡镇、社区也建立了数十个五星级及四星级社区、村级综合性文化服务中心，打通了公共文化服务的"最后一公里"。近年来民间资本、社会力量也积极参与到公共文化场馆的建设中来。过云楼艺术馆、大自然美术馆、雪林美术馆、研山美术馆、江悦古代木雕造像艺术博物馆等民间艺术场馆都有着较高的人气，在推广传统文化、弘扬吴江地方特色文化等方面发挥着重要的作用。在打造新时代文明实践文化服务中心这一重要阵地时，也将吴江众多的民间艺术组织及场馆纳入其中，构建了一个覆盖吴江全域的公共文化城乡服务体系。

文旅融合，打造文化服务中心品牌实践线路　公共文化和旅游服务体系在未来也会愈加融合发展，目前吴江众多的公共文化服务阵地也深入配套至旅游景区之中，在公共文化服务设施中丰富旅游和教育功能，成立爱国主义教育基地，开展道德讲堂，为《新时代公民道德教育实施纲要》《新时代爱国主义教育实施纲要》两个纲要的实施，提供了很好的平台。在旅游公共设施中增加文化内容，进一步促进公共文化和旅游服务一体化发展，丰富文明实践文化平台

内涵。通过硬件各类文化展馆的建设连线，软件文旅融合的配套服务，形成新时代文明实践文化服务中心品牌实践线路。

突出主题，锤炼新时代文明实践文化服务中心理论宣讲品牌　开始于2008年的"垂虹讲坛"已经开讲了400余场。新时代，为践行新发展理念，注重新时代文明实践文化服务中心探索向读者提供文化服务、开展社会教育的新途径，精心打造"垂虹讲坛"，邀请专业人士为"垂虹讲坛"设计形象标识，从名称到整体的形象都蕴含着吴江深厚的文化底蕴。讲座内容涵盖新思想宣讲、青少年素质教育、政策法规宣传、生活与健康、社会热点与文化艺术、名家讲座等内容。结合区、镇、村三级服务网络，开展"垂虹讲坛"走基层活动，让"垂虹讲坛"以零距离的知识交流服务方式，走进乡镇、送到学校，更多地惠及乡村百姓，发挥文化传播的功能，扩大文化服务中心的影响力，成为吴江市民心中的"百家讲坛"。

以文化人，推动文明新风传播入脑入心　建设新时代文明实践中心的重要内容之一是推动新思想、新文明、新风尚的传播进村入户，解决思想政治工作难以深入基层、深入乡村的问题。在打造新时代文明实践文化服务中心过程中，吴江区文体广电和旅游局（以下简称文体旅局）整合全局的公共文化服务资源，积极推动各项活动向基层、向乡村延伸。吴江图书馆"阅读齐步走"项目，以未成年人阅读服务标准化建设为抓手，将不同类型的少儿阅读推广活动配送至吴江各乡镇分馆及村一级"四位一体"公共文化服务中心，全年赴乡镇开展一百余场少儿活动，着力推动未成年人公共文化服务的均等化、便利化。（图2-3）

图2-3

弘扬新风，文化平台惠民服务展形象、添光彩　吴江区公共文化艺术中心以精品创作为引领，区域文化联动、民星闪耀等品牌文化活动为抓手，积极推动优秀文艺节目乡村巡演，将优秀文艺节目送至百姓身边。组织开展重要节庆文化活动，免费开展文艺培训，着力推动全区非物质文化遗产的普查、保护、抢救、展示、传承推广和研究，构建全区评弹的创作、传承、保护、人才培养、演出、对外交流等工作机制。吴江博物馆充分利用平台优势，不断创新活动形式，进乡村、进社区、进工厂、进学校，开展群众喜闻乐见的文物鉴赏、知识讲座等公益服务，传授各类非遗技艺，为群众提供高质量的公共文化服务。柳亚子纪念馆着重发挥江苏省爱国主义教育基地的优势，对广大青少年及前来参观的游客积极开展爱国主义教育。吴江区旅游服务中心依托四级旅游服务体系，逐步形成兼具党建引领、文明宣传、公益服务等行业特色的"管家服务"文明实践创建工作品牌，从具体事项入手，更好地聚民心、暖人心、筑同心。

成风化俗，志愿服务成就文明实践新风尚　策划开展各种类型的新时代文明实践活动，其主体力量是志愿者，主要活动方式是志愿服务。吴江区文体旅局下属成立多支文明实践志愿服务团队，志愿者专兼结合，以兼为主，党员领导干部要起到示范带动作用。吴江图书馆"彩虹使者"志愿服务团队，以垂虹讲坛、阅读齐步走、悦读彩虹堂、视障读者"阳光阅读"、常青E族等品牌活动为主阵地，为视障读者、老人、留守儿童等特殊人群常态化地开展志愿服务活动。吴江区公共文化艺术中心设有文化志愿者及非遗活动志愿者两支志愿者服务队，依托免费公益培训、美术书画摄影展厅、鲈乡书场三大阵地，将本职工作与新时代文明实践结合起来，推动习近平新时代中国特色社会主义思想深入人心。吴江博物馆文博志愿社吸引了来自社会各行业的热心人士一百余人，在讲解服务、社会教育、弘扬地方文化等方面，广大志愿者起到了重要作用，是博物馆与公众之间的纽带和桥梁。吴江体育志愿者团队由体育事业科工作人员和自愿从事公共体育事业志愿服务的志愿者组成，秉持为赛事服务、为活动服务、为群众服务的宗旨，在体育场地保障、活动秩序维护、赛事礼仪引导等方面起到了重要作用，在推动全民健身方面发挥积极作用。（图2-4）

好雨知时节，润物细无声。新时代文明实践文化服务中心文明实践平台，将利用自身优势和特色，开展一系列文化+主题实践活动，以文化人，成风化俗，使新时代文明实践活动在宣传习近平新时代中国特色社会主义思想，推动新文明、新风尚深入人心上发挥积极作用，凝聚群众、引导群众，进一步培育时代新人，弘扬时代新风，以达到文化服务、传承经典、文艺熏陶的目标，不断提升人民思想觉悟、道德水准、文明素养和全社会文明程度。（图2-5）

图2-4

图2-5

文明健康中心：党心＋医心

党心＋医心：党建领航健康吴江　2019年，文明健康中心开展以党建为引领，推进长三角医疗资源融合。以"党心"引进优质的长三角医疗资源，结合"医心"为民的服务宗旨，发挥更大文明实践文明健康平台特色作用。（图2-6）

文明健康平台功能设置　吴江卫健委在新时代文明实践中心——文明健康平台活动开展方面，突出特色化场馆和专业化志愿服务特色，平台以2000平方米的健康科普宣传新阵地为主要活动场所，通过志愿服务、图文展示、VR互动等多种形式，向全社会集中宣传文明健康的生活方式。（图2-7）

文明健康平台实践成效　开展专家义诊、健教宣传、医疗帮扶等各类文明健康实践活动。全系统注册志愿者近6000人，2019年度开展文明实践活动4435

图2-6

图2-7

次，累计服务时长达25.24万小时。以市民健康需求确定基本服务导向，医护并重，护理科普进万家。区内各级医疗机构开展"护理科普周"活动，发动专科护士、高年资护理人员130人次深入社区、学校、企业、农村等进行护理科普宣讲，现场培训护理技能，2137名群众受惠。

以特殊群体需求实施精准服务　科学育儿指导中心联合区镇一起开展"夏季亲子乐"科学育儿公共指导活动，2019年共举办16期，126组家庭参与。倡导最新的"生活化早教"理念，推出"好习惯，成就0～3岁儿童的优雅人生""婴幼儿的科学喂养与食物制作"等指导讲座。

宣传传统中医文化，使中医药科普入人心　编印中医药文化科普读物，以百千万健康工程、健康讲师团、健康城市创建等活动为载体，组织中医药人员走进社区进行中医药科普知识讲座。2019年中医药科普巡讲14场，授课专家13名，受惠群众874名。

开展爱眼护眼科普活动　吴江区健教中心、区疾控中心、区血站、区红十字会、苏州九院和松陵卫生院等单位联合开展第24个全国爱眼日活动，各大医院的专家给思贤小学的100名学生开展屈光度检查、视力测量，并普及用眼知识。开展"健康吴江大讲坛"之预防近视公益健康讲座，培养儿童青少年和家长形成合理用眼、预防近视、科学矫治的意识。

发挥"两中心一平台"宣传主渠道作用 文明健康分中心平台与融媒体中心合作，立体化宣传健康科普。2019年共制作推出"健康吴江"报纸科普专版8个，"健康吴江"电视科普专栏40期，"杨洁说健康"广播科普互动70档。APP、微信推送科普信息113条。疫情期间，防疫宣传公益广告3000份制作发送到各医疗卫生机构，七步洗手法宣传画板3000份，发送给各学校、公共场所、托幼机构。积极开展学校防疫防控活动。制作"抗议小课堂——新型冠状病毒肺炎学生防护指南"动漫小视频，以吴江健教园的动画形象"健健"和"康康"为主角，生动形象地展示学生疫情防控的知识要点，视频被推送到学习强国平台。

科技科普中心："院士行"品牌引领

2019年，新时代文明实践中心——科技科普中心平台成立后，开展了一系列富有特色的文明实践活动，全面提升市民科学文化素质，积极动员各方力量参与科技科普文明实践，取得了非常好的实践成效。吴江区具备科学素质公民的比例为14%，高于全省1.25个百分点。

树立顶天立地的工作格局 顶天——苏州青少年科技馆获全国科普日活动"先进集体"荣誉称号。吴江区科普宣传周系列活动被评为省科普宣传周优秀活动。成立全省首个产业科协——吴江光电产业科协。助力"长三角绿色生态一体化发展示范区"建设，推进"两勇一快"新征程。策划更多的国家级和国际活动，推动海外人才和项目落地吴江。"院士行"品牌活动成效显著。

立地——立足完善区—镇—村三级科普工作网络，围绕"四大行动""六大工程"夯实基础工程。2019年9个专题科普场馆建成投入使用。成立41个科普惠农服务站，并给予每个站6000元科普图书补助。针对药品食品安全、节能减排、防灾减灾、安全生产、保障健康、垃圾分类等社会热点问题，广泛开展科普服务进农村、进企业、进校园、进社区活动，营造全社会科普惠民氛围。（图2-8）

深化提升平台品牌建设，聚焦"长三角一体化"国家战略 联合青浦、嘉善科协举办首届长三角区域"科普动起来"家庭创新制作大赛。首创长三角区

图2-8

域"科普基层参观护照"，发放护照1500册，推进长三角科普资源共享。与青浦、嘉善组团参加第六届上海国际科普产品博览会。（图2-9）

强化党建理论引领，提升全民科学素质 以习近平新时代中国特色社会主义思想为引领，不断夯实理论基础，以党的创新理论武装头脑，指导工作实践，形成推动全民科学素质提升的新局面。开展科学盛宴、四新讲座、同心大讲堂、鲈乡讲坛、干部在线学习等理论学习活动，形成独特的理论宣讲方式。

图2-9

强化队伍建设，提高专业化水平 组织科技工作者和科普工作专兼职干部，进行理论学习。拓展科普工作社会化的有效路径，鼓励专业型社会机构和公益组织参与科普，提高科普服务的可及性和精准度。

打造"院士行"文明实践品牌科普活动 一是，以传承"两弹一星"精神为目的开展了以"爱国奉献、科技报国"为主题的少儿讲故事达人赛和"情系九天、科学报国"杨嘉墀院士百年诞辰纪念展活动。二是，成立院士专家科学传播团，邀请地热专家汪集暘院士、量子通信专家郭光灿院士、工程机械专家周永清教授等走进吴江中小学校。开展"院士专家科普乡村行——庭院绿化美化知识讲座"，助力村庄环境整治。（图2-10）

文明实践广泛开展，服务乡村振兴 实施科技兴农和科普惠农工程。实施农业科技创新与推广项目，遴选一定数量的科技示范农户。完成科普惠农服务站建设目标，并向上推荐优秀的站点申报上级项目。通过三下乡活动，宣传农业科技政策和科普知识。举办农村科普艺术节，加大对农村经济薄弱村和困难群体的帮扶力度。

图2-10

服务创新发展，支持人才引进　引导苏州（盛泽）中纺学面料产业研究院开展知识产权运营工作，帮助企业与中国光学会、中国自动化协会、江苏省复合材料协会等省级以上学会对接合作。发挥海智平台作用，联系引导84位海外人才参加国际精英创业周活动。开展高层次学术活动资助行动，开展2017~2018年度自然科学论文评选。（图2-11）

图2-11

服务人才培养，举办高端培训　开展农村实用技术培训、农业职业技能培训，着力培育有文化、懂技术、会经营的新型农民。尝试推行企业新型学徒制、现代学徒制，搭建多元化职业技能培训平台。开展巾帼建功行动，职工科普教育活动。举办高端科普讲座，提升青年企业家、女企业家、企业一线科技人员等的科学素质。

选树优秀亮点，扩大宣传影响　持续开展苏州魅力科技人物和优秀科技工作者的事迹宣传和评选表彰。开展道德讲堂，把身边优秀人才的事迹发扬光大。发挥"让科学流行"微信服务号宣传的主渠道作用，倡导科学精神，践行社会主义核心价值观，不断发挥新时代文明实践中心五大平台科技科普的影响力。

教育服务中心：名师联手打造未成年人心理健康品牌

吴江区新时代文明实践教育服务中心升级文明实践，做优未成年人心理健康成长。在苏州市、吴江区两级文明办的倡导下，在吴江区教育局、中国民主促进会吴江总支部的支持下，2008年6月22日吴江未成年人健康成长指导中心成立。指导中心秉承促进吴江区未成年人心理健康成长的宗旨，奉行助人自助、服务生命的工作精神，开展心理健康知识普及、亲子关系辅导、心理困惑咨询、专业技能提升等服务项目，并且承担了对广大未成年人家庭的心理健康知识的普及与宣传工作。指导中心目前有专职工作人员4人，具有国家二级心理咨询师资质的志愿者212人，指导中心设有放松辅导室、游戏辅导室、音乐辅导室、悦纳室、心理咨询治疗室和培训教室等专业工作室，并配有较完善的设备。指导中心还定期聘请名师、专家进行专家案例督导和专业技能培训，促进咨询师的自身的成长，从而更好地服务于全区的未成年人。在吴江文明办、社科联、教育局的关心支持下，吴江心理卫生协会于2010年11月9日成立，同年成立心理志愿者服务总队，目前已发展会员单位100多个，个人会员超过300人，开展心理卫生知识的普及和宣传工作；基于"公益为主、服务为本"的精神，协会各成员大力提倡"积极心理"理念，践行HAPPY语言模式，配合社会各部门做好心理健康教育的促进工作，为广大未成年人及社会各界做好服务工作。2017年，在吴江教育局的关心支持下，吴江区中小学心理健康教育研究与指导中心成立。中心全面负责区中小学心理健康教育指导和服务工作，开展心理健康教育研究和日常管理工作。指导中心与吴江区未成年人健康成长指导中心的功能并轨，进一步优化学生心理健康教育的服务体系、保障体系和支持体系以及三级防护网络体系的建设。（图2-12）

创新举措不断，持续前行形成吴江特色 指导中心把心理健康教育的管理人员，专兼职心理师，医务人员，有关部门、企业的心理咨询师也吸纳进来，优化组合、优势互补，达到智力资源、能力资源和行业资源的整合。2014年，创建了心理健康宣传网站，出刊了《心声》杂志和"心育之窗"快讯。2015

图2-12

年，与区文明办合作编撰了《市民心理健康手册》配合讲座活动发放到全区。2016年，与区妇联联合作为吴江家长编写的通俗读本《亲子心理读本》已印发20000多册。2017年编写了《小学教师积极心理读本》，作为每位任课教师案头的工具书发放给各小学。这些载体对普及心理健康常识，推动心理健康教育工作发挥了重要作用。在创建全国社区教育示范区和创建全国文明城市的过程中，大大促进了心理卫生服务，应用"积极心理"的理念提升吴江人的主观幸福感，促进"乐居吴江"愿景的实现。

名师领衔指导，荣誉满载　从2008年指导中心成立到现在，服务的学生已经超过30万人次，努力尽在不言中，付出终得到学生健康的回报，也得到政府和社会各界的认可。曾被CCTV-12频道、中国科学网、《中小学心理健康教育》、苏州电视台、苏州日报、吴江电视台、吴江日报等媒体报道40多次。2019年10月，指导中心的薛晟荣获2018—2019年度全国心理健康教育有突出贡献先进个人、吴江区百姓学习之星，2019年12月成为《江苏教育》封面人物。2019年分别应邀在表达艺术国际学术心理疗法研讨会及苏州市心理健康教育研讨会上分享吴江区心理健康教育危机干预工作的亮点和实践；12月11日，承办苏州市中小幼心理健康教育专业委员会年会，向苏州市各区县介绍指导中心的工作，展示吴江区心理健康教育的开展情况。近年来，指导中心荣获江苏省心理健康教育先进集体，江苏省首批优秀应急志愿队伍称号；被评为苏州市青少年维权岗、苏州市优秀家庭教育指导单位、吴江区青年志愿者服务驿站、吴江区科技工作者之家、吴江区志

图2-13

愿之星十佳团队、吴江区爱心助老单位、吴江区社科先进集体等；鲈乡父母课堂、逃学、厌学学生心理干预等项目荣获苏州市社区教育教学成果三等奖、吴江区未成年人创新案例奖、吴江区未成年人思想道德建设工作创新案例等荣誉。他们是对未成年人心理健康负责任的志愿者。（图2-13）

品牌引领发展，展示吴江形象扩大知名度 鲈乡父母课堂、鲈乡讲坛等品牌课堂伴随着学生和家长一起走来，心理健康教育是根据服务对象生理心理发展的规律，运用心理学的教育方法，培养学生良好的心理素质，促进学生整体素质全面提高的教育。心理健康教育是素质教育的重要组成部分，是实施面向21世纪教育振兴行动计划，落实跨世纪素质教育工程、培养跨世纪高质量人才的重要环节。同时，切实有效地对学生进行心理健康教育也是现代教育的必然要求和广大学校教育工作者所面临的一项共同的紧迫任务。在授课中，一方面，用积极心理学的方法积极预防各种心理疾病的产生，减少产生心理问题的潜在可能性；另一方面，培养服务对象健全的个性，自立、自强，正确认识现实和自我，在环境和自身条件许可的范围内，调节自己的心理和行为，运用良好的方法去解决各种心理问题，保持心理健康，并且从他们身上培养出积极的品质。（图2-14）

图2-14

吴江区未成年人健康成长指导中心辅导点滴记录

♥ 心理困惑咨询

个别辅导：指导中心常态化开展未成年人个别心理咨询辅导，年均个别咨询达520多人次，接待热线960多次。（图2-15）

疫情期心理健康工作：

第一，组建疫情防控心理热线援助服务队，36位专业心理工作者截至目前，共接听热线电话300余次，每天2～9个热线咨询；

图2-15

第二，为广大市民分享心理调适的方法和技巧，组织心理骨干教师盛春梅、张丹芳、张馨、张兆琴等老师在空中课堂讲授心理课6节，让广大中小学生可以在疫情期间接受更多科学的心理辅导；

第三，指导中心负责人薛晟老师配合省、市、区级融媒体平台为广大市民分享心理调适的方法和技巧：参与吴江电视台"鲈乡讲坛"录制题为"筑牢疫情阻击战的心理防护墙""疫情下的亲子关系"专题节目；参与区电台"89.1成长热线"直播题为"防疫·心战在危机中成长"的专题节目；接受苏州电视台"防疫心战"访谈专题节目的制作；参与录制江苏省电视台"成长"专题节目；撰写科普文章《在危机中成长》，参与编写《苏州市中小学生复学自护手册》；

第四，复学后，指导中心薛晟老师共同参与录制江苏教育成长节目《人生的"疫苗"——复学心理第一课》、苏州市教育局"绿丝带行动"——中小学教师对未成年人心理危机的理解与干预云巡讲工作。

考前辅导：指导中心每年春季学期组织资深心理健康志愿者为全区初三、高三考生开展考前辅导，开展学校30余所，考前个别辅导200多人次，团体辅导每校2～3场。

♥ 心理健康知识普及

心理讲座：常态化开展"关爱童心"党建活动，"鲈乡父母课堂"、"鲈乡养心讲坛"进学校、社区心理健康普及讲座年均200多次，讲师团成员19人，受

图2-16

众对象学生3万多人次，家长4万多人次，教师3000多人次。承办逃学、厌学学生心理干预等项目。

军训团体辅导：为全区五年级、初二、高一的全体学生进行团体心理辅导活动，年均1万多人次。（图2-16）

传播经验，展示形象：2019年12月薛晟应邀在苏州市心理健康教育研讨会上分享吴江区心理健康教育危机干预工作的亮点和实践。

♥ 亲子关系辅导

第一，开展"鲈乡父母大讲堂"：积极心理健康教育辅导活动。致力于有效提升吴江区家庭教育的科学性、针对性和实效性，让家长了解孩子的成长特点，帮助家长看到成长中的孩子内在的积极力量与潜在优势，理解孩子很多不良行为背后的内在需求，学会引导孩子的科学方法和技巧，促进未成年人健康成长。

第二，塑造品牌，强化宣传：组织心理健康志愿者参与吴江区融媒体中心调频89.1成长热线，与全区家长进行家庭教育、亲子关系等分享，参与志愿者15人，2019年至今开展约60次。

第三，名师风采，央媒关注：2019年8月，薛晟应邀参加CCTV-12频道"心理访谈"家庭教育专题节目的录制。

♥ 专业技能提升

第一，组织培训，优化师资：2019年4月，吴江区心理健康教育工作展示活动在经济技术开发区山湖花园小学展开，指导中心邀请上海复旦大学沈奕斐副教授、上海徐汇区总工会心理咨询中心屠永伟老师为吴江区心理健康专兼职教师开展专业培训。

第二，高校辅导，提升能力：2019年度，邀请了苏州大学陶新华博士为心理健康老师、志愿者开展整合心理咨询理论技能的督导与训练，为期一学年。

第三，专业指导，提升技能：2019年7月，利用暑假，指导中心邀请日本立命馆大学吉沅洪教授、苏州大学陶新华博士为协会志愿者、中小学心理健康教育教师开展绘画疗法在心理危机干预中的应用实务工作坊。

新时代文明实践品牌活动

理论宣讲：精细策划促进精准宣讲开花结果

　　让党的理论飞入寻常百姓家，户户相传，形成共鸣，内化于心，外化于行，形成发展共鸣，是宣传思想工作的重要一环。（图2-17）

　　精细策划首要解决分类问题，为精准宣讲做好分层准备　解决是"我要讲"，还是"要我讲"的问题，需要把宣讲的效果作为导向，首先是愿意听、

图2-17

听得懂，其次是管用实用，再次是便于传播发酵。不同年龄层次有不同的接受方式，老年人习惯人传人、电台、报纸、电视、戏剧表演等传统的方式；年轻人喜爱使用网络语言、新媒体；学生喜欢卡通、动画形式。不同的形式，需要制作不同的宣讲内容，以满足不同层次的需求，从而激起广泛共鸣，使宣传更接地气、更有生命力，实现凝聚群众、引导群众、教育群众的目标。（图2-18）

图2-18

精细策划其次要优化阵地功能，为精准宣讲整合资源 道德讲堂可以融入职业生涯、融入生活场景、融入重大节庆活动，积极鼓励身边优秀的人讲身边的好人好事。文化基地围绕传统文化、革命文化、建设文化、改革文化、新时代小康社会等主题创作精品文艺，在各地多频次演出宣传。理论讲坛结合本地发展优秀案例，理论与实践紧密结合，充分发挥正面宣传主渠道作用。发挥学习强国平台线上线下联合功能，传播主流思想，学以致用，扩大学习影响力和应用穿透力。网络平台发挥自媒体便捷、传播快的优势，制作传播年轻人喜欢的有剧情的正能量短视频，引导年轻一代树立正确的主流价值。区委网络安全和信息化委员会办公室2020年创新方式，建立东太湖论坛"湖心岛"网上文明实践平台（图2-19），通过聘请10位有影响力的岛主，引领舆论道德方向（图2-20）。四种宣讲方式，既可以发挥各自优势，也可以形式融合、内容整合，形成整体宣传力量。

图2-19

图2-20

精细策划再次要拓展渠道来源，为精准宣讲丰富内容　要把内容和形式与群众喜闻乐见的对应起来，与群众自身利益结合起来，重在调动参与积极性，达到宣传效果。吴江区在拓展宣讲渠道的过程中不断丰富宣讲内容。社会科学界联合会发挥鲈乡社科大讲坛品牌作用，培育百姓名嘴，已有来自各行各业超过50人的讲师团，每年进基层、进校园、进单位，一年宣讲超500场次。党校致力于扩大锤红讲堂影响力，不断增强锤红宣讲志愿队的专业能力，以专业化的课程宣传党的理论。公文中心创作评弹《半条红军被》《程开甲》，宣传革命文化和建设文化。松陵街道开展街坊党校，成立30多人的宣讲团，走进百姓，以节目化的形式（本土话讲、互动参与、有奖问答等）开展宣传，受到群众欢迎。盛泽镇演绎精品创作宣讲模式：丝绸课程体现传统文化，"丝博讲堂"讲授丝绸文化（图2-21）；歌曲《七月的一天》体现革命文化；舞台剧《戈壁丹心》体现建设文化；小品《一把铁打》体现改革文化；评弹《潜龙渠》体现生态时尚发展。平望镇运用线上学习优势，发挥"红色领航"微信公众平台，推进信息公开、学习互动、资源共享。融媒体中心运用自身全媒体优势，构建分中心二级宣传网络，面对各类群体以全天候各种渠道开展广泛宣传。新时代文明实践中心发挥展示馆的宣传功能，动员各类志愿团队和志愿者进行公益活动宣传，通过"选、评、礼、用"时代新人评选，扩大道德宣讲影响力，重在用字，通过道德讲堂编制学习目录，广泛开展模范典型宣讲。大力推介理论宣传公益广告，运用"文明吴江"公众号平台，发布文明实践优秀案例。

图2-21

　　精细策划是精准宣讲的前提，两者都是宣传能力的体现，同样也是维护意识形态安全的根本要求。在实践中不断改进宣讲方法，提升宣讲效能，占领思想宣传高地，引领时代发展。

文明红利：文明家庭信用贷

2020年3月，建行与吴江文明办联系，提出为获得"文明村"称号的村定制信用贷款的设想，是为乡村振兴发展服务的一项有益举措。经过一个月的筹备，正式推出了"文明乡村贷"，最高可贷30万元，优惠年利率4.75%，可用于生活、生产、生意等多种用途，一年内随借随还。目前已有盛泽镇黄家溪村、人福村两个省级文明村各一户办理了贷款业务。

4月，吴江区文明办、吴江区妇联联合苏州农商银行推出"鲈乡好家风信用贷"，最高可贷50万元，授信期限最长为36个月，实行优惠利率4.98%，担保方式为信用。还款方式按月付息、到期还本或按月等额本息。桃源一户文明家庭已经首先办理了贷款。

文明家庭专享的文明红利　经吴江区文明办、区妇联命名的"最美家庭、文明家庭"，可申请利率优惠的、手续简单的"鲈乡好家风信用贷"，区级最高授信额度为30万元；市级最高授信额度为40万元；省级及以上最高授信额度为50万元。（图2-22）

图2-22

吴江首创文明特色举措　这项创新举措是吴江首创推出，是诚信价值的体现，文明力量的展示。鲈乡指吴江，好家风指文明家庭、最美家庭，每年评选近100户。吴江的目标是建设"德善之城"，让更多的文明元素汇聚，通过对文明红利的引导和宣传，也让更多的社会资源参与到文明城市建设中来，让越来越多的文明细胞支撑起强大的文明力量。

好人广场：引领文明新风尚

为进一步弘扬社会主义核心价值观，讴歌凡人善举，弘扬文明风尚，引导和激励更多市民学习好人、关爱好人、争当好人，2019年8月，苏州市吴江区文明办在区新时代文明实践中心建设占地1600平方米的好人广场，集道德宣传教育、休闲景观、群众活动于一体。好人广场整齐地排列了32块好人事迹宣传栏，展示吴江区省级以上好人和道德模范等荣誉人物的照片和事迹简介，让市民在日常生活中接受熏陶，在休闲娱乐的同时汲取好人正能量。20年如一日免费开设辅导班的王治英老师，用身躯谱写大爱的李德贞老人，潜心教育耕耘30年发明组块教学法的薛法根校长，近半个世纪任劳任怨服侍岳母的朱付生老人……这些"身边好人"、道德模范的事迹一经展示在吴江区好人广场上，便引来大批市民驻足观看，赢得一片称赞。

广场上，建有露天舞台、"道德林"和"道德你我他"趣味景观，围绕培育和践行社会主义核心价值观主旨，以大型户外显示屏播放公益广告、核心价值专题宣传片；用传统苏式化窗饰为背景，阐释和宣传社会主义核心价值观基本要义和内涵；道德模范的集中宣传，展示道德典范之路；以趣味情景设置，让市民身临其境，切身体验日常生活中的行为规范，寓教于景，增进价值认同。

作为宣传道德模范和深入文明实践的重要场所，好人广场自建成以来，开展了形式多样的群众性精神文明活动，举办了"文明实践进网格—净美家园"启动仪式暨吴江市民文明手册发放仪式，12·5国际志愿者日主题活动，2020年区文化科技卫生"三下乡"活动等，成为群众热热闹闹聚集、兴高采烈参与、精神收获满满的新时代文明实践阵地。

这里是群众休闲、锻炼和娱乐的聚集地，早上住在周围的老年人在好人广场上打太极拳，平时这里经常会举办一些贴近群众生活的活动，"看得见、摸得着"，更加能够渗透到居民生活之中，让居民自觉接受道德文化、道德榜样的熏陶，更能感化、教化居民。

一个好人带动一群好人，一群好人带动一座城市。在"好人文化"的氛围中浸润人心，在群体活动中弘扬真善美，让市民更直观地感受到向上向善的精神力量，带动更多的人自我教育、自我提高，让道德的精神薪火相传、发扬光大，进一步提升城市的文明内涵，使精神文明建设不断向纵深发展。

好人广场是贯彻落实新时代的道德规范——《新时代公民道德建设实施纲要》《新时代爱国主义教育实施纲要》（以下简称两个《纲要》）的重要阵地。学习精髓，贯彻落实两个《纲要》，强调要深入学习贯彻党和国家领导人关于思想道德建设和爱国主义教育的重要论述，贯彻落实党的十九届四中全会精神，着眼凝心聚力、立德铸魂，大力培育社会主义核心价值观，高扬爱国主义伟大旗帜，推动思想道德建设和爱国主义教育开创新局面。两个《纲要》，是贯彻落实党中央决策部署的重大举措，是新时代巩固全体人民团结奋斗共同思想道德基础的必然要求，是把社会主义思想道德建设优势进一步转化为治理效能的迫切需要。以两个《纲要》出台为契机，着力用习近平新时代中国特色社会主义思想武装全党、教育人民，深化理想信念教育，大力弘扬爱国主义精神，聚焦聚力培养担当民族复兴大任的时代新人，充分发挥实践养成和制度保障的作用，促进全体人民在思想上、精神上紧紧团结在一起。坚持目标导向、问题导向、效果导向，协同联动、久久为功，以思想道德建设新成效，弘扬新风正气，提振人民精气神。（图2-23）

图2-23

苏州公民道德馆——道德文化示范地。在好人广场的边上，坐落着苏州公民道德馆，该馆面积近1000平方米，于2015年6月30日开馆，是吴江区新时代文明实践中心的重要实践点，是公民道德建设，弘扬真善美，传播正能量的重要阵地。好人广场与苏州公民道德馆相得益彰，共同成为新时代文明实践新风尚。

苏州公民道德馆室内馆舍共分为大道至德、苏州德贤、道德榜样、德行苏州、道德之暖五个篇章。大道至德，讲述中华民族道德基因的历史文脉，一起探索从古代到现在社会主义核心价值观的道德精神延续；苏州德贤，讲述泰伯、范仲淹、顾炎武、费孝通四位古今德贤名士的道德故事，展现在苏州2500多年的历史进程中优秀道德文化生生不息和传承光大；道德榜样，讲述丰厚的道德滋养孕育出苏州、吴江各位道德模范的故事，并设有好人语录、大头贴拍照等互动环节；德行苏州，激情展示苏州、吴江文明建设工作的累累硕果，主要包括乡风文明、文明交通、文明旅游、文明餐桌、志愿服务、春苗养成等内容；道德之暖，再次感悟道德之美，激发尚德之情，让道德之行延续不断。（图2-24）

开馆以后，有计划地组织广大党员干部、广大市民和青少年进馆参观学习，用道德模范的先进事迹教育人、感染人、鼓舞人，在更高起点、更高平台上进一步提升市民文明素质和社会文明程度。在"道德榜样"板块，市民甚是感兴趣，"吴江的道德榜样原来这么多""这些道德模范的思想境界真是

图2-24

高"这样的赞叹声连绵不绝。身边的道德模范更能引起大家的共鸣，这样的人物事迹才是他们真正需要学习，也是可以学习的榜样，是一门现场版的道德讲堂课。

通过参观公民道德馆，接受一场道德教育的洗礼，感受"德文化"，了解当代苏州和吴江道德模范的风采，提高思想道德水平。公民道德馆用好人精神引领社会价值取向，引导和激励广大人民群众以模范为榜样，进一步弘扬优秀的道德传统，自觉成为社会主义核心价值观的传播者和践行者。

智慧文物：文明实践融入文物保护

文物瑰宝保护利用，传承中华文明，凝聚民族精神。智慧文物实时监测，吴江首推利用互联网大数据，保障文物安全。

习近平总书记在山西考察时指出，历史文化遗产是不可再生、不可替代的宝贵资源，要始终把保护放在第一位；并强调，发展旅游要以保护为前提，不能过度商业化，让旅游成为人们感悟中华文化、增强文化自信的过程。如何在保护好文物的同时更好地发挥文物作用，云冈石窟作为首批全国重点文物保护单位，始终坚定不移地把保护放在第一位，并在数字化工程中取得重大成果。党和国家领导人历来高度重视文物保护工作，不断提出更高要求，并身体力行推动保护和抢救文物工作，集中彰显人民领袖留住历史根脉、传承中华文明、凝聚民族精神的浓浓历史责任感，也为文物保护工作指明奋斗目标和实践路径。

图2-25（潘莉萍 摄）

制度到位，落实安全巡查机制 认真落实文物安全责任制，明确各级政府的主体责任，并强化部门监管责任和文物管理使用者的直接责任；扎实开展安全检查巡查工作，做到"三结合"，将日常监测和集中检查相结合，行政力量与社会力量相结合，传统监管与科技支撑相结合；落实监督执法，列入政府督查重要事项的同时，建立联动长效机制，并开展专项整治行动。吴江区还建立了业余文保员志愿者队伍，为辖区内每个文保单位配备了业余文保员，针对各自负责的文物单位落实日常巡查，共同参与文物安全的监督和管理。每年对表现突出的优秀业余文保员进行表彰。（图2-25）

智慧文物，实时监测保障文物安全 在保护的基础上，确保文保单位完好率的同时，文保单位对外开放率约66%，丰富市民业余文化生活；利用三维数字技术，建立健全吴江区文保单位三维数字技术档案，目前已经做好了退思园、慈云寺塔、先蚕祠三个全国重点文保单位的数字化保护利用项目，建立三维数字档案库；参与《全国近现代文物保护利用导则》编写，此导则公布后将成为全国执行范本；退思园（含丽则女学旧址）保护利用项目作为优秀案例向全国进行推广；接下来还将推广"智慧文物"信息平台建设，结合现代信息技术，强化文物科技支撑，完善文物安全监管平台，实时监测文物单位状况，利用互联网大数据，保障文物安全。（图2-26）

因地制宜，打造文化特色 作为清乾隆年间为祭祀工部尚书周元理而建的专祠——周宫傅祠，经过严格细致的修缮工程，工程中涉及开挖、龟头复位等，严格遵守文物修缮原则，现已成功申报成为江苏省文物保护单位。苏州市文物保护单位毛家弄毛宅，现开辟为锡器博物馆。在毛宅的一楼，共划分为序厅、场景复原、食具锡制品展示、茶具锡制品展示、酒具锡制品展示、闺房锡制品展示、文房锡制品展示、照明锡制品展示、祭供锡制品展示、锡雕锡制品展示等板块。展品款式多样、数量丰富，充分展示采锡、炼锡、打锡等文化特色。（图2-27）

图2-26 (王福明 摄)

图2-27 (潘福官 摄)

历史文化遗产是不可再生的宝贵资源，加强历史文物保护、传承优秀传统文化，是一项长期而艰巨的历史任务，我们需牢记坚持保护第一，在保护的基础上研究利用好，并向先进地区学习，让优秀历史文脉更好地传承下去。

新时代文明实践所

松陵街道新时代文明实践所

机制创新：街坊党校

街坊党校，把社区基层各党组织的"三会一课"中的党课，改为场外流动开放式，到网格中去，到群众中去。用党员群众喜闻乐见的方式，将老少皆宜的绝佳良品呈现给大家，做最大化的传播、交流、互动。要求对区域内所有党员开放，从形式上要求走出社区党建会议室，到开放场所去举办。在不影响安全的前提下，因地制宜，嵌入网格，到群众一线宣讲。

因地制宜活动丰富多彩

图2-28

以年度为单位，规划了春夏秋冬四季篇"街坊党校"主题党课，已开设里弄课堂、花园课堂、工地课堂、乡村课堂等形式多样的开放式党课，受到广泛好评，并得到了省市区级媒体以及学习强国等平台报道。街坊党校活动议程，由主持人宣讲党课主题及介绍主讲人。一是，全体在座党员重温入党誓词；二是，全体人员红歌颂唱；三是，主题讲课；四是，党建知识互动问答；五是，党课心得体会；六是，主题图板展览。从2017年至今，街坊党校共开设各类课堂50余次，参与人数达到1万多人次，获得党员及群众的普遍好评。（图2-28）

"街坊党校"主动便民亲民　开到群众身边成效明显。在对村社区基层党员进行教育的过程中，特别是理论教育这方面，发现了几个问题：一是参与率较低，群众覆盖面小；二是新思想、新政策传播途径单一，影响面比较窄；三是理论性太强，课程不够生动，不方便记忆。通过不断地探索和尝试，松陵街道新时代文明实践所创新开设了"街坊党校"，可以更直接更生动地将党的理论飞入寻常百姓家。

与传统党课相比，"街坊党校"有着不小的转变。形式上，由原封闭室内党课，转为流动开课方式；对象上，从原来只针对党员，扩展到普通群众；方法上，从原纯理论讲课，转为结合更多具体案例。它打破了传统宣讲的格局，使理论宣讲变得有活力、有张力、有吸引力，让参与学习的人有热情、有期待、有收获。（图2-29）

图2-29

全面开展直播活动 受"街坊党校"创新形式的启发，2020年松陵街道又创新了"直播活动"。2020年初突如其来的新冠肺炎疫情改变了居民的生活，更使基层传统的宣传模式受到了挑战，松陵街道主动避开大面积人员集聚的不利影响，另辟蹊径，推出"松陵直播间"宣传栏目，形成线上开展宣传教育的新模式，实现宣传服务零距离。

为充分调动党员积极性，破解基层党组织"三会一课"形式单一、实效性不强、党员参与度不高，尤其是对年轻党员、流动党员的吸引力较低等问题，松陵街道积极探索党建活动新形式，开设了一间"网红"直播间，通过组建党员主播团队伍、利用"学习强国"直播平台等定期开展直播，将党建阵地搭建在互联网上，让党建工作实现线上线下高度融合。

理论早读课的主播们为来自各支部的"活力红细胞 党建三人行"共学小组，这是松陵街道2020年"再燃激情·活力四射"党组织建设活动的重要载体之一。支部里每三名党员组建一支"活力红细胞、党建三人行"共学小组，通过开展理论早读课、攻坚重点任务、打卡党建阵地、志愿服务等形式共同活动，并通过"学习强国"平台向支部内全体党员直播，以党员为细胞，以最小的支部激发最大的行动力。（图2-30）

除了直播微党课，普法宣传也采用

图2-30

直播方式。10月23日下午，松陵街道直播间开展了一次以《中华人民共和国老年人权益保障法》为主题的线上互动直播，类似的活动，今年已举办30多次。当天的直播，邀请了米莱律师事务所吴仲敏律师与居住在松陵街道的三名老年人代表共同探讨生活中如何进一步增强老年人的防骗意识和维权意识，如何用法律来保护自己的合法权益。上千名观众线上观看直播，宣传效果良好。5月开展直播以来，松陵直播间分别开展了反对校园欺凌篇、生产安全篇、食品安全篇、民法典篇等13期直播普法活动。通过线上直播带法，线上线下知识竞答交流互动，辖区各单位线上学习等，进一步激发了直播学法的普法新模式，线上访问人数现已达5万余人。同时，吴江区政法微博、吴江鲈乡普法、吴江融媒体、东太湖生态园美丽苏州湾、各村社区民生法润群等线上平台也对直播活动进行了广泛宣传，最大限度地放大普法效果，收到了很好的社会效益。

2021年，松陵街道将打造松陵直播间2.0版，将收集城区居民群众喜闻乐见的直播素材，包括理论宣讲、城市文化、美食、艺术、安全、法治、教育等，不断回应居民群众对美好生活的需求，开创社区宣讲和管理服务新篇章。

"街坊党校"和"松陵直播"是新时代文明实践的理论宣传重要创新形式，也是进一步推动社区网格化综合管理新模式，全面打造共建共治共享的社会治理新格局，松陵街道所辖各社区党组织，进一步深化"融入党建"创新工程，把党建工作融入网格，因地制宜，结合实际工作，扎实推进"党建引领、社会治理、综合服务"的新机制。

制度创新：文明良票

为推动文明实践工作广泛、优质的开展，松陵街道新时代文明实践所不断研究文明实践工作规律，完善各类志愿服务制度，创新推出了文明良票礼遇制度，并设立了新时代文明实践专项资金作为配套，有效地激发了居民、民间组织、社会团体以及辖区商户等各类人群参与志愿服务的热情，形成志愿服务与社会公益的良性循环。文明良票是将街道内发生的文明实践公益行为，通过文明良票这一工具加以统一运行。文明良票制度于2018年3月正式启动，经过一年多的探索与完善，以2019年全国开展新时代文明实践工作为契机，进行了大范围的试点推广。（图2-31）

文明集市加载推行文明良票 2020年1月，松陵街道文明实践所尝试举办了首次"公益嘉年华——文明集市"活动，形成了文明良票的闭环。首次文明集市现场集合了包括具有地方特色的传统品牌、生活用品系列以及现场公益服务等兑换项目，品种贴近百姓生活，富有新年气息，不仅志愿者兑换的热情高涨，商家也对这种形式表现出了极大的兴趣，商家以不高于市场价的价格参与到兑换活动中，让利于志愿者。目前已有超过50家商户加入文明集市活动中。2020年已经开

图2-31

展了大大小小5次以上活动，兑换资金超过了50万元。除了文明集市，还在现场设置了文明实践打卡点，对阵地资源进行了集中展示，同时对疫情期间的志愿行为进行了表彰，并结合下半年工作重点开展了垃圾分类的宣传，充分利用集市将各类活动进行整合，以达到资源配置和宣传效果的最优化。文明集市逐渐形成了松陵街道新时代文明实践的特色活动。

文明良票制度创新对新时代文明实践的发展意义重大　通过不断的尝试实践，有力地推动了新时代文明实践工作的运行，建立了完整的工作体系。松陵街道新时代文明实践所统筹安排120万元文明实践专项资金，用于本级街道文明实践所及19个村社区文明实践站的文明良票兑换。文明良票的数量直观反映志愿服务的活跃度，2020年发放了3000多张，6万多两的文明良票。文明良票作为志愿服务的载体与凭证，由松陵街道新时代文明实践所发行，各新时代文明实践站发放，个人与团队可以通过参与志愿服务获取。文明良票发放的数额、持有良票的人群数量、集市上文明商家的户数、"文明集市"活动的规模，都直观地反映出志愿服务的活跃度。

有效激发各类人群参与志愿服务的热情　对于居民来说，获取文明良票的机会是均等的。任何人只要参与志愿服务，就能获得；任何人只有参与志愿服务，才能获得。志愿者用文明良票兑换的物品或服务，可以视为社会对他们的肯定与回报。对于各类民间公益组织、社会志愿团队来说，文明良票制度促进

图2-32

了各团队与文明实践所、站的沟通与合作，使团队活动更致力于公益、着眼于社会所需，通过文明良票兑换来的各类装备以及资源，是对团队发展的最大支持与保障。对于辖区商户来说，文明良票更是给他们带来了良好的信誉与商机。作为"文明集市"的合作商户，"文明商户"的称号给了商家独特的标识，志愿者在集市集中兑换商品更是给商家带来了利润。（图2-32）

利用文明集市效应，合理统筹资源，达到活动效果最大化 利用"文明集市"的品牌效应，在活动现场配合开展各类文明实践宣传服务活动，丰富集市构成的同时，把文明实践的各类活动融入集市中，统筹资源，达到最佳活动效果。进一步扩大文明集市的入驻商户，并设立基本标准，确保商品的质量，保障志愿者的权益。为促进商户之间的良性竞争，还将鼓励商家通过文明良票争取入驻资格，以此激励商家参与志愿服务的热情。部分商户在疫情期间有过捐赠行为，这也为入驻商户的筛选标准提供了一定的指导性。

每一张文明良票，都是志愿服务的见证；良票的广泛流通，代表了新时代文明实践活动持续有效的开展。松陵街道将通过"文明集市"的品牌活动，及时总结经验，根据志愿者的需求，不断完善文明良票运行机制，让文明良票成为新时代文明实践响亮的名片——传播新思想、引领新风尚。

新时代文明实践站

全国文明村

黄家溪村：一样的蓝天，不一样的乡风文明

历史悠久的黄家溪，在乡风文明、乡村振兴、探索率先实现农业农村现代化方面积极实践，屡创佳绩，以党建引领、移风易俗、志在富民为方向，不断推进文明发展新风尚，凭借浓烈的文明之风获评全国文明村。（图2-33）

村书记带头履行党建+文明发展新思路。十年磨一剑，黄家溪村连续获得全国文明村、江苏省文明村、省生态村、省民主示范村，苏州市先锋村，美丽村庄示范点等荣誉称号。

图2-33

黄家溪村曾经是盛泽丝绸文化的发源地，但地处盛泽最北端，发展一度非常落后，一直摘不掉"贫困帽"。2008年，陈志明上任村书记后是个转折点，他带领村民持续奋斗，千方百计整合资源，大力发展民营经济、物业经济、服务经济，深入践行乡村振兴战略，发挥乡风文明主导作用，十多年来，黄家溪村集体收入从仅有的50万元增至1400余万元，打造出了一个环境美、产业优、百姓富、民风淳的乐居新家园。（图2-34）

图2-34

党建+文明：引领聚起发展合力，全力推进"举旗帜、聚民心、育新人、兴文化、展形象"全国文明村新发展。

红色阵地举旗帜 在黄家溪村，党建地图、党员承诺墙、先锋廊、党史阵地、党员中心户等星罗棋布，通过各种方式将党的思想于无形无声之中，渗透到每一个村民的神经末梢。村党支部创新考核办法，每年对党员的服务按项目进行积分记录，年终开展星级评定，大幅提高了党员服务的积极性。在黄家溪村口，镶嵌着党徽的大型红色雕塑矗立于党建文化广场的正前方，似一面庄严的旗帜，引领着黄家溪的发展。广场是党员宣誓和活动的地方，是村里重要的党建阵地。广场占地约2万平方米，设置了体现乡村振兴"20字"总要求等多个内容板块，栽种了海棠、红梅、牡丹等花卉植物，并配置绿色停车场、花池、健身步道等，成为村乡风文明的重要载体，也是村民和游客最爱去的打卡地。（图2-35）

乡风文明聚民心 2020年，黄家溪以全国文明村为标准，扎实推进新时代

图 2-35

文明实践站及实践线路建设，乡风文明馆、乡风文明廊、好人广场等文明设施建设，率先试点打造"十星文明家庭"、新时代文明新风户等评选工作，探索推进乡风文明制度化、经常化、规范化可行性做法，如设立定性的村规民约、乡贤议事制度、宴会厅红白喜事量化标准等。通过硬件和软件的优化，来提升农村文明程度，村级经济发展好了，乡风文明也要同步发展。早在2011年，村里就以党建＋文明为抓手，发挥好党员"关键少数"的作用，让党员成为传播文明的主力军，村书记带头发动村里的160名党员，通过党员率先示范，负责好每一个自然村的乡风文明和环境整治，解决了一批一直难持续、难推进的问题，更好地促进了乡风文明发展。在治理机制方面，融合德治、法治、自治三合一模式，使乡风文明贯穿其中，发挥乡村有效治理的主导作用。

培养队伍育新人　在陈志明书记的发动下，村里70多名民营企业家成立了黄家溪村商会，共商发展大计，这在全国也是少有。自2013年起，黄家溪村商会启动教育基金，对村里考上重点大学的学生，每年资助1万元；考上一本的，每年资助5000元；考上二本和三本的，每年资助3000元，这份助学基金将一直资助至他们大学毕业。同时，村里也大力引进和培养农业方面的技术推广人才、"土"专家等，建立正向激励机制，积极探索与高校联合建立农业技术推广基地，搞试验田，培养造就一支懂农业、爱农村、爱农民的"三农"队伍。在健全生活保障方面，发挥商会助学、助困基金，构建黄家溪特色的中坚保障。针对因病致贫、因病返贫等问题，黄家溪扩大医保、养老保险等各类保险的覆

盖范围；落实城乡低保、困难群众突发性、临时性生活困难救助和高龄补贴等工作。（图2-36）

图2-36

文旅融合兴文化 未来的黄家溪目标憧憬是建设一个彰显特色的美丽乡村。以党建＋文明为发展引领，呈现历史与建筑相结合的传承街道，文化与旅游相融合的产业布局，生态与民生相契合的生活环境。

黄家溪有着深厚的文化底蕴，运河文化和丝绸文化造就了明清时期的历史繁华，曾有两位皇帝到过黄家溪。进一步促进农文旅融合发展，把一、二、三产融合发展，推进文化旅游、休闲观光、民宿等项目，走出以游兴业的路子。通过考证史料，黄家溪村充分挖掘和融入"黄溪八景"文化元素。目前，村里已恢复"黄溪八景"之北角观鱼、长春应月两个景点，其他六个景点也在陆续修复，让富有历史底蕴的自然村落焕发出文化光彩。村里的乡贤们也发挥着领头雁作用，他们积极参与村两委班子中来，推动乡风文明，做好村级事务决策参谋、挖掘文化遗产、完善产业链等一系列工作。

黄家溪村乡贤民营企业家王志康，热心家乡建设，投资近千万元，打造80亩日日旺果园和农家乐项目，摘种杨梅、竹笋、茶叶等农产品，周边一圈河塘用作水产养殖，石缝里养着虾。果园建成后，将吸引更多的游客走进黄家溪，品尝绿色健康的乡村美食，体验醇正浓厚的乡愁味道。

乡村振兴展形象 十多年来，黄家溪村集体收入从仅有的50万元增至1400余万元，拥有民营企业70余家，固定资产超16亿元，村民人均收入超4万元，实现从"贫困村"到"明星村"的精彩蜕变，为实现脱贫攻坚和全面小康奠定了坚实的基础。乡村振兴首先要紧抓产业兴旺这个"牛鼻子"。未来3年，黄家溪村将加快产业结构优化，强化农业科技现代服务，提高农业发展水平，着力打造创意粮油区、果品采摘区、绿色蔬菜供应区和生态渔业养殖区四大片区。提升土地亩产，从1000元一亩增加到5000元，甚至1万元，让老百姓多收益、多得益。

村民自治促发展 村庄建设的不少资金是富起来的村民投入的，体现了村民自治的重要内容，可以说是有钱的出钱，有力的出力，走出了一条"政府+社会资本+村集体"合作共建的乡村振兴路径。村里先后通过黄家溪商会和村民募集资金

图 2-37

1000余万元，建起黄家溪大剧院、文体中心、党建文化广场等。在先锋书吧阅读，在群众剧院听戏，在宽敞的广场跳舞，在高标准建设的室内体育场馆里打乒乓球、打篮球，村民们享受着与城里人相同的文体生活氛围。（图2-37）

村建设得这么好，村民都发自内心地感谢党的关怀。以前连乡道都没有，到现在路宽了，生态环境好了，绿化管理、河道治理，村各项事业发展得都很好，样样让老百姓满意，村里人生活得更安逸舒适。

为村民和外来务工人员服务的各项设施，都是免费开放的。大家来这里看书、打球、听戏，精神文化生活丰富了，乡风文明了，村里的治安都变得更好了。

乡村治理擦亮生态底色。水清岸绿，道路整洁。家家户户的小汽车都能开到家门口，村里每片空地都种满绿植，苏式化改造乡村风貌展现江南水乡特色。同时，黄家溪村还切实做好驳岸梳理、三线入地、景观提升、公共厕所改造、沿河栈道建设等民生实事。黄家溪村实施了一批具有本村特色的乡村振兴重点工程和重点工作，率先启动村庄环境整治，投入4000多万元，加强基础设施建设，美化村庄环境，全村绿化覆盖率超40%，村主次干道全部实现亮化、硬化，使环境

综合整治获得整体提升，彻底告别"脏乱差"，还完善了公共服务设施，村民在家门口就能享受到全面的公共服务。同时，结合苏州"特色田园乡村"建设试点，盛泽镇投入2000多万元，鼎力支持黄家溪村进行驳岸梳理、三线入地、景观提升、公共厕所、沿河栈道等10多个项目的改造提升，推进黄家溪更高水平、

图2-38

更有质量的发展，为城市近郊留住一片原生态田园风光。（图2-38）

　　绿水青山就是金山银山，就是要把群众对美好生活的向往变成现实，让百姓得实惠，让村民共享发展成果。在为民、利民、惠民上使劲儿，在文明、生态、风貌、文化建设上下功夫，实现农村环境面貌新变化、百姓生活质量新提升，让建设成果更好地惠及百姓。勠力同心让村民获得更多幸福感，以全国文明村的高标准发展要求，村干部与村民坐在一起、干在一起，以干部的辛苦指数换来乡村的美丽指数，换来村民的幸福指数，换来社会的和谐指数，聚合党群勠力同心的干事动能。村庄依河而建，青砖黛瓦白墙，小桥流水农家，绿树环绕，村道整洁，河水清澈，有着清新的空气、整洁的环境、色彩斑斓的风景，让人流连忘返，沉醉其间。通过一系列改革，黄家溪村正在发生美丽蜕变，走出了一条以乡村振兴引领全面小康，物质文明与精神文明同进步的可持续发展之路。文明一直在向前，乡风不断在进步。

众安桥村：特色田园乡村典范

　　震泽镇众安桥村地处震泽镇东北部，距离震泽镇区5公里，北靠长漾、南邻顿塘大运河，位于长漾湿地公园内、318国道穿村而过，交通发达、位置优越、环境优美、被誉为震泽明珠。全村面积3.949平方公里，本村户籍人口近1700人，外来常住人口1000余人，居民小组22个，总户数489户。众安桥村党总支下辖6个党支部，共60名党员。2019年村级可支配收入480万元，村民人均收入达2.9万元。村级经济和农民人均收入逐年递增。近年来先后获得江苏省美丽乡村、江苏省卫生村、江苏省生态村、苏州市社会主义新农村示范村、苏州市美丽

乡村、苏州市水美乡村等诸多荣誉。2017年，村谢家路获评江苏省首批特色田园乡村试点。2020年获评江苏省特色田园乡村，获评中国美丽休闲乡村、全国文明村。（图2-39）

图2-39

党建引领强化基层组织力成特色　众安桥村党群服务中心位于众安桥村谢家路，按空间布局划分为三部分，第一部分为村庄情况介绍，以图片为主，从党建引领、产业富民、文化强民、生态惠民四个方面入手，生动展示了众安桥村的村庄概况、历史沿革以及近年来美丽乡村建设、特色田园乡村建设的建设成果。第二部分展示党员队伍情况、众安桥村所获荣誉、优秀党员事迹和党组织活动制度，充分调动党员积极性和主动性，更好地发挥作用。第三部分系统展示众安桥网格先锋站分布及活动制度，将工作落到网格中，做到小事不出墙，大事不出村。众安桥村党群服务中心不仅是党员教育新阵地和党建成果展示新窗口，更是将党群议事、群众接访、网格巡查、志愿服务、农家书屋、理论讲堂等功能有机结合，为党员及群众提供便利。

谢家路党建小院是一大特色　原是农户家的杂物间，由村委会租下后进行改造，还原老一辈的生活场景。谢家路党建小院是将党建工作融入群众日常生活的一次尝试。村老书记金顺根在退休后发挥余热，常在党建小院与群众聊聊家常，收集社情民意，成为村民与村干部联系的重要补充。（图2-40）

加快推进特色田园乡村建设出品牌　自村谢家路于2017年成为江苏省首批特色田园乡村试点单位以来，积极投身特色田园乡村建设，以"水韵桑田村"为建设目标，推进村庄风貌再提升与村级文化旅游资源深度利用，打造特色农产品，发展文化休闲旅游业。为加强乡村旅游基础设施建设，提升乡村旅游的接待能力，镇和村不断加强对基础设施建设的投入。至2018年，周生荡高压线塔整体迁移，湿地公园至谢家路道路贯通，谢家路文体广场、公厕、公共停车场等项目均已竣工。众安桥村成立苏州谢家路生态农业专业合作社，并建立"水韵谢家"农创品牌。目前已扶植起谢家大米、手工蚕丝坊、酱肉坊、团子坊等本地特色农产品。月圆农家菜、苏小花餐吧的营业进一步完善了谢家路的旅游接待能力。"幸福农场"是现阶段重点建设项目，占地40亩，集果蔬种植、采摘、垂钓、烧烤等功能于一体，建成后将作为休闲农业的重要一环，成为谢家路休闲

图2-40

图2-41

旅游的重要补充。2019年整村创建康居特色村。通过大力开展河道整治、公厕改革、惠民设施建设以及高标准绿化设计，提升全村风貌水平。注重细节打造，推进"美丽庭院"建设，引入专业团队设计，改变农户乱堆陋习，引导村民自觉建设家门口的文明景观。2020年以入选省级特色田园乡村为契机，确立"村美业特农民富，水韵桑田稻花香"的发展定位，大力发展乡村休闲旅游产业。完善乡村路、电、水、气、网等基础设施建设，严选各类业态进驻，打造宜居宜业、绿色生态的田园乡村。（图2-41）

传播新思想重落地，夯实理想信念　众安桥村党总支始终把学习教育当作重点来抓，时刻坚定理想信念。依托众安桥独特的"一云四屏"智慧平台，建设直通村民客厅的云课堂，让村民打开电视，就能在专题频道学习党的理论政策，随时随地接受思想教育。定期召开民主生活会，依托本地"鲈乡大讲堂""慈云讲坛"等特色宣教品牌，邀请省市区专家老师进村开展专题讲座。用好新时代文明实践站，采取"大主题、小切口"宣讲方式，发动义务宣讲员

围绕身边人身边事讲述乡村振兴带来的新变化，让老百姓听得懂、看得见、记得牢党的理论和政策。

引领新风尚强志愿，倡导乡风文明 众安桥历史文脉悠久，周公瑾练兵、常遇春卸甲、张志和垂钓等各种历史故事广为流传。结合古人轶事，众安桥村首创开放式乡风文明长廊，立体展现村庄历史文化、经济建设和民生民俗，让百姓零距离接触两千年历史沿革，增强村民家乡自豪感。依托"两湖抱一村"

图2-42

的优越生态，定期举办"蚕花节""农民丰收节""水韵谢家菜花季"等节庆活动，丰富村民精神生活。建设老年活动室、妇女儿童之家等文娱设施，让"少有所学、老有所乐"成为村民生活主题。开展"文明家庭""新时代文明实践户""身边的好儿女"等评选活动，以点带面，助推乡风文明建设。建设乡邻中心，主打宴席轻量化，倡导从俭办理红白喜事文明新风。（图2-42）

创新治理模式，提升治理效能 以党建为引领，积极推行"自治、法治、德治"三治合一的乡村治理新模式。严格落实"四议两公开"工作法，让村级重大事项决策阳光化；成立基层协商民主议事会，重点协商群众身边的难点热点问题。建立法润民生群，以案释法，提升群众法律素养。开展"传承好家风家训家规"活动，营造崇德向善、诚信友爱的社会风尚。加强网格化社会联动治理，建立网格巡查员、专业安全员等多层次治理队伍，及时处理群众和企业反应的问题。加强技防建设，实现"村村通"技防设施关键区域全覆盖，打造平安法治的和谐乡村。

省文明村

开弦弓村：独树一帜，践行法治德治自治三位一体的乡村治理模式

中国江村开弦弓村在落实乡村振兴、基本实现农业农村现代化重大战略方面，独树一帜，践行法治德治自治三位一体的乡村治理模式，把文明实践做实

做深，利用江村优秀的文化传承，费老的"金名片"，尝试走新路，把法治的法律服务和廉政文化，德治的乡风文明和移风易俗，自治的村规民约和乡贤议事等整合起来。（图2-43）

图2-43

法治方面 开弦弓村在吴江区司法局指导下，在省民主法治示范村的基础上申报全国民主法治示范村，以申报为契机，全面提升全村民主法治水平，提升全村居民的法治意识。今年以来，区司法局已联合法律专家、相关职能部门志愿者，两次将法律服务送进开弦弓村的文明实践站，为村里居民提供各类法律咨询文明实践，并走访村里群众采集法律咨询需求，根据群众点单今后配送更加精准的服务，并可拨打24小时的法律咨询热线12348，随时进行咨询。（图2-44）

图2-44

德治方面 进一步提升村文明实践点的建设质量，以七有标准把理论宣讲、科普、文化、健康、教育五大平台功能作为居民文明实践的重要内容，把图书室、费孝通纪念馆、费老江村调研线路、乡贤议事厅、乡贤文化厅、旅游

图2-45

民宿、老年活动场地、廉政文化基地等硬件整合起来，把上级派送的和本村的各类志愿活动融合起来，形成群众喜闻乐见、丰富多彩的实践活动。打造一支志愿服务团队，结合村中心工作和居民服务需求发起各类志愿服务活动，提升居民的满意度。推行最美庭院评选、新时代文明实践户等评选，规划文明实践小康体验路线。（图2-45）

图2-46

自治方面 坚持党建引领，以一个支部就是一个堡垒，一个党员就是一面旗帜的理念，筑牢堡垒，树好旗帜。把社会主义核心价值观广泛宣传，深入人心，以文化人，成风化俗。发挥江村村规民约的主导作用，细化分类，落到实处，凝聚群众，引导群众。把乡贤议事作为一个自治特色，形成制度化机制，细分议事规则，助力江村发展，以乡贤风范引领江村文明风尚。（图2-46）

中国江村，以深厚的文化底蕴，凭借法治的东风，淳朴的民风，文明的乡风，孕育为太湖边的新时代耀眼明珠。

区文明村

蠡泽村：带有"范蠡"特色的乡风文明

蠡牵吴越，泽佑苍生 蠡泽村位于震泽镇南边，连接镇区，有着深厚历史文化底蕴。拥有"震泽八景"中的两景：范蠡钓台和康庄别墅，村的名字也来源于此。

2500年前，吴越春秋时期，被称为治国良臣、经商大师的越国丞相范蠡，隐退后泛舟五湖期间，曾隐居于蠡泽村几年时间，并建有钓鱼台。范蠡之所以选择隐居在蠡泽湖边，是因为此地历史上是交通要道，是东西南北"四水"汇合之处，又是村庄集市繁茂之地，适合"大隐隐于市"的条件。他的睿智忠诚、爱护百姓的精神文化在村中传承了下来，当时的百姓为纪念感恩他，修建了范蠡祠堂，把他留下的钓鱼石台命名为"范蠡钓台"（原址石驳岸），把这个村命名为蠡泽村，修建思范桥以为纪念，保留至今。

康庄别墅，是由明朝（扬州知府、福建按察副史）吴秀，退休后回震泽老家居住，私人出资清理快鸭港、分乡桥河等河道淤泥堆于康庄，建成荷花梅园、山丘石洞、亭台楼阁、风景如画的康庄别墅，是当时文人墨客聚集之地。吴秀性格亲和、穿着布衣、乐善好施，与百姓其乐融融。康庄别墅是当时群众心目中的精品宅院、成功人士典范和文化标杆，他的后代还活跃在全国各地做着积极的贡献。（图2-47）

党建引领，服务三农 至2019年底，蠡泽村户籍人口2120人，648户，23个生产队，12个自然村庄，19个村民小组。农田水稻有1200多亩，林地300多亩，村级工业厂房用地200亩左右。村级企业有30家，其中钢结构彩钢板企业占50%左右，其他还有蚕丝被、纺织品、电梯配件、金属加工等行业。强党建、拓发展、重服务。村党总支下设4个党支部，现有党员91名。村书记周晟，年轻有思路有干劲，带领村班子成员共同成长。始终坚持从严治党，加强本村党员的管理，开展主题党员教育活动和民主评议活动，加强对申请入党积极分子的教育考核，把党性强、有品德、愿奉献的优秀群众推荐到党组织内。在七一期间，开展慰问困难党员活动。

村级经济建设方面，确保完成今年"三治"工作任务，逐步劝退拆除高能耗、低产出、污染性的传统企业，腾出工业用地指标，力求引进优质单位，建成"一村二楼宇"精品项目，提高村级企业亩均收入和税收贡献，保持村级收入的稳定增长。村里最重要的事情就是更好地服务于村民，发挥村两委年轻优势，善于学习成长，积极总结计划各条线工作，经常性下村庄和群众交流学习，了解村庄实情，解决实际民生。做好办事大厅便民实事，做好各自条线工作，又能全面看问题，解决老百姓热点事务，拓宽村级发展思路，提升当好"服务员"的水平。（图2-48）

图2-47

图2-48

文明实践，时代新风 进一步丰富村新时代文明实践站的文明实践点（图2-49）。2020年起，在南浦浜规划新建600多平方米的老年日间照料中

图2-49

心，设有棋牌室、电视室、图书馆、康复室、餐厅、休息室和文化休闲长廊，可以容纳200多位老人同时来此休闲活动，现已经完成设计。启动建设康庄文化公园，做好前期的招标复垦120亩鱼池为水稻田，完成康庄山30亩土地的预征工作，清理杂树、清理藕池等基础准备工作。设计改造原彭家里幼儿园为南片区老年日间照料中心和党建小院活动室，共计1000多平方米。

优化人居环境，美丽乡村，乡风文明 村委分5个工作组，每周督促村级环境卫生，组织每个村庄群众参与人居环境大整治活动，聘请4位有威望的老党员、老干部巡查督促村庄卫生，开展村庄卫生示范户评比，开展最美庭院评比，召开全体村民代表大会讨论决定，每户家前屋后卫生与村级年终福利挂钩，用制度、用奖励来开展工作，使得干净卫生户得实惠、得荣誉，脏乱差户损失福利问题公示，利用一系列的组合措施把村庄人居环境提高到更高的标准。（图2-50）

图2-50

完善基础设施 完成村蠡泽湖一圈六个村庄，道路一公里全部整体增高，做通1400米标准型雨水沟，彻底解决这些村庄常年困扰群众的，汛期道路水淹和道路交通安全的问题。改建6个老旧公厕，完成"厕所革命"设计图纸阶段，马上进入施工阶段。计划修建拓宽康庄和济字坝两座农桥，五个村庄农村生活污水接管工作正在施工中。启动建设精字圩、独圩墩、康庄、北港上，村庄停车场、文化长廊、运动休闲器材区已经完成设计。（图2-51）

图2-51

优化宣传阵地 2020年每个村庄上墙绘和宣传公示栏合计22处，内容包括人居环境倡议、垃圾分类标准、乡风民约公示、文明城市公益宣传。在提炼村规民约上，利用村独具的历史文化精髓和正能量，以历史人物范蠡为乡村文明为典范，并在2018年7月全体党员大会上，通过全体党员和村民代表投票，最后决定村的"乡风民约"12字：诚信、团结、勤劳、道德、学习、奉献。诚信：诚实守信、忠诚自律、专心一志、言传身教。团结：团结友爱、邻里和睦、集体荣誉、爱党爱国。勤劳：勤劳致富、劳动光荣、强身健体、自立自强。道德：敬老爱幼、爱护公物、讲究卫生、节约朴素。学习：睿智聪慧、守法用法、科学发展、健康幸福。奉献：大方豁达、心胸宽广、爱护百姓、兼济天下。（图2-52）

图2-52

科技新业，文旅新貌 未来的发展，周晟书记已有自己的蓝图。依托蠡泽村便利的交通区位优势和深厚的历史文化底蕴，以乡村振兴发展规划为指导，根据震泽镇区域规划总纲，把村盛八线附近村属企业逐步拆并为集约、标准、环保的优质

图2-53

企业，努力引进科技型创业型办公写字楼企业。根据"蠡泽湖"自然区域优势，把这一带今后的发展定位为体育、文化、青年创业、旅游休闲、民宿等功能，引进培优扶植专业管理公司，把这片2500年历史的村落，建设为既美丽生态又充满创业活力的"强富美高"新农村。（图2-53）

红旗村：一体化发展"农业样板"示范目标

红旗村位于黎里镇金家坝办事处，在2001年时由原金家坝村、方家浜村合并而成，辖区面积约3.8平方公里。下辖金家坝、港口、王江岸、方家浜、中浜、后浜等6个自然村，村党总支部共有党员73名，全村有18个村民小组，537户，1620人；粮田391亩，鱼池面积1191亩，村级稳定性收入2019年为386.68万元。曾获人口与计划生育工作先进集体，吴江市"绿化庭院 美化家园""双百"绿色行动示范村、先行村，法制宣传教育工作先进集体，村民自治模范村，吴江市和谐社区建设示范社区；吴江区先进基层党组，苏州市党报文化村；2020年获吴江区文明村称号。

党建引领突出红色主题教育 红旗村党建根据本村特色水稻养殖和红色文化为

基础，形成"稻花香"党建品牌。以习近平新时代中国特色社会主义思想为指引，充分发挥党建引领作用，将党建融入产业、融入治理、融入民生。激发党员带头，引导群众参与，形成一个共治、共护的良好环境。在退伍军人和党员中发掘个人典范，将个人先进事迹利用"道德讲堂"进行宣传，让群众受感染，让孩子受教育。2019年6月，开展了红色基因传承活动，通过收集本村的抗美援朝老兵抗战事迹，并邀请部分老兵现场讲述抗战事迹，给全村党员和孩子上了生动的爱国主义教育课。不断挖掘村红色元素，组织专人收集金家坝区域的抗战故事陈列于村党建馆内，并有热心人士捐赠的抗战地图和物件，专门陈列于村抗战纪念馆内，突出红色教育主题，是现在学习"四史"的现场打卡地，感悟过去、现在和未来，

中国共产党的百年历史，回望中华人民共和国的70多年历程，回望改革开放40多年的历程。在2019年度自发成立的"党员治水先锋队"，是由党员带头群众参与的一项重要治理创新，通过巡查、打击等方式，在全村范围内形成一张网，杜绝电鱼、毒鱼行为。（图2-54）

图2-54

规划先行打造一体化示范样板　红旗村是苏州市多规合一的规划试点村，从2020年5月开始，整个村庄正进行多规合一的村庄规划，规划建设内容已初步完成，待黎里、吴江和苏州的各级部门论证。规划方案在产业发展上将整个红旗村的鱼塘通过退渔还田后，划分成三个不同的稻田综合种养区域和一个核心区，核心区主体建筑用地八亩现已完成设计，将把它建成一个农产品加工、包装、速冻、冷链物流和餐饮住宿于一体的田园综合体，并将稻田综合种养产业园区和方家荡串联起来打造成"水乡农业客厅"，成为汾湖高新区（黎里镇）稻田综合产业园中的农文旅标杆，做到一、二、三产业融合发展，为长三角生态绿色一体化的农业板块做好示范。此项目预计总投资2600万元左右。（图2-55）

种养创新带动村民增收致富　引导全村从事综合种养的农民组织起来成立三个不同养殖模式的专业合作社和一个联合社，并培育一家农业龙头企业，稻田综合种养产业园区内产出的所有农产品全部由联合社和农业龙头企业加工包装后以统一的品牌"苏虾稻"对外宣传销售，通过整体抱团来扩大红旗村产业的知名度，增加农

产品的附加值，同时解决了千家万户小生产同千变万化大市场的矛盾。村民通过加入合作社可以享受到规模化经营以后带来的红利，包括政策补贴、职业农民优惠、统一采购农资的让利和同技术院校的合作通过成果转换来达到提升种养技术的目的。亩均效益也从原先的单一种植500元提升到3000元以上。

图2-55

环境整治共建美丽乡村　2020年先后完成创建金家坝、方家浜两个苏州市三星康居村，六个自然村的路灯亮化，五个自然村农村污水处理设施建设及全村河道清淤，村庄环境卫生整治及沿线绿化种植。做好各个自然村的环境提升，做到一村一景。全年投入整治费用达300万元左右，主要用于墙体彩绘、绿化工程、回土、清理垃圾等零星工程、道路拓宽及硬化、栏杆、围栏、路灯安装、公厕翻建等，并成功创建苏州市人居环境整治示范村。近三年红旗村"三优三保"共腾退土地54.07亩，拆除违章建筑彩钢面积达31700平方米。

文明实践升级志愿服务　现有注册志愿者380名，活跃在村的一线工作中，自年初的抗疫，到村庄的"百日攻坚"治理中，都是积极的骨干力量，为村内的乡风文明倡导做出了重要的贡献。2020年初新冠病毒肺炎暴发期间，共有52位勇士积极加入抗疫战斗中，奋斗在村的防疫检查站中，在走村入户中。通过近2个月的日夜奋战，保障了全村的安宁。在环境整治中，村志愿者冒着酷暑，顶着寒风，将全村里里外外进行一次大扫除，有效地促进了全村面貌提升。村内有两支文艺舞龙舞狮志愿者队伍，每逢佳节及村内的重要活动，他们都会献上精彩的表演，增强了村民的文化娱乐活动。每年投入近30万元用于对困难人群的大病救助、生活帮扶、节日慰问等帮助。垃圾分类自2020年6月1日全面实行以来，为了能将垃圾分类工作做好做实，将意识深入全村村民中去，专门成立了一支垃圾分类宣导小组志愿服务队，逐个走入农户家中，进行宣传和引导垃圾分类，起到了非常好的效果。（图2-56）

图2-56

特色村

吴越村："前世今生"传承文明小康梦

前世——文化吴越

具有春秋战国吴根越角之意境的吴越村是七都镇的南大门，直通浙江南浔古镇，一条吴越路，一座吴越桥，带动了整个七都经济的繁荣和发展。

吴越村具有丰富的文化底蕴，不仅拥有祠山庙桥、博士桥、永昌桥、大善塘桥、更浦桥等众多的文物古桥，更是全国唯一的木偶昆曲的发源地。七都的洪福木偶昆剧团以木偶演昆曲的一家独特的也是全国仅有的民间祖传戏班，现在政府的重视下，将这一民间文化遗产得到了有效的保护、传承，目前木偶昆曲已被列为省级非物质文化遗产。

博士桥位于吴江区七都镇吴越村双荡兜，跨双荡港。始建无考，清光绪二十九年（1903年）重建。1994年7月29日列为吴江市文物控制单位。梁式单孔桥，东西走向，全长17.95米，宽1.74米，孔高3.5米，跨径5.5米。桥面由两块巨大浑厚的花岗石铺就，金刚墙为青石，余为花岗石构筑。两端金刚墙下方各有一方形泄水孔，洪涝时可加大泄水流量，并减轻流水对桥的冲击力度。西桥台及桥面保存完好，东桥台南侧生出一树，上部石级已拱起，下部石级已无，用水泥板代替。因年久失修，东桥台南侧已严重坍损。桥身两侧各有一副楹联。南向楹联：叠石为梁咸占利涉，回波作镜共庆清流。北向楹联：原溯五湖穿北达，水泾双荡绕南行。

祠山庙桥，跨祠山庙港，此桥与所跨之港皆因附近有祠山庙而名。（图2-57）祠山庙供奉祠山大帝。这祠山大帝为苏浙皖交界一带信奉的神仙，名张渤，其父

图2-57

张秉，武陵人，在山泽间有仙女自愿嫁他，并"上帝以君家有功于吴，当世世血食于吴楚之地"。祠山大帝的塑像为全身站像，双手持开山大斧，庙内匾上题"禹后一人"，鉴此可推想祠山大帝是在大禹之后对太湖流域开山治水建有功勋的先贤，后人将其神化，立庙祭祀。祠山庙桥为南北走向，梁式三孔，

金刚墙为青石，桥孔中除中孔东排柱南侧一根为花岗石外，其余均为宋元间江南一带常用的紫石（武康石），桥面条石中间一组也为武康石。桥长19.13米，中宽1.6米，中孔跨度4米，高4米，始建年代不详，现存之桥为清嘉庆十九年（1814年）重建。祠山庙桥的东北侧建有现代农业科技园，空气新鲜，环境优美，有桥有水有人家，为旅游休闲的好去处。

永昌桥是1918年的老石桥，已是百年高龄的文物古桥了。永昌桥是一座保存良好的三跨四拼石阶石板桥，三跨四拼石阶立壁墩石板桥，保存基本良好。

七都洪福木偶昆剧团源于七都镇吴越村姚氏创建的公记保和堂戏班，始建于清道光年间（1820—1850年），流传至今已有一百多年历史，它是全国唯一的木偶唱昆曲的祖传戏班。

1955年，在文艺团体登记时，公记保和堂戏班正式更名为吴江县洪福木偶昆剧团。曾在江、浙、沪一带演出，活跃于南京、无锡、常熟、杭州、嘉兴、湖州、上海、松江和本县城乡。演出的剧目主要是昆剧传统戏，如《长生殿》《蝴蝶梦》《邯郸梦》《游龙船》《白兔记》《白蛇传》等，还改编移植现代昆剧《白毛女》《除四害》等剧目。原有演出剧目200多出左右。姚记公记保和堂在继承木偶、昆曲艺术特点的基础上，加以创新发展。在舞台表演时，一面提着十多根线的木偶表演各种动作，一面配唱昆曲，表演者既要能唱昆曲又要会操作木偶，以线传情，通过木偶的表演来表达戏曲的情节和人物的情感，达到"双手提活生、旦、净、丑千般态，一口唱妙喜、怒、哀、乐百样声"，用缠绵婉转的昆曲配以惟妙惟肖的木偶表演，把木偶与昆曲完美地结合在一起。（图2-58）

木偶昆曲表演时所用木偶约60厘米高，重约三四千克，按生、旦、净、丑等角色，用木头雕刻制作配上服饰而成。剧团存有各种木偶戏人20多个，其中有一个小丑的木偶头像已有百余年历史，做工细致灵巧，线一牵动，眼、舌同时都能活动，妙趣横生。木偶的服饰按不同角色专门制作，生、旦、净、丑均为不同，根据剧情人物不同而缝制。

1962年后剧团逐步解体，濒临灭绝；2003年，区镇两级政府开始实施七都昆曲

图2-58

木偶的抢救方案；2004年，七都镇人民代表大会把保护传承木偶昆曲工作列入政府的十件实事工程之一，招收了孙菁、施晓明等4名学生为昆曲木偶新的传人，是姚五宝老艺人的第一代的徒弟，传承工作初见成效，几位学生完成学业恢复组建洪福木偶昆剧团。2005年，以"昆曲艺术"入选苏州市级非物质文化遗产名录项目。2016年1月，以木偶戏"七都提线木偶"入选江苏省第四批非物质文化遗产项目名录。近年来，七都昆曲木偶频频亮相省市级文化活动，每年演出70场以上。2008年荣获中国文化部颁发的"银穗奖"大奖，昆曲木偶又焕发出崭新的艺术光彩。2018年10月孙菁被评为该项目的代表性传承人。（图2-59）

图2-59

七都洪福木偶昆剧是一门木偶演昆剧的独特的民间文化艺术，是昆剧的又一种表演形式，也是昆曲艺术的一种延伸，为广大群众喜闻乐见。木偶演昆剧既是对木偶艺术的创新、改革，通过利用昆曲这"百戏之祖"来提高木偶戏的艺术水平，同时对昆曲在民间的流传起到了积极的传播作用，对木偶戏的发展和昆曲的保护传承发挥了积极的作用。洪福木偶昆剧实为稀罕，颇具特色，是珍贵的非物质文化遗产。2019年12月5日长三角非遗作品交流会洪福木偶昆剧团复建十周年。（图2-60）

图2-60

今生——美丽吴越

吴越村总面积5.3平方公里，其中自留地280亩，桑地20亩，水产养殖面积797亩。至2020年底，全村24个村民小组分布在14个自然村内，共有农户632户，2397人。吴越村党总支下设非公企业支部、综合支部、老年支部三个支部，共有党员119名。吴越村地理位置优越，交通网络四通八达，集农、工、商、贸、服务业于一体，是七都镇繁华地带之一。经济发展有临浙经济区，公共服务设施有农贸市场、社区卫生服务站、社区服务中心、镇第二小学、心连心幼儿园等。近年来，先后取得了江苏省级卫生村、吴江市社区服务中心示范村及吴江市党员服

务中心示范村等荣誉称号。（图2-61）

新时代，在全面建成小康社会的决胜之年，村书记朱桂良描绘了美丽吴越、文明小康乡村蓝图。

聚"合"的力量，塑造新环境 实现美丽乡村，光靠村干部是不行的，必须依靠全村的党员和群众的积极配合及参与。因此首先要做的就是凝心聚力，发挥合力的优势，共同查漏补缺，攻坚克难。选择有威望的党员、老干部、小组长做宣传监督员，广泛听取群众的意见及建议，形成具有亮点的环境特色，着力打造"一村一景观"的总体规划，具体做到有条件的自然村优先提升质效，目前已有三个自然村进行打造，力争向红榜冲刺，比如镇南大门钮家兜自

图2-61

图2-62

然村，现已完成打造70%。针对其他难度较大的自然村暂时先打基础、清死角，打造清爽的环境，争取将整体效果向上提升。（图2-62）

发挥"新"的优势，凸显新气势 以身作则，带领村班子做好新服务、新目标、新气象。首先是强化村服务能力。村委会工作能否得到群众的支持，主要是服务到位不到位，半年以来村里提升的服务意识得到了干部群众的认可和支持，利用好新时代文明实践站的服务功能，传播新思想，让党的新思想新政策飞入寻常百姓家。组织好村民志愿者，开展好志愿服务活动，特别在防疫期间，村委每个人都尽职尽责，做好防控、宣传、保障、服务等各方面的工作，做到万事争抢在先，发动村民一起，组成志愿服务队伍，圆满完成了疫情防控任务。其次，进一步完善农村基础设施，在所有自然村主干道上安装好太阳能路灯，使村民出入更加安全。再次，完善村综合文化服务中心功能，对接上级送戏和送电影下乡，用好农家书屋和道德讲堂，让村民享受更多的精神文化生活。

集聚"势"的力量，腾出新空间 积极落实"331"安全治理，排除安全隐

患，全力保障村民安全。借助镇综合执法局的大力支持，同时借调骨干力量驻村协助，狠抓出租房管理及违建拆除，治理水平得到了有效的提升。开展"三优三保"和"三治"工作，采取"硬"的措施，取得了良好成效。截至目前，完成"三优三保"面积约60.8亩，已验收40.8亩；"三治"已完成26个点位的销项共计48.99亩，另外约68亩已签约等待复垦销项。通过一系列的乡村整治，既整顿了乱象，改善了村容村貌，又腾出了新的发展空间，为下一步"美丽吴越"高质量发展打好基础。

从文化吴越到美丽吴越，传承好优秀文化基因，发挥全体村民的文明力量，共同实现全面小康。

文明实践点

吴江家风家训传承馆：两个《纲要》实施典范

吴江家风家训传承馆，传承道德文化、凝聚文明共识，以个人品德、家庭美德、职业道德、社会公德为宣教典范，2018年5月22日开馆，至2021年1月底，已超过26万人游览学习。

吴江，历史悠久，文化厚重。历代先贤编家谱、立家训、树家风，形成一批颇具影响的名门望族，也造就一群为人称颂的清官廉吏。吴江家风家训传承馆，这座370多平方米的中式庭院建筑，成为大家学习接受道德滋养的一个良好场所，也是向广大游客多方位地展示吴江道德文化风俗的美好名片，宣扬江南水乡名人贤士的家国情怀。

吴江家风家训传承馆坐落在全国文明镇——古镇同里竹行街135号，该馆的设计是家风文化、传统文化、建筑文化和非遗文化的一次交融。荟萃的家风家训、人物故事都彪炳史册，光耀千秋。（图2-63）

馆内正中匾额"天下之本在家"，是该馆的灵魂主线。家风家训传承馆的建设，是贯彻落实党和国家领导人"注重家庭，注重家教，注重家风"的指示精神，可以让更多的吴江市民和外地游客从这些传统家风家训的光芒中汲取道德精神力量，凝聚"崇德明理，向善向上"的价值共识，把"家国天下"的博

大情怀世代传承。（图2-64）

传承馆的"序言"体现了馆的"精神"："吴江自公元909年建县以来，千年以降，名门望族逾百家，如同里杨氏、北厍大胜柳氏、松陵吴氏、震泽施氏等，近代更有辛亥风云人物陈去病，南社诗人柳亚子，社会学家费孝通等大家涌现。名门荟萃，崇文重教，好家风世代相传，史册留香。家规家训浩如烟海，既推动了鲈乡大地经济社会蓬勃发展，更挺起了吴江人立根固本的精神脊梁"。

传承馆以时空维度，把悠悠千年的吴江区域内的家风，珍珠一般地串联贯通起来，馆内共涉及吴江各区镇15个名门望族、39位名人，通过风范世家、家风典故、吴江名宦三大板块展示。其中，"全孝翁"吴璋寻亲二十年，千里迎母，负骨归葬，堪称孝的典范；袁黄传世之作《了凡四训》，融会道教哲学与儒家理学，被誉为"东方第一励志奇书"；还有同里杨氏、松陵沈氏、震泽施氏、北厍大胜柳氏、吴郡陆氏等。这些厚重的人文资源滋润着鲈乡大地。（图2-65）

图2-63

图2-64

图2-65

从古至今，领导干部的家风，不是个人小事、家庭私事，而是讲政德、立政德的重要表现，是领导干部从政的基础、用权的保证。经营好家庭、涵养好家教、培育好家风，是贯穿领导干部一生的必修课。家风正则民淳，民风淳则社稷安。只有强化对传统优秀家风家训的赓续力度，才能让良好家风成为推动党风政风、社风民风行稳致远的力量。

馆中的对联呈现了吴江重要的传统文化：悠悠太湖水，南社潮音萦绕耳畔；皎皎桑蚕丝，吴江地区家风源远流长。家训文化是家庭的核心价值观，家规是家庭的"基本法"，家风是打上家族烙印的传家风俗。吴江有名家大族逾百家，该馆通过多种形式对历代先贤的家风家训作了展示。历史最早的当推唐代重臣陆元方，其家族以"清慎勤"为做人之本，一直绵延至清朝乾隆年间"清节为天下第一"的陆燿；最新的是当代的程开甲院士，20年如一日地在大漠深处谱写忠诚，2017年获得"八一勋章"荣誉。（图2-66）

图2-66

家风家训传承馆，让每一个走进这里的人，带着宝贵的精神瑰宝回到家庭家族的实践中去，去影响一个人、一个家庭、一代代地给予继承这美好的传统文化。当一位外地游客向老先生获得吴江家风家训传承馆第10万名幸运游客的殊荣时，向老先生夫妻俩都感到非常意外和激动。他们边参观边感慨，馆里展示的都是吴江的优秀家风，这是传统文化的重要组成部分，传播的是正能量，以后会让自己的儿女们带上他们的孩子也来看看。在传统的节日里，出门在外，还能体会浓浓的"家的味道"，感觉真好。

成风化人，润物无声 从家风这个切口入手，让一些尘封的档案和逸散的故事，通过雅集方式进入百姓视野，可以更好地留存历史瑰宝，传承文脉肌理，涵养新时代良好家风。吴江区将家风建设作为党风廉政建设的重要主题和品牌活动，"烹制"富有特色的"文化套餐"，引领社风民风向上向善。"家风＋展馆"让教育接地气，将其列入全区廉洁文化观览线；"家风＋戏曲"，让教育聚人气，创作"家风倡廉"为主题系列作品，以会演巡演方式深入人心。"家风＋活动"，让教育扬正气，组织开展"鲈乡廉内助"主题活动，激活廉政教育中的"她力量"。（图2-67）

文明实践，贯彻纲要，传递正能量。倡导和拥有一个好的家风是社会主义核心价值观的具体体现，助力社会主义精神文明建设。

不断传承与发展德文化 中华文明上下五千年，在时间长河里，孕育了许多璀璨的文明成果，其中传承最为重要的家国文化、家风文化等，在历史岁月的长河中不断延续发展。而在这其中，中国的儒家思想是中国传统文化中的主流思想，儒家思想对家族文化十分重视，《孟子·离娄上》里有这样一句话"天下之本在国，国之本在家"。

图 2-67

中央强调，要深入学习贯彻党中央关于思想道德建设和爱国主义教育重要论述，贯彻落实党的十九届四中全会精神，着眼凝心聚力、立德铸魂，大力培育社会主义核心价值观，高扬爱国主义伟大旗帜，推动思想道德建设和爱国主义教育开创新局面。制定出台两个《纲要》，是贯彻落实党中央决策部署的重大举措，是新时代巩固全体人民团结奋斗共同思想道德基础的必然要求，是把社会主义思想道德建设优势进一步转化为治理效能的迫切需要。要以两个《纲要》出台为契机，着力用习近平新时代中国特色社会主义思想武装全党、教育人民，深化理想信念教育，大力弘扬爱国主义精神，聚焦聚力培养担当民族复兴大任的时代新人，充分发挥实践养成和制度保障的作用，促进全体人民在思想上、精神上紧紧团结在一起。

江苏省提出，贯彻落实两个《纲要》是为实现"两个一百年"奋斗目标巩固共同思想道德基础的必然要求，是推动思想道德优势转化为治理效能的迫切需要，也是推动"强富美高"新江苏建设再出发的现实需求。用实际行动践行公民道德要求，彰显深厚爱国情怀，现实生动的道德实践课和爱国主义教育课。努力开创公民道德建设和爱国主义教育新局面，坚持高举旗帜，持续推动习近平新时代中国特色社会主义思想入脑入心；坚持价值引领，持续推进社会主义核心价值观建设；坚持培育时代新人，着力提升全体人民的思想道德素养；坚持筑牢基础，建好用好各类阵地载体；坚持知行合一，注重在丰富实践中涵养高尚情操；坚持制度建设，用良法善治为追求崇德向善、弘扬新风正气提供坚实保障。要加强组织领导、系统谋划、开拓创新，以人民为本，切实推动两个《纲要》各项任务要求落地做实见效。

好家风世代相传，史册留香 中国的家规家训浩如烟海，对社会的蓬勃发展，对个人、家庭、家族的精神指导等方面都发挥着重要作用。家庭作为社会的基础柱石头是无法替代的，家庭观念对家庭成员的影响是巨大的，家庭的文明作用对社会价值的贡献是无法取代的，家风、家训是一个家庭或家族内部对子孙后代的训示、训诫，重点是立身、处世、为学等方面。

飘逸纺织：纺织创新体验文明实践点

飘逸纺织坐落在平望镇环湖路1号工业园，自盛泽镇顺利大厦产业园迁移至此。公司总经理周娟是一位年轻的有思想的企业家，带领80人的年轻团队，以创新思维引领公司发展，以联盟价值作为平台优势，以设计品牌成就非凡业绩，销售利润率行业领先，每年推出5款爆款，目标50%的预期，成就飘逸之名。公司本身就是一个纺织创新体验文明实践站，实践站负责人周娟总经理的管理理念与成功经验分享：长期战略——无边界合作联盟、设计型销售；经营之本——战略+价值观；价值观——真诚、简单、积极、正道、创新、协同。（图2-68）

创始无边界合作联盟　通过8年多的无边界合作联盟创新和发展经验往下游

图2-68

拓展，从本源思考问题，不断延伸合作伙伴+设计师+产业工厂，目标出样终端产品，让客户可以看到成衣。以设计型销售研发为主打，克服产业链环节长效率低的问题，帮助成员开发产品、开拓客户，帮助客户企业降低库存，让客户企业利润更高，与核心供应商共生共长，构建行业生态结构。（图2-69）

自发形成众创空间　通过合作逐步形成文化人才设计空间，发展文化产业。以众筹的思维，把用户测试、体验、数据作为开发新品的重要依据，引进梦想合伙人，把新增的50%利益共享合伙人，成功与知名品牌等合作，取得一个又一个成功。

用最快的速度把产品卖向市场　将产业链整合，从原材料端找卖点，再到面料、成衣。不能零和博弈，要每个端都有收益。通过资源整合，使制作成衣不需要投入成本，通过联盟可以推荐每季度材料开发与国内成衣工厂合作，介绍设计师给成衣工厂制作成衣，通过资源对接，可以减少费用，在整个过程中，大家都有获利。在一个案子接一个案子成功后，信心就会更加坚定，无边界合作联盟力量也越来越大。

设计使文化在品牌上得以呈现　飘逸公司利用设计把中国风与功能结合，推出自己的品牌。这源于对产品的深刻理解，原材料的变革最难突破，从纱线到制造、制造到染色、染色到多功能助剂添加，越往后变化越多样。市场上需要进一步分清产品功能，如抗菌剂的添加原来主要用于内衣生产，抗病毒功能多用于赋予外衣，助剂不一样，工艺也不同。

图2-69

文化自信练就文明实践点　周娟自己爱好国学，所以对我们国家的传统文化非常推崇。把传统文化的精髓融入产品，融入纺织行业，务实进取，凡是闭环。在运营方面，公司始终坚服务第一位，从客户思维出发，满足客户需求，以客户能否赚钱和获得认可为目标。这个运营服务思维与新时代文明实践建设内容同出一辙，要提供精准服务，满足群众需求。公司定期组织道德讲堂，以"读书会"的形式，每个员工自己就是主角，分享自己的心得，以身边人讲身边事，把道德讲堂融入职业生涯，取得实效。公司还单独成立公益组织，公司和员工共同出资成立公益基金，成立志愿者队伍开展各项志愿服务活动。（图2-70）

坚定诚信经营理念　周娟认为公司管理要做到三个方面：做有灵魂的公司，对自己有约束，为"人"服务。价值观定位为诚实正直、真实合一，坚持正道纯净的商业环境。从员工价值到客户价值，都要兼顾。把危机看成是行业重新洗牌、行业升级的时刻。根据客户需求和现状，主动应对，减少风险，共

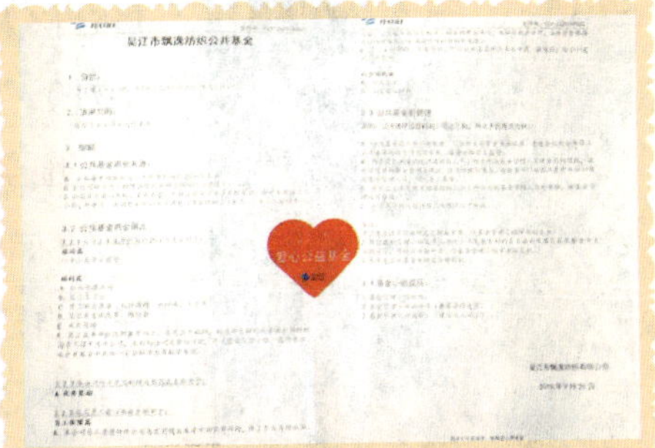

图2-70

同应对困难。清醒地认识到自己的生存空间，在纺织行业5000万亿元的市场份额中，认清自己的位置在哪里。行情不好，不应是员工业绩不好的原因，要找到自己的生存定位和发展方向。

认清未来革新点方向　贸易从传统的原料信息不对称的方式，发展到在互联网思维信息公开后，以效率呈现为主的模式，革新的重点也是从零和博弈到合作共生的转变。企业精细化管理程度是提升效率的重要一环，效率提升是企业的生命线。一直以来的情况都是对硬件投入多，软件投入少，管理和文化缺乏，真诚地对待自己和他人。

与不确定性共存　面对疫情危机，无边界联盟合作采取共同应对的措施，内部要求核心工厂、核心供应链，共同让利给客户，但不能因此而降低产品品质、成本管控要好、效率要高。面对危机，政府与企业同样发力，中国的抗疫给世界树立了一个榜样。纺织行业自发往东南亚转移，是"人口红利"的因素；但自疫情暴发以来，使国际大大提升对中国的信心，中国的产业链最完整，"产业的效率"企业造血也是重要的红利。疫情带给人们的经验就是今后可能会习惯与不确定性共存。

公司打造三类"产品"：有形产品、团队、公司品牌　新成立的两个新公司就是以投入产品与技术、提升管理与企业文化为重点，培育品牌与市场，与中科院合作，开发智能温控产品，形成自己的品牌，产品服务于冬奥会。相比原有的销售模式，是市场不断分裂小公司，但很难形成大公司。新型公司通过众创的模式，个人成立公司分享平台的资源，以精细化管理和微股东的方式，改进行业价值分配，对平台增量合伙人，以50%利益共享，调整价值分配。（图2-71）

图2-71

围绕"文化深耕手册"实施全年计划　确立企业目标和员工个人使命，实现精细化管理，做最好的自己2020年进一步修炼内容，晴耕雨读。产品追本，效率提升是终极目标，未来的工厂，成衣工厂，随着智能化的升级，使1人干原来3人的工作量，从产业升级向效率提升转变。

做最好的自己是企业之本 引进人才增强企业竞争力。企业发展愿景是企业生存，需要引进人才，来解决现在的管理粗放的现状。如何有效改进，加强成本控制是重要的管理现实，加强对产品、对管理的精细化提升，非偷工减料，而是要达到每个环节精细化。塑造精英团队，生产交期100%，不良率100%，从小单元开始变化，从急功近利到长期价值转变。纺织无边界，共生共长是共同止境。

中国宋锦文化园：跨越千年的丝绸记忆

中国宋锦文化园，位于"日出万绸，衣被天下"中国四大绸都之一的苏州市吴江区盛泽镇，占地面积约为5400平方米，由吴江鼎盛丝绸有限公司投资了2000多万打造的以宋锦为主题的丝绸文化产业园，主旨将中国千年的丝绸文化发扬光大。其中，包括宋锦文化展示区、宋锦工业旅游区、APEC宋锦新中装展示馆、宋锦生活艺术馆和丝绸工厂店五大板块，集科普教育、创意产业、生态休闲、旅游购物于一体，借助图片、书画、实物和多媒体等，全方面展示了世界非遗宋锦文化发展、设备变迁、工艺变化、产业化发展等一系列历程，再现中国苏州宋锦文化发展史与深厚的文化底蕴，让更多人了解宋锦的前世今生。2015年被评为江苏省工业旅游点。2019年成为新时代文明实践点。

公司员工200余人，公司积极整合行业上下游资源，先后在吴江区、苏州市荣获多项非遗传承保护、引领文化时尚业态、质量管控、版权示范等行业的至高荣誉。公司董事长吴建华获评江苏省乡土人才"三带"新秀、姑苏宣传文化重点人才、吴江优秀人才、吴江区文化创业领军人才、吴江区第二批文化产业（创业型）重点人

图2-72

才；朱云秀的宋锦工作室获评吴江名师工作室；吴振飞获评吴江区旅游重点人才。（图2-72）

丝绸文化传承华夏文明 从"桑、蚕、丝、帛"的甲骨文，由此可见丝绸历史之悠久。我国是丝绸发源地，丝绸是我们中华民族对世界文明的巨大贡献。锦作为丝绸的一个品种，素有"锦绣之冠"的美誉。迄今为止，丝绸的品种大致分为十四大类：绫、罗、绸、缎、锦、纱、绡、绢、绉等，这些文字几乎都是"纟"偏旁，唯独"锦"是从金从帛，这个锦字是个会意字，帛是丝织品的总称，而"钅"偏旁则表示锦价高，贵如金，可见中国汉字的博大精深。在周代，一匹锦的价格是一般绢帛的15倍。还有据历史文献记载"锦文珠玉成器，不粥于市"，由此可见在古代锦是和珠宝一样珍贵，尤其宋锦的工艺极其复杂，纯手工产量非常低，每天只能织五六厘米，所以用"寸锦寸金"来形容锦一点都不为过。

"锦"秀中华 锦起源于西周时期，距今有3000多年的历史了，中国创制出丝绸中最高档的熟丝织品——锦。最初出现的是由经线显花的经锦。到了隋唐五代是一个转折点，在这一时期出现了由纬线显花的纬锦，纬锦的出现为以后的宋锦奠定了基础。到这里，所出现的织锦都称为"蜀锦"，蜀锦是中国最早的织锦，被誉为中国织锦的第一个里程碑。到了北宋时期，北方连绵战争，中国丝织业的重心南移，随着宋高宗南渡在临安（现在的杭州）建都后，更加刺激了江南丝织业的迅速发展，形成了具有宋代艺术风格、经线和纬线同时显花的织锦——宋锦。宋锦被誉为中国织锦的第二个里程碑。到了元朝，加入金银线的织金锦开始盛行，在南京地区形成云锦，是在蜀锦和宋锦的基础上演变和发展而来的，独特的工艺技术被誉为中国织锦的第三个里程碑。明清两代，苏州、杭州、南京设立织造署，产品为宫廷御用，并称"江南三织造"。织锦在原有的基础上有了更大的发展，特别是宋锦和云锦，达到了发展的鼎盛时期。馆内有1000多年前使用的古木宋锦织机，纯手工的工艺，上下两人呼应，下边的师傅负责纬线，上边的师傅负责经线，宋锦工艺极其复杂，一般采用三枚斜纹组织，两经三纬，经线用面经和底经，面经用本色生丝，作纬线的结接经；底经为有色熟丝，作地纹。下边负责纬线的师傅最为重要，需要手、脑、脚高度协调并用，不能有丝毫差错，可见在1000多年之前的织造技术就何等高超绝伦。（图2-73）

宋锦形成于两宋，鼎盛于明清 明朝的成化、弘治为宋锦的繁盛时期，苏州织造完全代表了国家水平，"西方极乐世界图轴"就是乾隆时期命苏州织造署织造的宋锦，其真品宽约2米，高约4.5米，该织品图案之精美，色彩之丰富，工艺之精湛，堪称稀世珍宝，现作为镇馆之宝完好地保存于故宫博物院。宋锦在宫廷中用于皇袍的装饰，宫廷殿堂的陈设、靠垫、坐垫，高档书画的装裱等。宋锦的分类：分为大锦、合锦、小锦。大锦又称为重锦，是宋锦中最贵重的品种，主要用于宫廷，像前边提到的《西方极乐世界图轴》就是宋锦中的重锦。合锦又称匣锦，用于书画，锦匣的装裱。小锦为宋锦的中低档产

图2-73

品，用于小型工艺品的锦匣。宋锦继承了汉唐蜀锦的特点，并在此基础上独创了活色记忆法，又称纬向抛道换色法，就是在不改变纬线重数和面料厚度的情况下，使得整匹织物横向色彩不断循环变化。罗是用最细的丝织的，织物孔眼清晰，非常通透，质地刚柔滑爽，穿着舒适凉快，在古代都是作为宫廷夏季御用衬衣面料。

产品创新带动工业旅游 吴江鼎盛丝绸有限公司成立于2000年3月，是专业从事真丝绸及其制品的研发、设计、生产和贸易的企业。坚持精益求精的匠心精神和勇于开拓的创新精神，成为中国丝绸的标杆企业，是公司发展的目标。该公司是国内第一家运用现代化数码剑杆织机生产宋锦的企业，是宋锦国家标准的第一起草单位，也是中国宋锦唯一的产业化基地。在传承和创新中国三大名锦之一、被列为世界非物质文化遗产的宋锦方面取得突破性成果，拥有自主知识产权。公司拥有省级企业技术中心、江苏省宋锦工程技术研究中心等成熟的研发创新平台，曾承担国家纺织科技项目、获科技项目三等奖，已形成宋锦面料、箱包、围巾、家纺、服装高级定制、家装等宋锦系列产品产业链。上久楷宋锦在传统技艺上突破创新，融合时尚和科技元素，秉承生产顶级丝绸面料的理念，鼎盛丝绸研发出世界唯一的按照宋锦传统织造工艺和各项技术参数的电子提花机，实现了宋锦的产业化发展，创造性地应用到箱包、服饰、丝巾、家纺上，被选为国家领导人出访国礼礼品，中国国际航空公司VIP专机礼

品，外交部礼宾司定点采购礼品。

产品特色艺术多变　宋锦的纹样大多是以满地规矩几何纹为特色，其造型反复多变构图织巧秀美，色彩古朴典雅，与唐锦讲究雍容华贵形成了鲜明的对比。明清时宋锦的纹样以追摹宋代织锦的艺术格调为特色，但由于其在使用功能上各有侧重，纹样形式和题材也各有自己的特点。其中，花卉题材有：牡丹、莲花、菊花、茶花、宝相及常青藤等。动物题材有：龙、鸾凤、辟邪、麒麟、仙鹤、蝙蝠、鸳鸯等。器物题材有：象征"八吉祥"的法轮、海螺、宝伞、天盖、莲花等；象征"八宝"的有：珠、古钱、方胜、如意、犀牛角、珊瑚、金银锭，还有万卷书、宝壶、灯笼等；象征"暗八仙"的有：扇子、宝剑、葫芦、笛子、玉板、荷花、花篮、渔鼓等；气象题材的有：云纹、水纹、冰纹、雪花纹等。人物题材的有：婴戏图、百子图等。宋锦中应用广泛的题材还有几何纹样居多，其中最具特色的是龟背纹、四达晕、六达晕、八达晕等。另外值得一提的是，在几何纹样中，"卍"万字纹在宋锦中应用甚广，一般多用做地纹和其他纹样搭配使用。

复活宋锦拓展应用　2012年，上久楷攻克重重技术难关后，终于成功将衰落的宋锦在现代织机上恢复生产，将传统的手工织造方式与现代机器织造技术相结合，实现宋锦的产业化生产。在恢复宋锦生产后，并不满足于此，宋锦要真正地复活，就必须拓宽其使用领域，将传统工艺和现代时尚元素相结合。在图案上，打破传统宋锦图案一般为对称性图案的局限，开发出具有时尚气息，又能体现中国传统元素的图案。在原料上，传统宋锦为桑蚕丝和人造丝，使宋锦的产品有一定的局限，公司创造性地在宋锦中加入圆金银线等其他原料，使面料抗皱挺括。在门幅花幅上的创新改进，提升了宋锦的日产量。在应用上，传统宋锦由于花幅、门幅、产量的限制，使产品应用局限于书画、锦匣的装裱装帧，工艺改进后，创新地将宋锦应用于箱包、服装、家纺、工艺品等领域。（图2-74）

图2-74

品牌开发久久为功享誉国内外　公司拥有自主品牌"上久楷"。上久楷，源于清光绪年间（光绪十五年，公元1889年）的苏州上九坎纱缎庄，是一家专门从事顶级宋锦及其他高端定制的商家，最早可以追溯到清初康熙、乾隆年间苏州织造局。也是苏州东吴丝织厂的前身，东吴丝织厂是全国丝绸行业的领头羊和一面旗帜，2009年，鼎盛丝绸收购了具有百年历史的东吴丝织厂。上久坎的"坎"在九宫八卦中代表坎卦，卦中坎为水，水为财，即发财之意，而传统意思中为坎坷不顺之意，而"楷"字具有典范、楷模和榜样等积极向上的寓意，为了文化和品牌的传承和发扬，故在读音相近的前提下，鼎盛丝绸将"坎"修改为"楷"，保证文化的传承和品牌的发展，并在2011年恢复了拥有浓厚民族气息和深厚文化底蕴的百年丝绸品牌"上久楷"。上久楷传承上九坎绸缎庄百年宋锦品牌，宋锦经过没落与濒临灭绝，将会长长久久成为时代纺织的楷模，不破不立。

品牌与国礼结缘 2014年北京APEC会议，上久楷宋锦被选为领导人新中装面料；2015年成为"9·3"阅兵福袋供应商；2016年杭州G20峰会荣获国礼开发贡献奖；2017年助力哈萨克斯坦阿斯塔纳世博会和厦门"金砖五国"峰会；2018年承担了海南博鳌亚洲论坛、青岛上合峰会等重大国际性活动国礼定制任务；2019年南京江苏发展大会唯一指定贵宾礼品。迄今为止，公司上久楷宋锦已有一百多款产品被外交部选作国家领导人出访国礼。

2014年的APEC会议让宋锦面料华丽亮相，当时APEC会议正值北京深秋，天气较为寒冷，考虑到宋锦面料较为轻薄，因此在制作时，在材质上进行了调整，纬线由全真丝改为羊毛，比较保暖。面料的纹样是万字纹饰江涯海水纹，江涯海水纹在古代的官袍下摆非常常见，它是福山寿海，一统江山的意思，在APEC会议上运用，赋予了21个经济体山水相依，守望相助的美好寓意。万字纹相传是释迦牟尼胸前呈现的瑞相，武则天大周二年将其钦定名为"万字纹"，因其连绵不断没有尽头，取万德吉祥，万寿无疆之意。

APEC会议领导人新中装是样式优美、设计水平高、科技含量丰富，集中体现了中国气派、中国文化和中国风格。新中装采用的是立领、对开襟及连肩袖。立领、对襟是明清就有的服装样式，开襟更是商周时期就有的服装样式，所以这件新中装体现了中国几千年的文化。苏州宋锦能被选中的主要原因有三个：第一，根据北京APEC会议的要求，服装面料一定要具有中国传统元素，低调、内敛、不奢华；第二，宋锦外观具有哑光的特点，色彩鲜而不俗，图纹繁而不乱，古朴典雅、内敛低调；第三，宋锦被赋予中国的"锦绣之冠"，是中国丝绸的杰出代表；第四，2009年，宋锦被列入世界非物质文化遗产。

1981年，东吴丝织厂为黛安娜王妃婚纱礼服提供了"塔夫绸"面料，当时的"塔夫绸"有塔王之称。2011年，上久楷又为威廉王子的凯特王妃提供了婚纱礼服面料"罗纹缎"。

融入一体化发展进军进博会　2019年，上久楷品牌携相关文化时尚礼品、高级定制服装、文创产品第一次参加进博会，取得了较为理想的现场销售业绩，也得到了行业相关人士的积极关注和赞许，有了2019年的相关工作成果和经历，坚定了公司管理层围绕着2020年的国际进口博览会（简称进博会）早做计划、早沟通、积极争取的大面积展示的信心，围绕着2020年度的场地位置面积确认、展示主题设定、展馆风格设计、内部区域划分、展品规划、人员培训和配置、接待规范等事项，公司多次向省商务厅领导和相关部门汇报工作的准备和进展、方案沟通、人员手续办理等工作衔接，前后三到四个月的全过程严格布置和落实。

2020年进博会，江苏馆以"以传承、致匠心"为主题。上久楷有幸参展，旨在展示江苏丰厚的历史文化底蕴和非遗老字号的多彩魅力，传承中华传统技艺，弘扬中国丝绸文化。2020年的展位面积扩大到152平方米的面积，团队较早就开始筹划设计展馆，力求完美展现精益求精的匠心精神和不断开拓的创新精神。为拉近与观众的距离，现场演示运用古花楼机织造宋锦，重现手工织锦的场景，展示宋锦"寸锦寸金"的非凡技艺和文化魅力，吸引了大批专业观众驻足观看和询问。六日展会（2020年11月5～10日），展位参观人数据不完全统计达到近3万余人，单日客人流量均达400人/小时。并接受了《新华日报》、江苏电视台、《现代快报》、《江苏经济报》、新华网、《扬子晚报》、央视新闻联播等多家媒体的报道。

上久楷展位现场成交额54万元，接受意向客户和合作交流客人累积60余组，意向合作金额达120万元左右（团购+渠道分销）。这届进博会不但提供了向国际社会展示非物质文化遗产——宋锦织造技艺的机会，更为宋锦走向国际舞台提供了可能。借进博会之东风，树民族品牌形象，让非遗宋锦走进寻常生活中。相信随着非遗宋锦织造技艺被越来越多的人所了解，定会赢得更多的合作机会，吸引更多的国内外知名品牌设计师参与合作，让宋锦织造这门古老的技艺焕发年轻的光彩。（图2-75）

图2-75

运河上街农贸市场农民自产自销区：小市场大民生开出文明花

农贸市场是城市重要的公共基础设施，也是城市文明形象的一个重要窗口。平望镇针对居民普遍关注的农贸市场食品安全及环境长效管理问题，先谋而后动，积极探索引进现代化服务，贯彻标准化管理，加强卫生环境治理，切实推动农贸市场实现了华丽蜕变。2019年12月1日，"运河上街"农贸市场顺利开市，成为平望文明城市建设中鲜活的缩影，在吴江的农贸市场评比中名列前茅。特色是开设了服务农民的"自产自销摊位"，成为新时代文明实践点。（图2-76）

图2-76

优化布局守护舌尖安全 市场内面积达13000平方米，开设鲜肉摊位31个、蔬菜摊位38个、水产摊位48个、活禽交易摊位9个，自产自销摊位120个，各类商铺78家。市场内各区域采用标准化分类，一楼主要为蔬菜区、水产区、家禽区以及部分商铺，二楼主要为鲜肉、南北干货以及农民自产自销区，绿色蔬菜区、蓝色水产区、红色鲜肉区，不同颜色标记区域，清清爽爽一目了然。出入口、楼梯旁、摊位前，公益广告氛围浓厚。

规范运营保障文明规范 为确保市场干净整洁，营造舒适的购物环境，环卫部门"日清日运"，保安对周边的汽车、电动车、自行车等停车进行有序管理，党员志愿者不定时对环境卫生和停车秩序进行监督检查。市场对113户入驻商家进行登记造册管理，建章立制，做好商户管理台账，维护和谐的经营秩序，确保售卖食品的合法性、正规性、安全性。

配套升级促进便捷智慧购物　积极利用"互联网+"技术进行一站式管理，推广使用在线扫码支付终端、刷脸自售柜，并将电子数据与平望智慧中心数据库无缝对接，现场摊位电子屏显示新闻时事和党建动态，发布实时菜价，追溯食品来源，监督商户诚信经营，为保障市场运营和后台监管提供数据平台。运河上街采用机非分离、人非分离，保障交通秩序和交通安全。周边设置机动车停车位160余个，1.5小时内免费停车，解决居民停车难问题；交管部门重新规划公交路线，设置两个公交站亭，方便群众绿色出行。

因地制宜多彩文明实践　市场内设置文明服务台，为百姓提供开票、称重和咨询服务。针对农贸市场人流量较大的特点，平望镇新时代文明实践志愿者特地安排在运河上街开展垃圾分类活动，现场购菜百姓和附近居民热情互动，有效提升了居民对生活垃圾分类的知晓率、参与率和投放的准确率。在二楼的自产自销区的文明实践点，充分利用硬件优势，体现了为民便民的服务意识，让农民自己生产的农产品有一个销售渠道，让群众得到便利和实惠，体现了文明实践的宗旨。凝初心，聚民意，汇民智、解民忧。小小菜篮子牵系着千家万户，平望镇运河上街农贸市场提档升级华丽蜕变，让文明城市建设工作落到实处，真正让群众得到实惠。（图2-77）

图2-77

第三篇

新时代文明实践
特色单位风采篇

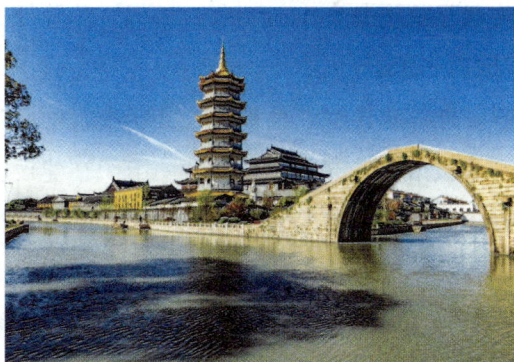

◎ 由全国、省文明单位牵头，成立苏州市吴江区文明单位联盟。文明单位联盟定期开展文明实践活动，以精神文明领航德善之城，同心致远争当先锋，让文明单位激发更多文明细胞，让文明单位联盟汇聚更强文明力量，以文明力量凝聚文明之光。

文明单位联盟实践足迹：文明单位以"四个融入"全方位打造文明实践品牌

建设新时代文明实践中心，是深入宣传习近平新时代中国特色社会主义思想的一个重要载体，要着眼于凝聚群众、引导群众，以文化人、成风化俗，调动各方力量，整合各种资源，创新方式方法，用中国特色社会主义文化、社会主义思想道德牢牢占领农村思想文化阵地，动员和激励广大农村群众积极投身社会主义现代化建设。

江苏提出，建设新时代文明实践中心工作要与经济社会发展全面融合。吴江积极落实，充分发挥好群团组织在建设新时代文明实践中心中的作用，广泛开展各类群众喜闻乐见的新时代文明实践活动；聚焦主题，着力打造文明实践工程，不断丰富新时代文明实践的内涵。苏州市吴江区充分发挥各级文明单位在精神文明建设中的示范带头作用，以"同心共建、互助共享、文明共荣"为主题，成立全省首个以全国、省级文明单位为牵头的"文明单位联盟"，以联盟带动市级、区级文明单位和其他单位一起，带头营造浓厚的文明氛围，率先在各行业发挥文明力量。联盟号召成员以融入党建、融入发展、融入服务、融入民生"四个融入"为切口，积极践行"传播新思想、引领新风尚"，促进文明实践融入经济社会发展的方方面面。（图3-1）

图3-1

融入党建，凝聚文明实践"红色"名片

新时代文明实践是一项系统工程，需要与党建工作整体推进。吴江区各级文明单位以全国、省级文明单位为龙头，始终坚持将文明实践工作与党支部标准化建设有机结合，以党员干部、优秀青年为主体，以"学习实践科学理论、宣传宣讲党的政策"为目标，组建了各类志愿者服务队伍，亮出了一张张

文明实践"红色"名片。

加强党建品牌建设 省文明单位吴江区税务局确立了"税映锤红"党建品牌，同时构建"一支部一品牌、一小组一亮点、一党员一旗帜"的党建新格局，丰富完善了"样样红""税苑先锋""太湖红帆"等子党建品牌，与青浦、嘉善税务机关签署了《长三角生态绿色一体化发展示范区税务党建联建方案》，同时成立了青嘉吴税收保障进博会联合志愿服务队与青嘉吴税收服务长三角一体化发展联合志愿服务队。吴江生态环境局发挥"碧水蓝天党建红"融入式党建品牌引领作用，以党建统领执法、服务，开展第一届"蓝天碧水守护者"评选，评选10名和提名10名优秀代表。积极组织党员干部和社会各界环保人士，参加"蓝天碧水净土"品牌志愿服务。

党建引领理论宣讲 省文明单位吴江邮政、吴江供电公司联合吴江区水务局、吴江区应急管理局成立党建共建联盟，并成立联合文明实践志愿者服务队，形成更大合力，催生出更多为民服务的项目，切实提高了党建工作水平和吴江百姓幸福指数。省文明单位吴江图书馆开办了吴江百姓心目中的"百家讲坛"——垂虹讲坛，大众化传播党的创新理论。省文明单位吴江区市场监管局成立了由16位业务精湛、活跃在基层一线、拥有较强语言表达能力的业务骨干组成的"巾帼宣讲团"。围绕"服务基层、服务社会"的理念，面向全区不同对象，通过"横向到边、纵向到底"的宣传机制，开展全方位、多层次的普法宣传，进学校、进企业、进社区、进机关，强化《中华人民共和国食品安全法》《中华人民共和国产品质量法》等法律法规的宣传力度。省文明单位吴江区公安局，在每年一度的网络安全宣传周，围绕通信网络诈骗防范，组织开展了系列主题宣传宣讲活动，进一步提高群众防范意识，减少财产损失。

打造专业志愿团队 由吴江区文明办牵头，省文明单位吴江邮政联合区文明单位吴江区总工会、吴江区融媒体中心等部门，成立"我为城市送清凉"志愿者联盟。依托各部门的资源，以夏季高温天里送清凉、冬季寒冷天送温暖的方式，为户外劳动者提供志愿服务。省文明单位苏州农商银行建立覆盖全员的彩虹志愿者队伍，推出"彩虹姐姐""青年学雷锋"等子品牌，将志愿服务与金融宣贯有机结合，常态开展"金融知识万里行""守住钱袋子""消费者权益保护"等志愿服务，设立流动课堂，开设专题讲座，推动金融服务和扶持政策下

图3-2

乡进村文明实践活动。省文明单位吴江区烟草局成立"同心"志愿服务队，连续九年捐资助学外来务工人员子女学校贫困学童，为孩子们播撒阳光，点燃希望；开展"不向未成年人售烟"宣传教育实践活动，依法取缔中小学校周边100米内的卷烟零售户，以实际行动关心下一代健康成长。结对困难零售客户，通过志愿指导和培训，提升客户盈利水平。（图3-2）

融入发展，促进文明实践发展效应

文明实践工作做实做细，就要主动融入发展这条主线，服务经济社会发展。特别是当前形势下，吴江区各级文明单位通过文明实践积极做好"六稳"，落实"六保"，形成一系列文明实践的社会效应。

全力支持经济发展　疫情期间，全国、省文明单位中的企业充分发挥典型示范作用，引领吴江全区复工复产。全国文明单位亨通集团积极响应国家政策，利用公司内部宿舍，妥善安置对于外地返苏员工，实行集中观察、严进严出的封闭式管理。同时，为了保障这些员工的日常生活，组织集团青年志愿者开展保障返苏员工志愿行动，统一为他们送餐、采购生活物资。省文明单位盛虹集团迅速成立以集团副董事长为第一责任人、各公司总经理、各主要职能部门负责人等为主要成员的防疫指挥小组，紧急制订防控机制和应急预案，并根据疫情发展情况，不断升级和完善防控措施，针对人员去向及接触情况全面摸排、进出单位管理、生产现场疫情防护、工作人员安全防护等方面工作进行全面部署。

全面落实"六稳""六保"任务　省文明单位中的政府部门探索提升自身服务，全力保障社会经济健康发展。省文明单位吴江区市场监督管理局针对疫情期间全区防疫物资市场供应日趋紧张的情况，成立防疫物资生产企业保供生产工作小组，通过"一对一"联络机制实时掌握企业所需所求，先行先试"白雪医疗"复产模式，实现全区防疫物资产能从无到有。省文明单位吴江区法院全面落实"六保"，在保生产、控风险方面，"主动、精准"为企业复工复产提供司法服务。采用《自动履行证明书》，发布诚信履行名单等方式，帮助诚信企业消除申请贷款障碍。在保民生、寻突破方面，用创新举措和智慧手段，推广高效的线上庭审、线上调解、线上送达，将"数字化"手段综合运用于执行全过程。在保就业、渡难关方面，联合吴江人社局召开新闻发布会，共同向社会通报劳资纠纷裁审情况，并发布典型案例，在这个特殊的时期更好地保护劳动者民生权益和企业的生存发展。省文明单位吴江海关全力支持企业复工复产，实施"不见面审批"，通过远程视频连线等非现场的方式实施网上稽核查和主动披露；建立多个海关业务办理微信群，做到业务办理"零阻碍"，通关"零延迟"。省文明单位吴江人民银行优化营商环境，助力疫情后实体经济发展。探索建立"金融服务顾问"制度，推动地方政府创新完善金融服务实体经济的生态体系，提升小微企业金融服务能力。

倾情释放文明红利　为切实保障文明村、文明家庭、志愿者等群体的金融需求，2020年3月，文明单位建设银行吴江分行推出了"文明乡村贷"，最高可贷30万元，优惠年利率4.75%，可用于生活、生产、生意等多种用途，三年内随借随还。目前已有包括盛泽镇黄家溪村、人福村在内的多个省级文明村村民享受了此项贷款优惠；4月，省文明单位苏州农商银行继续推出了"鲈乡好家风信用贷"，凡经吴江区文明办、区妇联命名的"最美家庭、文明家庭"，可申请办理利率优惠、手续简单的信用贷款，区级家庭称号最高授信额度为30万元；市级最高授信额度为40万元；省级及以上最高授信额度为50万元。已累计为137户文明家庭授信4260万元，其中29户成功用信372万元。

积极促进消费升级　2020年五一期间，省文明单位吴江区商务局积极采取务实有效的消费促进举措，加快促进消费回补和潜力释放，切实把疫情中被抑制、被冻结的消费大力释放出来，组织策划推出了一系列便民、利民、惠民的主题促消费活动，全力打造"姑苏八点半·舒心夜相伴"特色夜经济品牌，启动"繁华吴江夜·乐购满江城"吴江商贸业夜经济促销文明实践活动，培育新的消费增长点，通过政府引导撬动居民消费。省文明单位吴江区市场监督管理局针对疫情期间口罩等防疫物资恶意涨价以及部分区镇出现哄抢大米等情况，出动价格检查执法人员918人次，检查价格单位数量453个，发放价格政策提醒函129份。联合区文明单位吴江卫健委及区医保局通过三个平台对全区医疗机构、零售药店和医药企业下发《价格提醒函》,组织人员上门书面送达《价格提醒告诫书》1062份。为确保市场秩序稳定,春节期间共出动检查人员19324人次,监督检查商场超市1034家次、农(集)贸市场591家次、药品医疗器械经营企业1044家次、食品销售和餐饮服务单位7379户次。(图3-3)

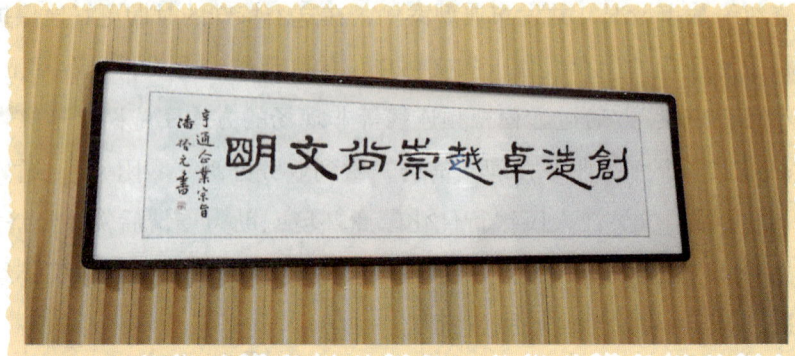

图3-3

融入服务,建强文明实践阵地窗口

群众集中在哪里,新时代文明实践阵地就要建到哪里,哪里需要志愿服务,新时代文明实践阵地就要建到哪里,文化、科技、教育、生态等特色资源在哪里,新时代文明实践阵地就要建到哪里。吴江区各级文明单位扎根服务群众,通过打造服务一线新时代文明实践点、学雷锋志愿服务站等举措,不断提升窗口服务质量。同时,充分依托本单位特色优势资源,打造了一系列可供市民参观学习教育和开展志愿服务的新时代文明实践点,在为群众提供服务的同时,培育践行主流价值、丰富活跃文化生活、倡导文明生活方式。

提升窗口服务质量　省文明单位吴江邮政对全区网点相继进行新时代文明实践点升级改造,布设智能自助设备96台,窗口统一设立学雷锋志愿服务站,配备便民服务箱,从细节处方便办事群众,不断提升窗口服务水平及客户满意度。全面建设"邮爱驿站",在27个网点全面推开邮爱驿站建设,着力打造为交巡警、网格员、出租车司机、三轮车夫等户外作业者提供免费茶歇、饭菜加热等服务,被纳入吴江区"我为城市送清凉"公益服务体系。省文明单位吴江区行政审批局在各级服务大厅推行"亲心蓝、暖心橙、协心绿、贴心黄、爱心红"五色服务,打造窗口服务文明高地。省文明单位吴江公积金管理中心深化窗口"服务贯标"长效管理，创建环境舒适化、流程通畅化、服务高效化、设施便民化的"四化"服务大厅，以此增强办事群众的便捷度和满意度。省文明单位吴江电信在客户服务上始终坚持实施"首问负责制"和"服务承诺制"，开展星级服务示范岗，对用户的反映、建议做到件件有登记、件件有处理、件件有回复，在50家门店开展"守初心担使命，全员服务在行动"活动，不断提升提高服务质量。

提升阵地文明氛围 省文明单位康力电梯在企业新时代文明实践点积极开展"道德讲堂"活动建设，落实《新时代公民道德建设实施纲要》《新时代爱国主义教育实施纲要》，以生动活泼的形式，进行传统道德和爱国主义教育。同时邀请吴江区其他道德模范来公司演讲，通过生动、真实的事例汲取榜样力量。将道德讲堂融入职业生涯发展，邀请公司内部五星级员工讲述康力人面对困难的决心和勇气，真正做到用身边人的事迹带动全厂员工，营造出深厚的道德文化氛围。省文明单位吴江区交通运输局结合全国文明城市创建工作，利用公交站台、公交车、出租车、站场枢纽等，广泛开展"讲文明、树新风""社会主义核心价值观"等公益宣传，营造培育践行社会主义核心价值观社会氛围。进一步提高公交车身公益广告覆盖率，在全行业倡导"人便于行、货畅其流、服务群众、奉献社会"的行业核心价值观。（图3-4）

打造文明实践示范点 省文明单位吴江供电公司打造的智慧家居智能展区新时代文明实践点坐落于国家能源小镇同里，是吴江区新时代文明实践十条品牌线路的点位之一。最近成为全区市民的打卡胜地，通过参观，市民可以充分领略并感受到新能源、智能家居给生产生活带来的美好变化和魅力。省文明单位吴江区气象局"感知气象——吴江区气象科普馆"文明实践点实现了气象科普"感知、智慧、融合、互联"模式的联动，带动气象科普理念、内容、传播等的创新，成为"江村娃气象站"气象科普文明实践服务品牌的重点项目和重要支撑。启用以来，面向全区中小学生开展气象科普活动50余场，共接待公

图3-4

众3000余人次。带动广大市民，尤其是中、小学生，树立气象防灾减灾、趋利避害的意识，也为吴江未成年人开展社会实践活动提供新场所、创建新平台。

融入民生，做优文明实践惠民服务

建设新时代文明实践中心是新形势下依靠群众服务群众、凝聚民心汇聚力量的创新之举、战略之举。吴江区各级文明单位始终树牢"人民为中心"的理念，聚焦基层所思所想所盼，精准对接群众需求，精心设计服务项目，提供形式丰富的文明实践志愿服务，不断提升群众的幸福感、认同感和获得感，并在服务中引导群众积极参与文明实践。

积极参与文明创建 吴江区各级文明单位积极响应全区精神文明建设中心工作，参与"我为城市添光彩""文明实践进网格"等志愿服务行动，深入路口，在路口配合交警疏导交通，做到车辆、行人各行其道，杜绝非机动车闯红灯、非机动车越线停车、非机动车逆向骑行、非机动车走机动车道、非机动车走人行道、行人闯红灯、行人不走人行横道等七类路口违法行为。深入背街小巷、农贸市场、老旧小区，积极开展文明创建宣传和志愿巡查，对不文明行为进行劝导。为城市更文明、人民更幸福绘制更亮底色。

开展特色志愿服务 省文明单位吴江图书馆积极开展移风易俗、弘扬时代新风行动，承办年俗文化展、开展"文明有礼"主题教育活动，在员工中进行艰苦奋斗、勤俭节约教育，开展文明餐桌、垃圾分类等文明活动。关爱残疾人，在图书馆内外设置盲道、无障碍通道、厕所无障碍设施、视障读者阅览室等，成立盲人读者俱乐部，每月坚持开展盲人计算机培训、知识竞赛、盲人回馈社会义诊等文明实践活动。每月为学校送去文化服务，积极发挥图书馆未成年人教育基地、科普教育基地等阵地优势，主动联系中小学生参观实践。开展"彩虹使者"走基层志愿活动等，年开展活动150余场。省文明单位吴江区检察院的"女童保护"防性侵害项目，通过组建讲师团在全区58所小学和10个社区开课211次，覆盖学生31000余人，家长3000余人，发放防性侵手册3万余册。该项目荣获"2018年度苏州市最佳志愿服务项目"，吴江团队获评"2019年度'全国女童保护基金'优秀地方团队"称号，8名讲师获评"女童保护基金优秀志愿者"称号。

勇于担当疫情防控 新冠病毒疫情期间，全区各级文明单位纷纷挺身而出，共克时艰。全国文明单位恒力集团在疫情暴发后第一时间启动应急预案，出台10条急令，对生产园区、员工生活区、施工队伍生活区实行封闭式管理，在确保"零疫情"的同时，做到装置运行不停、产品生产不停、新项目试车不停，源源不断地生产着抗击疫情中急需的防护物资原材料，实现疫情防控和企业生产两不误。践行企业社会责任，集团共捐赠2.1万套防护服驰援湖北，1.2亿元抗击疫情。积极响应国家野生动物保护重大决定，携手世界500强企业发起"拒食野味、善待动物、我能！"的倡议。（图3-5）

图3-5

省文明单位吴江区交通局主动担当、积极作为，400多名职工在春节期间提前返岗，全员上阵，坚守在全区高速公路、省际公路的防疫检查站和水上管控点，24小时值守检查和转运，为打赢疫情阻击战筑牢了交通防线。省文明单位吴江邮政第一时间开通抗疫物资捐赠免费寄、捐款汇款免费服务的绿色通道，先后通过绿色通道向武汉雷神山医院发运照明物资532件，向武汉医院发运口罩、手套、防护服、药品等百余箱。配送防疫物资，服务全区市民配送线上订购的口罩6.39万件；配送蔬菜，开展防疫期间平价蔬菜寄递服务，为苏州全区乃至省外市民提供新鲜蔬菜2.95万件；配送教材，为27家学校配送教材7092件；配送医药，为网上看病的患者提供药品配送服务，收寄药品546件。省文明单位吴江移动全体员工齐心协力，保障网络畅通、保证服务不掉线，在车流量集中的沪苏浙主线收费站，联合上海公司连夜奋战，紧急完成小基站扩容，大幅提升现场手机扫码速度，降低卡口拥堵情况；在隔离点，短短4小时内完

图3-6

成隔离区内60个宿舍的一网通装机，为防疫工作赢得了宝贵时间；在卫健委云视讯会议保障、教育平台提速等集团专线开通中，争分夺秒，确保第一时间进行网络扩容保障，快速响应防疫期间各类业务需求。

接下来，吴江区将继续发挥"文明单位联盟"盟力作用，将成员范围逐步拓展至69家苏州市级文明单位，最终覆盖所有380家吴江区级文明单位，进一步动员文明单位的申报积极性，形成更加强大的文明力量。有效搭建起文明单位之间资源共享、需求对接、文明共建的区域化精神文明建设新平台，逐步形成区域覆盖、优势互补、资源共享、典型带动、整体提升的文明创建新格局，继续以"四个融入"全方位打造文明实践精品品牌，以精神文明建设凝聚发展力量，建设德善之城，助力全面小康，迎接建党100周年。（图3-6）

全国文明单位

亨通集团有限公司（本部）：亨通精神引领高质量发展

亨通集团，成立于1991年，是服务于光纤光网、智能电网、大数据物联网、新能源新材料等领域的国家创新型企业，拥有全资及控股公司70余家（其中3家上市公司），产业遍布全国13个省，是中国光纤光网、电力电网领域极具规模的系统集成商与网络服务商，跻身中国企业500强、中国民企100强、全球光纤通信前3强。亨通将瞄准5G通信以及海洋光网、电网产业持续发展的广阔空间，抢占发展制高点，争当全球行业的领跑者。2019年6月，被公示为2018年度江苏省"自主工业品牌五十强"。2018年10月，亨通被公示为全国"万企帮万村"精准扶贫行动先进民营企业。2018年12月，亨通集团被公示为全国模范劳动关系和谐企业。2019年7月，亨通集团荣获全国模范劳动关系和谐企业。2019年7月18日，亨通集团位列2019年中国电子信息百强企业第15位。2019年9月1日，2019中国企业500强发布，亨通集团位列第187位。2020年9月10日，全国工商联在北京发布"2020中国民营企业500强"榜单，亨通集团位列中国民营企业500强第49位，中国民营企业制造业500强第29位。2019年11月20日，"2019长三角三省一市百强企业榜"发布，亨通集团有限公司位列第49位，2018年营业收入10198228万元。2020年1月9日，胡润研究院发布"2019胡润中国500强民营企业"，亨通集团位列第184位。2020年7月，亨通集团入选"2019江苏百强创新企业榜单"。2020年8月，2020苏州民营企业100强排名第4位。2020年1月，亨通集团荣获2019年度国家科技进步二等奖。2015年2月，获得中央精神文明建设指导委员会授予的"第四届全国文明单位"荣誉称号。

亨通集团董事局主席崔根良被中宣部授予"时代楷模"称号。他的座右铭"敢"字起家，"严"字当家，"实"字发家，是亨通文化的源流。秉传统而光大，应时势而创新，更是亨通文化的灵魂。多元融合，吐故纳新，这是亨通文化生命力所在。我们深知，亨通文化的生命张力，即是亨通力度的体现：执行力、学习力、创新力、变革力。成就亨通远大理想，关键在人。十多年的创业磨难使我们懂得：亨通人的精神最宝贵。亨通产品的品质是亨通人品格的物化。亨通发展历程中一个个经济增长点的实现，是每个亨通人思想闪光点的凝结和升华的结果。这是亨通永远前行的不竭动力。

党建就是生产力 亨通集团党委坚持党建与生产经营"双轮驱动"，全面落实"一把手抓一把手"党建责任。将制度建设贯穿党建工作始终，开设网上学校，创新党员教育O2O体验，建立智能化党建交互式管理，对党建工作进行集团化考核、精准化管理。打造"头雁团队"，带出了一支政治素质过硬的优秀人才团队。将党建融入生产经营、人才培养、企业文化、和谐共建、社会责任五个方面。以党建为统筹，扛起时代担当，共建幸福共同体、廉洁共同体。2019年6月，亨通集团被授予江苏省先进基层党组织。2019年10月，信息通信业首个党建宣传实践基地授予亨通集团。亨通确立了"产业发展到哪，党组织建到哪"指导思想，推进一把手抓一把手党建工程，创优做强统筹型党委、堡

图3-7

垒型支部、旗帜型党员，推进党建"五大融入"（融入企业经营、人才建设、企业文化、和谐关系、社会责任），发挥党的凝聚力作用，开发系统化、精准化、智能化移动党建平台，实现亨通党建在集团党委、公司支部、全体党员的全时空覆盖。亨通实施党建与经营双轮驱动战略，推动了经济效益与社会效益的同步增长，赢得了社会各界的广泛好评。（图3-7）

苏州市发改委机关党委走进亨通结对共建　6月8日，苏州市发改委响应全市"党建惠企"结对共建专项行动，就是到企业实地了解需求，调研实情，结合发改委的核心职能，聚焦企业关注的热点难点问题，在"难落实的地方"用力，在"最薄弱的环节"，真真切切把"政策红包"和"亲商惠企"举措送到企业心坎上，用硬核举措为企业发展"撑腰"。在疫情给企业带来不利影响的情况下，苏州市发改委走进企业携手共渡难关。亨通在统筹疫情防控与复工复产两手抓、推动企业上半年经营发展等方面取得的成效，有信心把一季度疫情对企业造成的影响挽救回来。针对下一步思路打算，钱建林表示要居危思进，化危为机，挖掘新机遇，聚焦产业链供应链全球优势构建、加大核心技术研发、打造单项冠军、向新领域延伸，进一步优化完善战略布局。按照结对共建要求，双方就民企面临的共性问题及亨通如何更好地融入并服务于苏州经济社会发展大局提出建议、开展互动交流，市发改委诸多建设性建议也为企业下一步工作指明了方向。有结对共建的互动交流机制，双方以后可以在结对互动中增进了解、凝聚共识，帮助企业解决实际问题，为企业创造更好的营商环境和发展舞台。

创新是引领发展第一动力　作为国家创新型企业，亨通集团依托海内外自主创新平台（国家企业技术中心、院士工作站、博士后工作站等），在光纤通信、超高压海缆、半导体材料等领域打破国外垄断，实现关键技术自主可控，先后承担数百项国家、省部级科技项目，入选国家工业强基、国家智能制造、国家绿色制造等重大项目，荣获国家技术创新示范企业、专利发明示范企业、两化融合示范企业、中国工业大奖。自主创新、升级转型案例进入央视《大国重器》、改革开放40年纪录片《我们一起走过》《中国改革开放与企业发展丛书》及中宣部核心价值观微电影《光网络筑梦人》向全国宣传推广。亨通获评三项中国专利优秀奖。国家知识产权局对第二十一届中国专利奖进行授奖,亨通集团旗下属亨通光电获评2项中国专利优秀奖、亨通光导获评1项中国专利优秀奖。此次获奖是对亨通技术创新实力和高质量发展创新成效的权威认可。中国专利奖是我国专利领域的最高奖项,由国家知识产权局和世界知识产权组织(WIPO)共同组织评选,评奖标准不仅强调专利项目的技术水平和创新高度,更注重其市场运用效益和示范带动效应,获奖项目行业影响大,含金量高,对企业研发能力和市场运营能力都有很高的要求,在国际上具有广泛的影响力,获奖专利创新质量高、运用效益好、示范效应强。

亨通集团与苏州大学签订战略合作协议　2020年9月9日,亨通集团与苏州大学战略合作签约仪式在苏州大学举行。亨通集团与苏州大学的战略合作,立足人才培养、共建研究机构、推动成果转化等深化合作。双方共建未来通信与人工智能技术研究院,就是要瞄准世界科技前沿、全球化定位、国际化创新大方向,将成为苏州创新发展的"最强大脑",也将成为推动亨通国际化的"最强大脑",面向前沿基础研究和核心关键技术,加大力度研发攻关,强化原始创新、自主创新,加快打造成为国家级创新中心,抢占产业发展科技制高点。本次签约是双方合作向战略纵深推进的重要标志,亨通集团一直是重要的产学研伙伴,是苏大师生重要的创新创业舞台。双方在有共识、有基础、有空间的合作基础上发挥优势,合力拓展事业发展的新蓝海,锻造产业发展的新引擎,努力把双方战略合作打造为科技创新的重要增长极、拔尖人才培养的试验区、勇闯科技创新的无人区,全力抢占世界科技前沿高地。双方开启卓越合作模式,在服务地方经济、社会发展中彰显名校名企的担当,把苏州大学、亨通集团这两张苏州"金名片"打造成"钻石名片"。双方发起战略合作新起点,以再造一个国家级创新中心的目标,为吴江打造"创新湖区"、建设"乐居之城"做出新贡献。

国际化是百年亨通必由之路　全球战略在经济全球化和"一带一路"倡议实施大背景下,亨通以开放、包容、合作、共赢的发展理念,看着世界地图做企业，沿着一带一路走出去，加快打造全球化运营的国际化公司。亨通全力推进从产品国际化、产业国际化到品牌国际化三步走方针，在欧洲、南美、南非、南亚、东南亚等创建十一家产业基地和三十多家营销技术服务公司，业务覆盖100多个国家和地区，在全球的光纤网络市场占有率超15%，为全球数十个国家的海洋光网和能源互联项目建设提供中国方案、贡献中国智慧，亨通的555国际化战略（50%以上的海外市场，50%以上海外产业，50%以上国际化人才）正从蓝图变为现实。

融汇现代管理智慧与亨通实践，助推实现亨通国际化公司目标。人才战略是亨通战略实施前提与重要保障。亨通坚持"人才资源是企业的第一资源"理念，创新人才培育和引进方式，着力建设一支与国际化战略发展相适应、总量适当、层级结构合理、专业结构配套的国际化人才队伍，将其打造成国际化战略开拓的中坚力量，确保亨通国际化战略目标的顺利实现。亨通管理学院，是亨通集团旗下企业大学，以"融汇现代管理智慧与亨通实践，助推实现亨通国际化公司目标"为使命，提炼亨通实践，传播亨通文化，支持亨通战略目标达成。学院秉持"训战结合，从战争中学习战争"的学习理念，设计学习产品，赋能于人以驱动业务发展和战略落地。同时，学院致力于营造学习型组织氛围，创建稳定的学习生态圈，推动创新与变革，成为业界受人尊敬的企业大学标杆品牌。亨通管理学院成立于2014年6月，位于亨通集团总部，占地1000多平方米。亨通集团董事局主席崔根良兼任亨通管理学院院长。

践行新时代民企使命担当　亨通始终坚持诚信经营、依法纳税，连续多年成为省、市纳税大户。积极践行循环发展、绿色发展、低碳发展理念，创建生态文明、绿色花园式工厂，获评"首批中国能效五星级工业企业"，被工信部授予中国通信产业绿色节能创新奖、国家绿色环保产品，荣膺"全球人居环境绿色技术（产品）范例"大奖。亨通坚持社会责任是企业第一责任，两个文明两手抓两手硬，坚持光明正大搞企业、诚信经营谋发展，以产业报国为追求，以贡献社会为己任，践行民企的责任担当。在当地率先成立民企党委、纪委、民企党校。秉承"得诸社会、还诸社会"慈善理念，亨通在国家民政部注册成立全国性非公募亨通慈善基金会，专注于扶贫、济弱、助残、敬老、赈灾等公益慈善活动，积极投身国家精准扶贫、光彩事业和慈善公益事业。参与国家重大扶贫慈善项目（江西革命老区鹤轩安耆工程、重庆留守儿童关怀救助、中国光彩事业德宏行凉山行、金沙江红军纪念馆捐建、黔西南村企帮扶、援疆援藏爱心助学、助残圆梦行动等系列活动），组织党员群众开展义工服务、志愿帮扶、村企结对、义务献血等活动，积极践行社会主义核心价值观，累计捐助超6亿元。获全国文明单位、全国脱贫攻坚奖奉献奖，全国"万企帮万村"精准扶贫先进民营企业、中华慈善奖、中国企业社会责任大奖、全国企业文化示范基地、全国模范劳动关系和谐企业、全国模范职工之家等殊荣。集团党委书记、董事局主席崔根良，也先后获全国最美奋斗者、全国时代楷模、全国劳动模范、全国道德模范提名奖、全国非公经济人士优秀中国特色社会主义事业建设者、全国改革开放四十年百名杰出民营企业家、全国模范退伍军人、全国慈善爱心企业家、全国关爱员工优秀民营企业家、江苏省改革开放40年先进个人、江苏省优秀共产党员、全国脱贫攻坚奉献奖等称号。（图3-8）

长三角"三省一市"省级机关工委领导莅临亨通考察 6月29日，长三角沪苏浙皖省级机关工委考察组莅临亨通考察指导。在集团展厅，考察组调研亨通产业布局，听取亨通创新发展、自主研发、产业升级转型等情况交流汇报，特别对亨通之道"五位一体创新体系"久久驻足，对创新驱动企业持续健康发展予以高度肯定。在亨通党建中心，考察组对亨通党建创新实践进行了详细考察与细致交流，特别对亨通将党建组织力融入企业生产实际，通过做细是凝聚力、做实是竞争力、做强是影响力，最终反映在"党建就是生产力"的党建创

图3-8

新实践表示赞赏。据悉，考察组此行，旨在感受活跃的民营经济发展氛围，了解吴江区推进长三角生态绿色一体化发展的规划与进展。当天，考察组分别调研了亨通集团、汾湖高新区规划展示馆等地，感受吴江助推长三角一体化发展的火热氛围。

大变革孕育着大机遇　只有顺应世界潮流，紧扣时代脉搏，克难奋进，才能成就伟大的一流企业。9月28日，江苏省工商联副主席、亨通集团董事局主席崔根良出席并在主论坛上作了"变革中育新机，担当中开新局"主题演讲，畅谈中国企业肩负的推动高质量发展、双循环发展、数字经济发展三大重任。当前全球形势严峻复杂，要利用好国际国内两个市场、两种资源、两种要素，实现国际产业链供应链创新链自主可控，才能成为国际化的强大企业。20多年国际化进程中，亨通深感"企业今天不国际化，明天就成为别人国际化的一部分"。企业要做强，必须参与全球市场竞争；企业要做大，必须要在全球市场定位。当今世界正加速跨入数字经济时代。制造业是数字经济的主战场，数字经济又为工业互联网智能制造不断赋能。亨通正以人工智能、5G新一代信息技术及工业互联网等为基础推进数字化智能制造，围绕新兴产业领域前沿技术、毫米波技术、物联网芯片、信息网络安全等，提供5G前传系统解决方案。每个时代都有每个时代的机遇和挑战，在危机中育新机、于变局中开新局，是这个时代赋予中国500强、世界500强企业的使命和责任。当今中国综合实力、世界地位和影响力是支撑中国企业持续发展的强大后盾，国家强，则企业强；企业强，则国家更强。在时代变革大潮中，亨通将抢抓大循环双循环发展新机遇，以创新驱动、科技引领为动能，加快创建高质量、高科技、全球化的一流企业。

时代楷模共同抗疫　2020年9月23日，CCTV-1央视综合频道播出"致敬！时代楷模、抗疫英雄"特别节目，全国时代楷模、亨通集团党委书记、董事局主席崔根良受邀作为"时代楷模致敬人"出席活动。突如其来的新冠疫情是一次大战、一次大考。在同这场严重疫情的殊死较量中，中国人民以敢于斗争、敢于胜利的大无畏气概，铸就了生命至上、举国同心、舍生忘死、尊重科学、命运与共的伟大抗疫精神。中宣部向全社会发布了国家援鄂抗疫医疗队等10个抗疫一线医务人员英雄群体的先进事迹，授予他们"时代楷模"称号。在活动现场，人民英雄张定宇、张伯礼、陈薇以及通过视频连线的共和国勋章获得者钟南山，作为"时代楷模致敬人"同台出席活动，并讲述了感人的抗疫故事。在磨难中成长、在磨难中奋起、抗击新冠肺炎疫情斗争取得重大成果，必将激励我们在新时代、新征程上披荆斩棘、奋勇前进。

当前全球形势严峻复杂，江苏民企仍逆势飞扬、厚积薄发、展现着昂扬向上的勃勃生机。坚定不移地按照中央提出的国内大循环、国际国内双循环要求，抢抓长江经济带、长三角一体化、苏南国家自主创新示范区等国家战略在江苏交汇落地的大好机遇，做好产业链、供应链、创新链的战略布局和调整优化；利用好国际国内两个市场、两种资源、两种要素的最佳结合，实现国际产业链、供应链、创新链自主可控，就能成为国际化的强大企业。江苏百强民企是每个行业的龙头企业、单项冠军，在推动国际国内大循环双循环建设中，应立足江苏、辐射全国全球，争做新一轮民企健康发展的引领示范企业。

未来，亨通将聚焦主业核心技术，推进基础新材料、数字经济、人工智能、5G新一代网络、海洋领域等全产业链关键核心技术的自主研发创新，在创新研发中育新机，聚焦国家重大战略及"两新一重"新领域，在转型发展新领域中打造头部企业，推动高质量发展，以世界500强为标杆，努力把亨通集团打造成为新时代高质量、高科技、全球化优秀企业。（图3-9）在变局中开新局，持续赋能创新发展。亨通集团为吴江经济社会发展做出的贡献，对企业咬定实业不动摇，在光通信领域精耕细作的不变情怀和骄人业绩给予充分肯定。民营企业是吴江的骄傲，是全省的领头羊，是经济发展的压舱石，而亨通是吴江民营企业的领跑者，全力以赴服务亨通发展，当好企业发展壮大的坚强后盾。希望亨通牢牢把握高质量发展总要求，以发展的确定性对冲外部的不确定性，在变局中开新局，持续赋能创新发展，加快推进重点项目建设，努力抢占新一轮产业竞争制高点，不断提升竞争力，再创新业绩。亨通集团着眼全产业链、全供应链发力，保持危机意识和创新干劲，"今天不创新，明天就落后"，把亨通的强大内生动能充分释放出来，把企业发展融入国家发展大局，围绕国家战略的实施，聚焦国家发展重点，特别是抓住长三角一体化示范区建设的重大机遇，为经济高质量发展贡献更大力量。

图 3-9

恒力集团有限公司（本部）：文明大提升，发展大跨越

恒力集团始建于 1994 年，立足主业，坚守实业，是以炼油、石化、聚酯新材料和纺织全产业链发展的国际型企业。集团现拥有全球产能最大的 PTA 工厂、全球最大的功能性纤维生产基地和织造企业，现有员工 8 万多人，建有国家级企业技术中心，自主研发聚酯纤维关键技术获"国家科技进步奖"。企业竞争力和产品品牌价值均居国际行业前列。

2020 年，恒力集团总营业收入 6953 亿元，现位列世界 500 强第 107 位、中国企业 500 强第 28 位、中国民营企业 500 强第 4 位、中国制造业企业 500 强第 8 位，旗下有三家上市公司、二十多家实体企业，在苏州、大连、宿迁、南通、营口、泸州等地建有生产基地。（图 3-10）

近年来，恒力集团深入学习贯彻落实党的十九大重要精神，将文明单位创建工作和生产经营工作同谋划、共推进，不断加强组织领导，把创建文明单位与加快经济发展、提升诚信经营、提高员工素质紧密结合起来，深入持久地开展文明创建活动，重点在硬件和软件建设方面加大力度，全面提升文明创建工作总体水平，文明创建工作迈上新台阶，助推企业发展实现新跨越，2020 年获评全国文明单位。

图 3-10

贯彻中央精神，践行产业报国 恒力集团党委一直以习近平新时代中国特色社会主义思想为行动指南，紧抓发展

机遇，"撸起袖子加油干"，按照高起点、高标准、高质量的要求全力推进炼化一体化项目和全产业链发展，努力为中国争夺国际话语权，成为实业兴邦、产业报国的典范。

铸造党建品牌，推进文明发展　推出"丝路先锋"党建品牌，发挥党建+文明融入式党建作用，大力实施"强堡垒、红细胞、亮身份、严监督"四大工程，充分发挥各级党组织的战斗堡垒作用和广大党员的先锋模范作用，广泛凝聚党员职工的智慧和力量，推动党建事业不断前进，推进文明单位发展再创佳绩，获得全国文明单位。

参与文明实践，争做文明公民　一直以来，恒力集团重视回馈社会，积极参与文明实践活动，支持社会慈善公益事业。恒力集团成立江苏恒力慈善基金会，多年来，恒力集团每年向社会各界捐款数千万元，做深做实文明实践。在抗击新型冠状病毒肺炎疫情中，恒力共捐赠2.1万套防护服驰援湖北，1.2亿元抗击疫情，企业创立至今，各类捐款累计超10亿元，以博大胸怀演绎"大爱恒力"。

加强道德教育，传播文明风尚　每年定期精心组织道德规范学习宣传，加强职业道德教育，特别是进入新时代以来，恒力集团加强对《新时代公民道德建设实施纲要》《新时代爱国主义教育实施纲要》的宣传和贯彻落实，加强职业道德教育，持续做好对劳动模范、优秀员工、文明宿舍等优秀典型的评选、奖励，广泛宣传道德模范人物的先进事迹和崇高精神，以身边的人讲身边的事来丰富道德讲堂内容，使道德讲堂内容融入职业生涯、融入生活场景。以先进典型和先进事迹来引领整个集团的文明风尚。

建立诚信机制，恪守诚信经营　志恒力久远品质赢天下，恒力集团从建厂之初就恪守诚信经营，倡导循环经济，勇担社会责任。诚信经营的创新举措是在民营企业中率先成立民营企业纪律监督委员会，企业和员工自觉抵制各种不讲信用行为，以身作则，树立良好形象。恒力集团每年都开展质量管理月活动，活动形式多样。长期坚持的诚信经营获得了政府与客户的好评。

开展实践活动，弘扬传统文化　以企业文化建设为核心，推进文明建设工作的创新与发展。成立新时代文明实践站，在传统节日期间，开展以深化拓展"我们的节日"为主题的新时代文明实践活动，在春节、元宵、端午、七夕等传统节日举办各类员工喜欢的活动，丰富员工的业余生活，使全体员工进一步树立文明、和谐、喜庆、节俭的现代节日理念。企业拥有歌唱团、舞蹈队、曲艺团、篮球社、腰鼓队、书画社、文学社、青年志愿者礼仪服务队等多个文体社团，每月都会举办形式多样的企业文化活动。多姿多彩的节日活动和文化活动丰富了员工的业余生活，增强了企业凝聚力和团队精神。大大促进精神文明建设，共同享受发展带来的成果。

开展志愿服务，参与文明创建　恒力集团拥有自己的志愿者队伍，定期开展各类志愿服务活动，推动志愿服务常态化、上水平。切实抓好"周周行"志愿服务活动，积极参与义务植树、义务献血以及各项环保公益活动，把参加社会志愿服务纳入公司的制度建设中，纳入全国文明单位创建活动整个过程中。（图3-11）

恒力速度造就恒力文明　建世界一流企业，创国际知名品牌。展望未来，恒力集团将以全国文明单位为目标，强化党建＋文明引领，继续多元化全产业链发展，为中国民族工业的腾飞竭尽全力！

图3-11

省文明单位

盛虹控股集团有限公司（本部）：树时代新风，谱文明新篇

盛虹控股集团有限公司成立于1992年，总部位于苏州市吴江区盛泽镇。28

年来，盛虹集团始终专注实体经济发展，不断聚合资源、聚力创新，构建出一条从印染、化纤到石化、炼化的新型高端纺织产业链，成长为一家以石化、纺织、能源为主业的创新型高科技产业集团，目前集团拥有上市公司1家、员工4万余人。盛虹集团先后被评为国家技术创新示范企业、国家火炬计划重点高新技术企业、全国循环经济先进单位、全国纺织工业先进集体。2020年，盛虹集团首次迈入世界500强行列，位列第455位。同时，位列中国企业500强第111位、中国民营企业500强第22位。董事长缪汉根获得第五届"苏州杰出人才奖"。（图3-12）

近几年，盛虹集团严格按照精神文明建设的总体安排和要求，围绕中心，服务大局，以创建全国文明单位为目标，大力开展文明单位创建工作，以创建促和谐，以创建求发展，为盛虹集团推动高质量发展提供强大的思想保证和精神动力。目前，盛虹集团已连续多年获得省、市、区级文明单位荣誉称号。

图3-12

完善创建机制，强化组织保障 为加强对文明工作的领导，使文明活动有组织，工作有计划，创建有目标。盛虹集团及时成立以董事长缪汉根为组长，副董事长唐金奎为副组长，各板块高层为小组成员的创建工作领导小组，下设文明单位创建办公室，并制订了一系列规章制度保证文明单位创建工作的顺利实施。办公室负责制订创建活动实施计划，明确工作目标，使创建工作有了组织保障，同时实施责任区域分管负责制，使各条线工作齐头并进，相互协调，确保了创建文明单位各项工作到位。

党建品牌引领，助推人才发展 作为吴江非公企业的领头雁，以盛传千年、虹扬天下为发展目标（图3-13），将人才视作企业发展的第一要素。近年来，依托"彩虹党建"品牌，集团党委以引

图3-13

育、服务人才为着眼点，坚持党管人才原则，实现党建+人才的双轮驱动，着力培养和打造一支优秀的党员团队，在聚天下英才，育发展人才，用强企精英的工作中，以党管人才为总纲领，打造薪火工程、青蓝工程、红色工匠、"双高"强企四项创新性人才工程，培育入党好苗子、中坚力量党员、专技岗位党员、精英党员，最大限度地将各方面人才吸引、团结在党旗下，汇聚成一股推动非公经济创新发展的强大动能。同时，集团还推出菁英团培养计划和211培养计划等，为广大基层一线员工进行学历提升和技能提升提供渠道，截至目前总共完成高起专的员工有809人，完成专升本的员工有186人。员工学历提升方面，公司累计费用投入超200万元。

强化思想建设，做优道德讲堂　盛虹集团党委坚持认真开展"不忘初心，牢记使命"主题教育活动，组织党员干部通过自学与集中学习相结合的方式，深入学习贯彻习近平新时代中国特色社会主义思想和党的十九大精神，开展道德讲堂教育活动，通过组织党员干部参观红色基地、一线走访调研等活动，进一步增强党性，将学习成果转化为联系服务职工群众的成果，使党的初心使命内化于心、外化于行，确保主题教育取得实效。开展道德讲堂教育活动，践行《新时代公民道德建设实施纲要》和《新时代爱国主义教育实施纲要》，将个人品德与职业道德、社会公德、家庭美德结合起来，传播新思想，引领新风尚。

弘扬工匠精神，赢在智能创新　创业至今二十余载，盛虹人用专注、坚持和创新诠释工匠精神，扎扎实实染好每一米布，用品质和服务打造了盛虹良好的口碑。在产业发展的基础上，盛虹坚持"生态立企，绿色智造"的发展理念，坚持走高质量、可持续发展的道路。盛虹印染采用污染物源头消减技术，现有产能采用最先进的烟气净化回收等工艺过程控制技术，不惜成本做好末端治理，中水回用、膜处理、污泥焚烧综合利用等项目也成为行业典范。企业通过持续的信息化实施和流程改进，让信息技术真正渗透到企业运营的各个环节，实现企业管理数字化、系统集成化、流程同步化和监控动态化；在先进的智能制造上，推行国家重点项目"两化融合管理体系"，通过工业化和信息化的高度融合，推进智能化车间建设，通过互联网、大数据、人工智能与实体经济深度融合，积极打造智能制造体系、智能服务体系，形成营销、研发、人力资源、绩效、成本精细化五大新型能力，实现高效、平稳、安全生产、节能及环境保护，建立智能化数字化的工厂，形成可持续竞争优势，实现企业高质量发展，达到产品设计数字化、产品制造自动化、生产装备智能化、企业管理现代化。（图3-14）

图3-14

产业结构升级，创就业增容器　2020年以来，盛虹炼化全力克服疫情带来的不利影响，充分发挥重大项目"压舱石"作用，不断加快建设进程，在工程施工、设备采购、人才引进等方面积极应对，助力"六稳""六保"工作。2月20日顺利复工后，盛虹炼化项目各条线工作按下加速键，进度不断取得新突破。在引领经济发展的同时，重大项目惠民生、稳就业的功能不断凸显。为了确保项目进度，盛虹炼化为企业新增就业人员1000余人，同时还带动基地内5000余名农民工参与施工建设。随着项目不断加快推进，到2020年底参建人员超过1.5万人，预计到2021年施工建设的高峰期将超过3万人。

践行文明精神，强化依法治企　盛虹集团坚持以创建整洁、优美、文明、卫生的办公环境为目标，积极改善优化办公环境，规范了文明礼仪、卫生、安全管理制度。同时，还制订了员工文明守则，规范员工行为，并在厂区及员工生活区等地粘贴安全警示标志和公益广告，逐步形成文明从我做起、从点滴做起、人人参与、人人有责，共创文明的好局面。同时作为苏州市第一批成立民企纪委的企业，盛虹集团党委狠抓党风廉政建设责任制，通过抓思想教育、抓队伍建设、抓惩治和预防腐败体系建设，增强党员干部的责任意识、自查意识、防范意识，确保以敏感岗位为重点的各工作岗位的廉政安全，筑牢了廉政勤政思想防线，成效显著。

拓展活动载体，丰富创建内涵　盛虹集团结合企业实际，以培养有理想、有道德、有文化、有纪律的社会主义公民，践行社会主义核心价值观，提高员工政治理论素养和思想道德素质为目的，组织开展平台多元化、形式丰富化、活动趣味化为一体的企业精神文明创建活动：建设盛虹职工服务中心，以俱乐部的形式，组织各种文体活动，形成了多层次、多类别的多元化创建格局；坚持以弘扬良好道德风尚、提高干部文明素质、培养健康生活情趣为目的，开展灵活多样、吸引力强，寓教于乐的文化活动，丰富职工文化生活；为弘扬中华民族传统文化，开展"我们的节日"系列活动，同时，利用宣传橱窗、内刊杂志、网络平台等进行大力宣传，营造浓郁的节日氛围。

履行社会责任，引领文明风尚 盛虹集团在自身发展的同时，始终以回馈社会为己任，开展一系列文明实践活动。积极投身社会公益慈善事业，参与扶贫济困、捐资助学等社会公益慈善活动。成立企业志愿者队伍，开展文明交通、文明旅游、网络文明传播、关爱老年人等一系列学雷锋志愿服务活动，大力弘扬善行义举。集团开展具有盛泽文化特色的"蒲公英"纺织科普公益活动，由盛虹集团志愿者组成的"蒲公英计划"纺织科普讲师团走进盛泽当地的小学校园，向学生讲解丝绸文化历史，带学生领略绸都现代纺织文化。目前，"蒲公英计划"已全面覆盖到盛泽当地的小学校园，授课近百次，参与学生近5000名。

树立行业第一品牌，打造世界一流名企 文明单位建设工作任重而道远，盛虹集团将在建设过程中不断探索完善和研究创新，寻找差距、总结经验，开展具有民营企业特色的文明单位创建新方向，为最终实现企业的跨越发展，助力中国纺织产业腾飞、社会繁荣提供强大的精神动力。文明实践融入经济发展，凝心聚力展现时代担当。

盛虹印染——文明实践融入经济发展，铸就行业先锋。

幸福靠奋斗

70年辉煌如歌，70载激情岁月
印染工业与祖国同呼吸、共命运
从"黑白蓝灰"到"斑斓多彩"
现代印染工业的发展
是勇于担当、甘于奉献的印染人
用心血和汗水铸就的辉煌
印染人的工匠精神成为支撑力量
代代传承，生生不息

盛虹

专注和坚守印染主业二十余年

成为国家印染工业的标杆企业

将打造安全、绿色、创新企业为己任

自强不息、奋进创新

在伟大梦想前

坚守平凡，扎实染好每一米布

在求真务实中

践行盛虹人的强企之梦

盛虹人

怀着同一个梦想奔着同一个目标

凭着高度的事业心和责任感

同心同德，团结奋进

辛勤耕耘，锐意进取

共同成就今天的盛虹

今天的时代，是奋斗者的时代

人生的价值体现在奋斗的过程中

奋斗是推动时代前进的动力

奋斗是实现自我成长的阶梯

新时代，新征程

文明实践，时代担当

奋斗是永远的座右铭

只有奋斗才能成就更美好的明天

只有奋斗才能实现更好的自己

没有无缘无故的成功

没有不劳而获的神话

每一个幸福笑容的背后

都有一段汗水、坚持、奋斗的历程

春光不容错失，时代不容辜负

在已经启程的新时代

乘势长三角一体化高质量发展

盛虹人，让我们用奋斗成就梦想

用奋斗开启幸福之门

时间是最客观的见证者

只有奋斗者的人生

才能丰富幸福的内涵，提升幸福的层次

才能增强成就感和自豪感

才能在创造美好生活中感受到幸福

时序轮替，始终不变的是奋斗者的身姿

历史滚转，始终清晰的是奋斗者的步伐

奋斗者的幸福，经得起历史检验

脚踏实地，真抓实干，开拓创新，久久为功

为理想而奋斗，为幸福而拼搏

新的时代，新的起点，新的目标

我们一起去追梦，去拼搏

共同收获灿烂辉煌的人生

不忘初心，不懈奋斗

盛虹人，祝您幸福！（图3-15）

图3-15

康力电梯股份有限公司：文明实践融入民族工业世界品牌建设

康力电梯股份有限公司是一家集设计、开发、制造、销售、安装和维保于一体的现代化专业电梯企业。在以打造民族品牌为己任的同时，康力电梯专门成立精神文明办公室，不断深化文明创建工作，以文明创建形成文明力量促进品牌建设，弘扬民族精神。

康力电梯股份有限公司成立于1997年，于2010年在深交所上市，股票代码：002367，是中国电梯业上市企业；2017～2019年连续3年跻身全球十大电梯制造商TOP10，是名列全球前十的中国电梯品牌；2013～2020年连续8年入选中国房地产开发企业500强首选电梯供应商TOP10。在新华社、中国国际贸易促进委员会、中国品牌建设促进会等权威机构联合发布的2019中国品牌价值评价榜上，康力电梯以72.70亿元品牌价值继续稳居中国电梯品牌前列。公司拥有国家质检总局颁发的电梯制造、安装、改造和维修A级资质，获得欧洲CE认证、俄罗斯EAC认证、德国TUV认证。公司还先后荣获全国建设机械与电梯行业质量金奖、苏州市市长质量奖、江苏省质量奖。

康力电梯总部位于长三角一体化发展示范区内，被称为"苏州桥头堡、虹桥副中心"的汾湖高新区，是苏州总部企业、江苏省地标型企业，拥有14家全资及控股子公司，在苏州、成都、中山建有4座智能制造基地，总占地逾141万平方米，企业综合实力、产业规模和智能制造水平均居行业前茅。（图3-16）

民族工业，自主品牌铸就民族精神　康力电梯，以做强民族品牌，成就电梯专家为宏大目标，努力成为极具国际竞争力的综合服务商和品牌运营商，为实现"中国梦"贡献无限向上的正能量。康力电梯开发的产品覆盖占市场总容量99%以上的电扶梯市场，重点面向住宅楼、商务楼、酒店、购物中心、轨交枢纽等场所。在国内，公司建成100个营销服务分支机构，规模业内领先。近年来，公司与碧桂园、万科、绿地、中梁、蓝光、正商等知名房地产企业建

图3-16

立战略合作。

公司先后承接苏州、深圳、成都、重庆、西安、长沙、福州、南昌、石家庄、济南、乌鲁木齐、长春、哈尔滨、常州、徐州、大连等城市地铁，及京沪高铁、京张高铁、成贵高铁、连镇高铁、西宝高铁、渝万高铁、呼张高铁、穗莞深城轨、莞惠城轨、金普城轨、深圳有轨电车、南昌昌北国际机场、张家界天门山等公共交通项目，彰显中国电梯品牌的崛起与地位。公司秉持"植根中国，服务全球"的发展理念，积极拓展海外市场，现已建成69个海外代理营销服务网点，产品远销100余个国家和地区，是俄罗斯、东亚、南亚、东南亚、西亚、非洲、美洲等市场最畅销的中国电梯品牌之一。公司先后承接海外公共交通项目及国家援外项目，企业实力和品牌得到全球客户广泛认可。

自主创新，向中国高度、世界高度、世界速度极限冲刺 康力电梯拥有中国电梯业超一流的企业科研中心，以自主创新为核心，广泛开展产、学、研合作，结合市场需求，不断地推陈出新，提供更多更优质的电扶梯产品。2004年5月，康力电梯95米电梯试验塔落成，一跃成为当地的地标性建筑，并作为国产首台具有自主知识产权3米/秒、4米/秒、7米/秒超高速电梯的试验平台，见证康力电梯在高速电梯领域的独领风骚。2017年9月，主体结构高度为288米新试验塔暨科技大楼在康力总部产业园落成。新试验塔共9个井道，其中8个测试井道，1个观光井道和1个自动扶梯测试平台，可测试最高21米/秒的超高速电梯，最大提升高度50米自动扶梯。2018年3月，康力电梯成都、中山产业基地的试验塔先后落成。目前，康力电梯已拥有4座电梯试验塔，创试验塔数量和总高度的行业纪录。通过对新产品研发和产品性能的严格测试，康力电梯将为客户开发出更前沿、更稳定、更高效、更优质的产品，源源不断地为中国电梯事业注入新的活力。（图3-17）

图3-17

精益求精，铸就智能制造卓越品质典范 康力电梯以先进设备+科学管理的企业文化，建成拥有业内领先的制造工艺、先进的生产管理和完备的质控体系，严格按照国际生产标准，实现人与技术、设备的完美契合，提升精益生产和柔性制造能力，以人性化的设计工艺和严格的精工制造标准，打造更加完美的高品质产品。先进的设备是产品品质高标准的前提与利器。康力电梯引进世界一流的工业制造设备，通过精确作业，实现高标准的制造水平。公司现已建有完善的电梯车间、扶梯车间、喷涂车间、电控车间、电子车间、曳引机车间等高标准设施，为企业建立完整产业链体系提供重要的支撑和保障。康力电梯企业技术中心成立于2003年，2005年被江苏省经贸委认定为"省级企业技术中心"，2011年被国家五部委联合授予"国家认定企业技术中心"的自主品牌企业。2018年获得江苏省科技创新成果转化奖一等奖。

安全第一，严守产品质量与安全乘梯之门　为加强员工的服务理念与文明意识，康力电梯每年9月都开展"康力质量月"主题系列活动，通过质量演讲比赛、口号标语征集、质量知识竞赛、评选质量先锋部门等各种形式，提升员工质量意识，树立榜样模范，从硬标准、软文化两个方面，使产品质量从生产至检验到安装维保各个环节得到了确实的保障。开展"安全乘梯·幸福生活"公益活动，向公众普及安全乘梯知识；发展节能环保先进技术，实现可持续发展；构建员工、企业、社会、环境之间良性循环体系，为社会发展注入无限向上的正能量。

道德文化，以榜样力量弘扬道德风尚　以身教者从，以言教者讼。为加强道德学习，康力电梯积极在企业内部进行"道德讲堂"活动建设，落实《新时代公民道德建设实施纲要》《新时代爱国主义教育实施纲要》，以生动活泼的形式，进行传统道德和爱国主义教育。同时邀请吴江区其他的道德模范来公司演讲，通过生动、真实的事例汲取榜样力量。将道德讲堂融入职业生涯发展，邀请公司内部五星级员工讲述康力人面对困难的决心和勇气，真正做到用身边人的事迹带动全厂，营造出深厚的道德文化氛围。公司营造争先创优的企业文化，树立道德楷模。

凝聚力量，党员带头传递文明新风　为重温红色记忆，传承红色精神，康力电梯多次开展红色教育活动，嘉兴的南湖、长兴的新四军旧址、常熟的沙家浜等都留下了康力的足迹，以此鼓励党员以革命先辈为榜样，不忘初心，牢记使命，努力发挥好自己作为一名共产党员的先进性和先锋模范作用。为弘扬文明新风，康力电梯大力开展各项文化体育活动，设有专门的职工阅览室、乒乓球室、桌球室等。每年举办"康力杯"职工篮球赛、乒乓球赛、歌咏比赛，并将读书考核计入学分要求，将优秀心得刊登在内部杂志上，以此丰富员工业余生活，推动企业精神文明建设。

文明实践，践行企业公民责任，弘扬社会正能量 社会责任是康力电梯的第一责任。康力电梯不断提高自身效益，为地方经济和行业发展做出卓越贡献，大大提升民族电梯品牌的社会地位。同时，康力电梯在专注自身发展的同时，积极承担社会责任，助力社会公益，强化责任担当。康力电梯目前已成立"康力阳光志愿队"，目前公司注册的志愿者已多达734人。开展的志愿服务活动有，在结对共建方面，2014～2016年，公司与吴江区黎里镇龙泾村结对共建，

图3-18

每年捐赠款项30万元，用于村内道路建设。在积极参与老龄事业建设方面，热心参与助老公益活动，赞助吴江芦墟老年人体育协会、慰问敬老院等，关爱老年人的精神生活。热心赞助文体事业，举办文体活动。通过一系列文明实践活动，创造公司与社会共同发展的和谐机制。（图3-18）

关怀教育，关爱未成年人成长 康力电梯多年来一直致力于未成年人思想道德建设工作，为全国各种运动会、比赛，地方各中小学及校教育及体育事业捐资赠物累积近千万元，使学生德智体全面发展。2007年康力电梯在芦墟一中开始结对，设立"康力杯"奖学金，并组织学生至公司厂区参观，感受康力文化。

苏州市吴江区人民法院：司法为民，公正司法

近年来，江苏省文明单位苏州市吴江区人民法院坚持以习近平新时代中国特色社会主义思想为指导，全面贯彻落实党的十九大精神，围绕"努力让人民群众在每个司法案件中感受到公平正义"的工作目标，积极践行为民宗旨、稳妥推进司法改革、落实全面从严治院，高度重视精神文明建设，将文明建设工作与院内

业务工作统筹推进，凝聚文明力量推动法院高质量发展。深度聚力一体化战略，忠诚履行职责，稳步推进改革，锻造精致审判，锤炼过硬队伍，全年8项工作获省院领导和区委主要领导批示肯定，为推动全区高质量发展快上新台阶提供坚强有力的司法保障，先后获得全国优秀法院、全省人民满意的公务员集体等国家级、省级荣誉20多项，三次被省高院荣记集体一等功。（图3-19）

图3-19

党建引领，筑牢法治保障的坚强堡垒 新时代，吴江法院牢牢坚持党建引领主业，身体力行，把学习践行习近平新时代中国特色社会主义思想作为首要政治任务，将加强"两学一做""不忘初心、牢记使命"学习教育常态化制

图3-20

度化，把意识形态工作纳入党组中心组学习，列明领导班子集体责任清单，细化全院干警工作职责。以党建带队建促审判，扎实推进"融入式党建"法院实践，积极创建"天平红"党建品牌，着力加强标准+特色+示范党支部创建，开展党支部星级评定工作，推动党支部全面进步、全面过硬。增强廉洁从政意识，筑牢拒腐防变防线，通过廉政党课、廉洁司法主题党日活动，不断激励干警永葆初心使命。领导班子严格落实全面从严治党主体责任，通过开展审务督察、党风廉政宣传教育"八个一"系列活动等，进一步增强政治意识、纪律意识、责任意识。（图3-20）

逆行担当，服务"六稳""六保"正当时 持续提供精准护航保障，为民营经济再次腾飞、再攀高峰提供强有力的司法服务和保障。在复杂形势下，为更好发挥法院审判执行职能作用，稳妥推进复工复产，吴江法院不断在逆境中寻找突破点，在危机中觅求转机，广泛运用信息技术，坚持善意文明执行，积极为全面落实"六保"提供精准的司法服务。在保生产、控风险方面，主动、精

准为企业复工复产提供司法服务。采用《自动履行证明书》，发布诚信履行名单等方式，帮助诚信企业消除申请贷款障碍。秉持"公正、谦抑、善意、文明"的保全工作理念，在保障申请保全人合法权益的前提下，选择对被执行人生产经营影响最小的查封措施，帮助困难企业进行自救。在保民生、寻突破方面，时刻把民生权益放在首位，最大限度地平等保障各方当事人的合法权益，用创新举措和智慧手段，推广高效的线上庭审、线上调解、线上送达，将数字化手段综合运用于执行全过程，依法规依情理，让各方诉求均得到有力维护，在保护民生权益的同时，促进企业有效复产，实现多方共赢。在保就业、渡难关方面，吴江法院联合吴江人社局召开新闻发布会，共同向社会通报劳资纠纷裁审情况，并发布典型案例，以求在这个特殊的时期更好地保护劳动者民生权益和企业的生存发展，构建和谐劳动关系。

合作共赢，成就青嘉吴三地法院一体化司法协作新亮点 为更好服务保障长三角生态绿色一体化示范区建设，2019年9月，青浦法院、嘉善法院、吴江法院在青浦签署了《服务保障长三角生态绿色一体化建设司法协作协议》，开启三地法院多领域、全方位司法协作新篇章。三方紧密协作，在事项委托、异地执行等方面开展深度合作，形成失信打击合力。在跨域立案、法庭协作等方面先行试水，开展交流，一体化司法协作工作取得实质性进展，为此次协作协议的签订奠定良好基础。根据协议，三地法院将设立长三角跨域立案服务专窗，建立涉一体化示范区建设发展案件识别清单，开辟立案绿色通道。建立专门审判团队，专项审理涉一体化示范区重点案件。同时，共享三地法院财产查控、典型案例等数据，破除跨域执法办案信息壁垒。同时，进一步加强三地法院诉调对接中心配合联动，加强与当地行政机关、基层组织、行业组织配合协作，实现一体化示范区矛盾纠纷跨域化解。

培育新人，开展典型选树及挂职交流齐发力 严抓队建夯实履职根基，打造精致法院审执队伍。每年选树先进集体、先进个人、优秀法官（执行员）、优秀工作者、优秀法官助理、优秀书记员、优秀法警（警辅）、优秀通讯员、优秀驾驶员和优秀人民陪审员，以优秀带动整体队伍士气。先行启动区四家法庭施行年轻干部挂职交流机制。江苏吴江汾湖法庭与浙江嘉善西塘法庭、姚庄法庭及上海青浦朱家角法庭共同签署《长三角生态绿色一体化示范区人民法庭年轻干部挂职交流实施办法》，加强队伍建设协作，施行联合人才培养。互派35周岁以下年轻干部异地挂职交流，开展跟案学习，借鉴先进经验，调研重点课题，参加支部活动。通过挂职结对，指导年轻干警进行案件调解、证据交换、庭审观摩、文书草拟、列席法官会议、民法典学习等工作。该举措在联合培养人才方面大胆先试先行，积累总结经验，形成常态化的交流协作机制，实现了储备干部培训资源共享和优势互补，也为法庭之间互学互助、互联互通打开了鲜活的通道。

创新赋能，培养"一专多能"复合型法官增效能　近年来，吴江法院每年受理的案件超过4万件，员额法官年均办案超过450件，案多人少的矛盾突出。同时，基层法院受理案件的种类越来越多，新类型案件层出不穷，需要法官尽快提升综合业务能力。吴江法院根据现状，整合内部资源，创新办案举措，实施业务同质化提升行动。按照实施计划，全体员额法官及在编法官助理都将跨部门办案，每年办理一定数量的其他业务部门的案件。根据人员的不同，分别实施见习式办案、培训式办案和拓展式办案。立案庭、执行局、审管办等非一线审判业务部门的法官助理，每年至其他业务部门协助办理案件不少于10件；一线审判业务部门的法官助理，每年至其他业务部门协助办理案件不少于5件，落实见习式办案。立案庭、执行局等非一线审判业务部门中缺少审判经验的员额法官，每年至其他业务部门办理案件不少于10件，坚持以案代训。其他具有一定审判经验的员额法官，每年至其他业务部门办理案件不少于5件，拓展办案领域。实施业务同质化提升行动，就像培养"全科医生"一样，在培养能够独当一面的专业型法官的同时，拓宽办案领域，丰富办案品种，以此提升应对多类型案件的履职能力，提高案件办理质效，最终成为综合业务素质高的复合型法官，适应面临的新形势，满足人民的新需求。

服务升级，打造智慧审判现代化先行军　随着智慧法院建设的不断推进，人工智能在司法审判工作中的运用越来越广泛，地位也越来越重要。为进一步解放法院工作人员的生产力，全面提升当事人诉讼的便捷性，吴江法院推出智能语音外呼系统——苏小e，将人工智能核心技术与吴江法院实际办案业务需求相结合，探索以智能语音外呼系统为代表的智能审判技术研究和应用创新，大力推动审判体系和审判能力现代化进程。苏小e以智能化、标准化、专业化和人性化为目标，利用语音合成、语音识别、语义理解、智能语音人机交互等人工智能技术，应用于调解、诉讼和执行各个环节中的信息交互场景，实现替代法官自动拨打、接听诉讼参与人电话的功能。通过苏小e接听电话，语音识别率可以达到95%，能够快速精准锁定诉讼参与人意图。对不能识别的语言问题，系统也会配置兜底程序，给当事人转接法官或等待联系等建议。目前，苏小e主要运用于诉前调解意向调查、执行情况告知、语音外呼送达等领域，包括有效电话信息筛选、调解意向初查、调解方案建议、调解意向性分类、智能交互问答、规范化全景约谈、笔录自动生成、反馈信息推送、权利义务告知、送达地址确认、法律风险提醒、全程录音留证等。等该系统功能进一步完善后，将在诉前调解、案件审理和执行全过程中推广使用。

弘扬新风，对标先进模范强担当　开展教育实践活动，弘扬社会主义核心价值观。组织大讨论、红色主题观览等活动，使精神文明建设入脑入心。开展道德讲堂，以身边先进事迹坚定干警忠于法治事业的信念。召开新闻发布会，打击拒执类犯罪，积极为工人讨薪。组织立家规、晒家风活动，开展干警家属助廉，内外合力共把廉洁关口。忠诚厚德，提升文明优质服务，保障发展大局。将精神文明建设润化于审执工作，不断锤炼司法新风。加强业务学习，通过法官论坛、司法讲堂提升队伍整体素养和业务水平。聚焦中心工作，紧跟区委决策部署，服务民营企业健康发展，保障乡村振兴战略实施，不断增强群众信任感和满意度。（图3-21）

图3-21

文明实践，投身志愿服务展新风　积极参与新时代文明实践，弘扬志愿服务，倡导绿色生活，培养干警健康文明的工作生活习惯。成立星空法律志愿者服务队，开展无偿献血、法治巡回宣讲、街头普法、社区送法等文明实践活动。慰问武警官兵，开展"阳光扶贫"，加入"春蕾助学""一日捐"等公益活动，积极奉献爱心。开辟年迈残疾者绿色通道，促进诉讼服务一站式化解，保障弱势群体合法权益，加大司法救助力度，做好诉讼费减缓免工作。

以文化人，加强法治文化长效管理　制订党组中心组学习计划，提升领导班子法治意识和司法水平。开展"万名党员听庭审"活动，将法制教育融入基层党建。关心干警工作生活，建立干警特殊困难登记制度、干警家庭重大变故走访制度、干警人身意外伤害保险制度等。举办文化体育活动，注重单位文化建设。积极参加合唱比赛、拔河比赛、羽乒比赛等文体活动，结合传统节日特点，教授插花、扎染等手工艺术，弘扬传统文化内涵，丰富干警生活。传承红色基因，展示吴江法院忠诚、厚德、睿智、卓越的文化内核，打造院史馆、法润书香室、"红色天平 法治先锋"党群活动中心、银发先锋活动中心、"清风长廊"等党建队建和文化建设阵地集群，注重网上精神文明建设，引导干警文明上网，宣传文明美德，营造文明法治氛围。

新时代，精准聚焦中心工作，为高质量发展保驾护航。新年度工作提出新目标和新要求，紧扣一体化和高质量两个关键，奋力响应吴江"勇当先遣队、勇做领头羊、快上新台阶"号召，思想再解放、开放再出发、目标再攀高，忠实履行法律职责，切实筑牢司法保障，以建设"信念最坚、理念最新、作风最实、干劲最足、保障最强、服务最细、质量最高、效率最快、创新最多、管理最严"的最优法院为目标，努力为全区经济社会高质量发展营造更加优质的法治环境。坚持以人民为中心，以忠诚·厚德·睿智·卓越的工作精神，把公平正义思想贯穿于执法办案全过程，让人民群众在每一个司法案件中感受到公平正义。

苏州市吴江区人民检察院：文明厚德树正气，检察之花别样红

吴江区人民检察院组建于1978年，现有成员134人，始终牢记"为民服务、为党分忧"宗旨，以司法办案为中心，以服务民生为根本，坚持以文明创建促进检察工作发展、以核心价值引领队伍建设，以先进文化弘扬清风正气，以文明实践彰显检察形象，有效推动检察工作向更高水平迈进。已经连续十年获评全市先进基层检察院，连续三年获评全省先进基层检察院，2016年、2019年连续两轮获评江苏省文明单位称号，2018年荣立全国检察机关集体一等功，2019年获评第五批全省学雷锋活动示范点，2020年获评全国先进基层检察院。（图3-22）

图3-22

党建品牌，引领检察服务品牌体系建设　吴江区检察院坚持以党建为引领营造特色检察文化，结合"江村里"检察文化建设，着力打造"检民e家"党建品牌和"党建红""检察蓝""江村里""暖心网""廉石颂"等子品牌，被评为全省检察文化先进单位、江苏省法治文化建设示范点。党建文化阵地建成于2017年底，连续两年被苏州市委组织部列为苏州市"走看学做比党建"活动参观点，目前接待党员群众5000余人次，已申报吴江区百点示范工程——"海棠花红"先锋阵地。

"三思堂"党建·廉政微基地，最醒目的是党徽形状的吊顶灯，上面篆刻了"检民e家"党建服务品牌标识，前后配以"全面从严"和吴江检察标识印章，提醒党员干警时刻牢记吴江检察"为民服务，为党分忧"的宗旨和从严治党新要求。

执政为民，树立行动支部组织风采　吴江区检察院先后成立"检察进网格"行动党支部、"服务长三角生态环境"行动党支部、"抗疫先锋"行动党支部，整合法律资源，凝聚监督合力，面向社会开展培训宣讲等20余次，服务对象

图3-23

3000余人。通过行动支部开展的各项活动，以提高法律监督水平、促进社会公平正义作为党建的核心内容，打破以部门划分支部传统，主动融入全区社会治理格局，同时，不断强化党建阵地的辐射作用，严格落实"三会一课"、组织生活会等党内制度，常态化开展主题党日活动、文化沙龙、微型课堂、志愿服务等，吸引党员群众踊跃参加，真正把行动支部组织开展活动作为党组织凝聚人心、团结群众的重要战斗堡垒。（图3-23）

三地一体，成立"七色"先锋队服务保障重大活动　2019年9月27日，上海青浦、江苏吴江、浙江嘉善检察机关在国家会展中心举行服务保障第二届进

博会青年干警先锋队授旗启动仪式。吴江区检察院14名青年干警先锋队成员以切实提高政治站位和认清职责使命的姿态，服从工作安排，充分展现吴江检察的精气神，以优异的表现完成服务保障进博会各项任务。为服务保障第二届中国国际进口博览会，发挥长三角生态绿色一体化发展示范区作用，青浦、吴江、嘉善三地检察机关成立了"七色"先锋队，"红色"为进博学习先锋岗、"橙色"为刑事办案先锋岗、"黄色"为法律监督先锋岗、"绿色"为环境保护先锋岗、"青色"为矛盾化解先锋岗、"蓝色"为平安护航先锋岗、"紫色"为窗口服务先锋岗。三地检察机关齐头并进、勠力同心，以一体化创新突破、改革攻坚，确立更高标准，采取更实措施，形成更大合力，全力以赴确保进博会越办越好，为进博会积极贡献检察智慧和力量。（图3-24）

精心设计，组织实施文明实践案例取得实效 吴江区检察院在办案中发现强奸、猥亵等犯罪行为给孩子的身心健康造成了严重侵害，还反映出大部分未成年人缺乏基本防范意识和自我保护知识。为此，吴江区检察院开启了建立专业讲师团队、开展标准化课程宣讲、惩治与预防性侵未成年人犯罪并举的探索。一是引入女童保护基金专业力量。2016年7月，吴江区检察院与长期致力于儿童防性侵教育的女童保护基金正式签约合作，成为与该基金合作的全国首家基层检察。借助该组织专业培训师、专业课程，促进吴江防性侵工作的专业化和规范化。二是组建防性侵专业讲师团队。为了确保授课效果，所有讲师需脱稿试讲教案，经女童保护基金培训师考核90分以上，才能取得讲师资

图3-24

格。2016～2018年，吴江区检察院、区妇联、区教育局联合举行了三届"女童保护"工作培训班，推行"一校一讲师"制度，共选拔培训合格讲师92人，组建了吴江团队。三是开展儿童防性侵一体化工作。2016年9月以来，讲师团成员在全区58所小学和10个社区开课211次，覆盖学生31000余人，家长3000余人，发放防性侵手册30000余册。该文明实践优秀案例荣获2018年度苏州市最佳志愿服务项目，吴江团队获评2019年度"全国女童保护基金"优秀地方团队称号，8名讲师获评女童保护基金优秀志愿者。（图3-25）

服务为先，完善制度激励担当作为 吴江区检察院党组坚持把文明创建作为检察工作的一项重要内容，深入学习贯彻习近平新时代中国特色社会主义思想和党的十九大精神，引导干警牢固树立社会主义法治理念和政法干警核心价值观，组织参观苏州初心馆、革命博物馆，讲党性、重品行、作表率在全院蔚然成风。加强内部管理，结合司法体制改革，推进制度"立改废"，完善各项规章制度。以文明、规范、敬业、友善服务为目标，升级打造12309检察服务中心，向社会提供更加高效的"一站式"检察服务，推动为民服务智能化、精准化。主动融入网媒时代，院官方微信、微博、头条号在互联网+检察和江苏检察排行榜上位居前列。围绕中心工作，立足职能出台多项计划和实施意见，获上级领导肯定批示，关于大运河公益诉讼检察保护的检察建议被省院推荐申报最高检优秀检察建议书。落实最高检"一号检察建议"在全国检察机关中率先与"女童保护基金"签约合作。以"法治进校园"活动为载体，与吴江区21

图3-25

所外来民工子弟学校结对共建，开展以案释法工作。

培育新人，发挥先进典型示范引领作用　定期评选优秀干警和先进典型，打造"季度五星"、明星干警墙等风采展示区，让有为者广为流传；开展道德讲堂、先进事迹报告会、优秀干警经验介绍会、"精英人才"展示等活动，让优秀人才展示风采。目前已有3名干警被评为全国检察机关专门性人才，省市级以上人才总量全院占比超过1/4。

文化育检，营造浓厚检察文化氛围　坚持硬件建设与软件建设齐抓，坚持传承经典与创新发展并重，把吴江"里"文化引入"江村检韵"文化品牌，打造"江村里"检察文化升级版，将检察文化、法治文化、本土文化有机融合，以文化软实力凝聚人心、激发活力。设立各类文体兴趣小组，围绕"我们的节日"组织开展传统节日活动。吴江区检察院连续8次获评全国检察宣传先进单位，获评全省检察文化先进单位。

公益服务献爱心，为民服务暖人心　建立志愿服务长效机制，通过"检察开放日"、"江村检韵基层行"、"一联双管"、学雷锋活动等文明实践活动，将便民服务、法律咨询、政策宣传送到群众身边，举办专题讲座和法律咨询近100场，服务9800人次。坚持开展扶贫走访、慈善捐款、义务献血等"五送五进"活动，捐资捐物达10万余元，服务群众15万余人。在苏州生活垃圾分类管理来临之际，党总支与江陵街道山湖社区党委开展"红色引领　绿色行动"联合主题党日活动，调动广大党员干部、居民群众参与垃圾分类的积极性，增强"一联双管"渗透力和影响力。

立志抗疫保家园，全国检察一家亲　疫情就是命令，防控就是责任。吴江区检察院在防疫过程中，举全院之力积极响应，一支由检察长带头、90名党员和入党积极分子组成的"抗疫先锋"志愿者队伍，踊跃投身抗"疫"洪流。2月3日以来，他们白天在检察战线为防疫提供法律保障，晚上则穿上防护服，投入吴江318国道主线的3个高速卡口的志愿岗位上，全力以赴打赢疫情防控阻击战，累计服务2000余小时，被表彰为新时代文明实践战"疫"志愿服务优秀团队，获评吴江首批战"疫"先锋基层党组织。2月12日，曾于2018年6月来考察吴江检察文化建设的湖北省宜昌市检察院机关党委专职副书记、政治部综合教育部主任杨娟，在与吴江区检察院刘军检察长交流中谈到，宜昌检察院在疫情防控中物资短缺的燃眉之急和后顾之忧后，虽然吴江区检察院的疫情防控物资也较为紧张，但还是决定赠送一批护目镜给湖北宜昌兄弟单位，共同构筑疫情防控统一战线。

站在新的起点，吴江检察将围绕"全国模范检察院"目标，践行"稳进、落实、提升"工作总基调，以归零心态整装再出发，深刻思考、统筹谋划，发挥领头羊作用，把牢政治方向"讲政治"、服务中心工作"顾大局"、重视改革创新"谋发展"、加强队伍建"重自强"，坚持政治引领抓队伍，根植为民情怀抓服务，打造一批品牌，锻造一支检察高素质人才队伍，坚守廉洁底线，对标找差，再攀新高，再创佳绩。

苏州市吴江区公安局：为人民服务，树文明新风

近年来，吴江区公安局以习近平新时代中国特色社会主义思想为指导，认真学习贯彻落实党和国家领导人重要讲话精神，忠实践行"对党忠诚、服务人民、执法公正、纪律严明"的总要求，咬定创建省级文明单位目标不动摇，将省级文明单位创建与公安主业同部署、同推进，高标准规划、高起点定位、高要求运作，大力营造文明创建的浓厚氛围，有效提升公安队伍整体形象和文明素质，树立崇尚文明、参与文明、践行文明的新风尚，促进公安工作高质量发展，人民群众对公安工作的获得感、幸福感、安全感不断增强，不断提升服务实效。近年来，全局公安工作业务实绩显著，荣获苏州市公安局绩效"五连冠"和吴江区级机关绩效优胜"三连冠"，文明创建工作得到上级领导、警界同人和人民群众一致认可。（图3-26）

图3-26

坚定党建统领铸警魂　坚持不懈用习近平新时代中国特色社会主义思想武装头脑、指导实践、推动工作，健全完善党委理论学习中心组和党支部"理论学习日"制度，在内网政工网页开设"学习资料"版块，先后组织开展"讲政治、守规矩、严纪律、优警风"集中

学习教育，解放思想大讨论和"大学习、大研讨、大培训"等系列活动，做到与"不忘初心、牢记使命"主题教育、"四个融入"走访调研等活动、载体有机结合，进一步增强"四个意识"、坚定"四个自信"，坚决做到"两个维护"，切实把党对公安工作的绝对领导落到实处，始终在思想上政治上、行动上同党中央保持高度一致。

强化道德教育展形象　吴江区公安局党委高度重视意识形态尤其是队伍的思想道德教育，把民警的日常教育工作作为文明单位发展的重点基础工程来抓，突出和发挥社会主义核心价值观引领作用，通过定期安排专题党课、专题研讨、专题民主生活会，加强领导班子和全警的政治理论学习。通过定期举办道德讲堂，落实《新时代公民道德建设实施纲要》《新时代爱国主义教育实施纲要》，邀请专家学者、道德模范前来授课，大力推进社会主义核心价值体系建设和人民警察核心价值观教育。利用单位走廊过道、电子屏幕、先锋阵地、微博、微信等多种载体，开展社会主义核心价值观宣传教育，将"精神文明"注入民警的"思想灵魂"，增强"文明就是生命力"的共识。（图3-27）

坚持文化引领提素质　吴江区公安局成立17个文体协会和2个社科协会，每年策划组织一系列主题征文、演讲、体育等丰富多彩的文体活动，进一步提高队伍凝聚力和精神风貌，提升队伍精气神。2017年以来，共开展各类文体活动400余场，不断增强民警的文化获得感和认同感。建成局史馆、所

图3-27

史馆等场馆文明实践点阵地，全面展示吴江公安发展历史、打击犯罪、治安防控、交通管理、队伍建设以及科学发展等方面内容。组织开展民警荣休仪式和新警入警仪式，有效凝聚警队的职业荣誉感。以春节、清明、端午、中秋等中国传统节日为时间节点，广泛开展形式多样的警营文化活动，引导队伍在继承弘扬优秀传统文化中增进文化的认同感、归属感。

践行社会责任明担当　启动吴江区青少年安全公益项目，发布"大米"安全防范主题IP形象。成立"安全官大米携手吴江警方公开课"讲师团，通过举

办知识讲座、现场教学、互动交流、情景模拟体验等形式，传递给广大市民更有效的安全防范知识。发挥公安专业优势，先后组织开展"护航小雏鹰，防范校园行""中小学生安全教育"等服务活动近千场，为未成年人成长成才提供力所能及的帮助；坚持以"爱国主义、集体主义"为主题，开展文明礼仪、文明餐桌、禁烟宣传等方面活动，针对性开展社会公德、职业道德、家庭美德、个人品德等四德建设，在引导社会文明氛围走在前列。

规范城市管理护秩序　结合城区"动态巡防"新机制的建立，落实民警"三定四包"管理责任制，加大重点路面警力投放，加强各类交通违法行为查处，道路交通事故亡人数逐年同比下降。强化宣传引导，通过悬挂宣传横幅、投放公益广告、发布文明提示等举措，形成全天候、高密度、全覆盖的文明交通宣传态势。划分区域巡防网格，启用"泛卡口"系统、人像卡口分析系统，治安防控体系更趋完善。纵深推进"331"专项整治，专职消防队区域全覆盖，火灾事故数和死亡人数始终保持平稳。

筑牢疫情防控保防线　自新冠肺炎疫情防控工作开展以来，吴江区公安局认

图3-28

真贯彻落实党和国家领导人的重要指示精神，时刻牢记"疫情就是命令，防控就是责任"，严格按照上级部署要求，坚持底线思维、风险意识，积极落实"严密组织、严守关口、严格管理"三严举措，全面强化疫情防控工作，确保实现"外防输入，内防扩散"，有效筑牢抵御疫情的内外防线。并以"六稳""六保"为后疫情期的主要工作，全力保障全区经济和社会发展取得"双胜利"。（图3-28）

融合一体化强警务　在推进警务模式改革中，多次组织开展区域交流，2020年1月，与浙江省嘉善县公安局交警大队围绕交管业务融合、智慧交通建设、安全隐患治理等方面进行了沟通，形成了体系化合作方案。2020年5月，浙江省嘉善县公安局姚庄派出所同汾湖派出所围绕派出所业务特色、人员构成、绩效考核、辅警管理等方面签订了"合作框架协议"，加快推动长三角区域警务一体化发展。2020年6月，吴江区公安局与上海青浦分局、浙江嘉善县局签署了"长三

114

角生态绿色一体化发展示范区公安党建联盟框架协议"，以"1+6+N"党建共建模式，启动"三联三共"工作机制，聚焦长三角区域警务一体化融合。为畅通办理流程，减少群众往返，与浙江嘉兴签订"出生一件事"跨省联办合作协议。建立互信互通机制，对三地往来人员、车辆通行证进行互认。通过常态资源共享机制、案件线索查证机制，深化专业队伍，优势资源交流，协作破案率大幅提升。疫情期间，依托长三角一体化区位优势，与上海金泽公安在苏沪边界设立"一站两检"式联合检查站，实行"督察长"轮值制，联通两地监控视频数据，搭建信息共享平台；引入志愿者群体，联合指挥部与"平安""蓝盾"等志愿者平台合作，盘活无限民力。同时，出台"青嘉吴"通行证，为群众必要出行提供便利。遵循"开放、合成、共赢"的理念，积极加强与青浦、嘉善公安的协作沟通，对与青浦、嘉善交界地区产生的跨区域治安管理难点、热点、乱点，共同联合开展集中整治，打击犯罪、消除隐患，确保地区稳定。加强三地交界地区娱乐场所、废旧收购站、旧货流通业、旅馆业等重点行业场所的治安管控合作，打击和取缔收赃销赃等违法犯罪活动的窝点，加强交界地区的出租屋和外来人口管理，及时交流相关信息和经验。（图3-29）

建设阳光警队扬风范　推行"阳光办案""阳光执法"，全方位构筑执法管理体系，提升工作执法效能。制定了《关于加强权力公开、规范监督权力运行工作方案》，梳理46项行政权力事项，建立26项权力清单，强化权力运行制约和监督，防控岗位风险，规范监督权力日常运行。组建党风警风监督员队伍，

图3-29

对照文明单位标准，定期开展自查整改工作。邀请第三方机构，针对公安窗口文明用语、工作纪律、专业技能和环境卫生等方面，进行全覆盖暗访测评以及服务对象满意度测评，及时掌握真实的服务质态，持续改进对外服务和文明建设水平。（图3-30）

开展文明实践树品牌　以传承和弘扬雷锋精神为主题，以社会志愿活动为载体，发动党员民警辅警加入志愿者，围绕多个组别成立学雷锋志愿者服务

图3-30

队，经常性开展义务劳动、扶贫帮困、敬老爱老、无偿献血、防范宣传等方面的志愿活动，使学雷锋志愿者服务成为进一步密切警民关系、展示公安形象的平台。近年来，吴江区公安局全国优秀基层单位、全国县级优秀车管所、全国示范刑事科学技术室、全国职工书屋示范点、全国优秀人民警察、省部级专家等一批先进典型。此外，深入对接调研结对帮扶薄弱村，为全区七都镇菱田村村道建设、河坡改造等项目提供改造资金，帮助贫困村推进村道路灯、绿化补植等基础设施建设，并与百户困难家庭一对一结对子，建立走访慰问、意见收集、政策宣导、精准帮扶的脱贫长效机制。

优化窗口服务示风范　推进户籍窗口规范化建设。保证办公区域整洁，教育全体职工提高文明素养，确保在日常执勤服务中热情规范、文明礼貌，展示良好形象。公安窗口张贴悬挂公益广告、各项规章制度及办事流程，放置投诉处理记录本。建立"善行义举"榜等活动，广泛宣传身边好人事迹，有力提升全行业的道德水平。普及餐桌文明知识、推广餐桌文明礼仪，倡导艰苦奋斗、节俭养德的良好社会风气。

净化社会环境保稳定　结合"扫黄打非"专项行动，始终保持对互联网、手机淫秽色情有害信息的封堵和依法打击，正面引导网络舆论。坚决取缔"黑网吧"，健全网吧、电子游艺和娱乐场所等管理长效机制。认真开展禁赌禁娼专项行动，对组织卖淫嫖娼、聚众赌博、娱乐场所乱象等突出问题，坚持"零容忍"态度，有效净化社会环境。立足公安主业，加强执法打处，连续多年现行命案全破，百名民警公诉数、经侦、治安、禁毒公诉数均位列苏州大市第一，有力净化辖区治安环境。

文明单位发展只有起点，没有终点。吴江区公安局将始终坚持以习近平新时代中国特色社会主义思想为指引，以"对党忠诚、服务人民、执法公正、纪律严明"为标准，结合实际，积极探索新形势下加强文明单位建设促进工作的新途径和新方法，作为推动工作的重要抓手，建设新时代文明实践点，实现警民互动，奋力开创公安工作高质量发展新局面。

苏州市吴江区交通运输局：
文明创建厚积发展动能，服务经济争当先行示范

吴江区交通运输局深入贯彻文明单位创建长效机制，努力提升交通服务经济社会能级。近年来，先后荣获江苏省文明单位、全省交通运输系统先进集体、苏州市机关事业先锋党组织等荣誉称号。

党建引领夯实基础　全面开展"不忘初心、牢记使命"主题教育，深化"服务先锋机关党组织"建设，与全区"海棠花红"基层党建品牌相融合，建成交通党群服务中心。结合长三角一体化建设和交通重点工作，成立交通重点工程创优支部和交通管控先锋行动支部等多个行动党支部。与上海青浦、浙江

图3-31

嘉善交通部门共同成立青浦·吴江·嘉善交通党建联盟，形成"3+1"党建共建模式，全力助推长三角生态绿色一体化发展示范区建设。（图3-31）

紧扣大局提高能级　长三角一体化先行先试迈出新步伐。（图3-32）加快构建公交线网，全区累计开通跨省公交8条、毗邻公交2条，总数居全市第一。加快实施铁路线网建设，沪苏湖铁路已经开工建设，通苏嘉甬铁路即将进行工

图3-32

117

可评审，如苏湖铁路正在完善方案研究。省际"断头路"加快打通，康力大道于2020年9月建成。其他对接青浦、南浔等地的省际公路项目也正进行方案研究。交通工程建设取得新进展。相继建成江城大道、吴江大道、230省道、258省道等一系列重大交通项目。八坼大桥路改建工程、苏南运河浙境段和苏申外港线三级航道整治工程加快实施。长湖申线三级航道和乍嘉苏线四级航道整治工程的前期工作稳步推进。松陵大道综合交通枢纽积极推进中。沪苏湖铁路苏州南站（汾湖站）、盛泽站的站房设计完成初步方案。全面开展区域内过境干支线公路及省界点、交通干线沿线绿化及环境整治。全区绿化及环境专项整治工作位列苏州市第二名，获评苏州市绿化及环境专项整治先进集体称号。

围绕需求提升品质 落实惠民举措再添新动能。城乡公交线网持续优化，配合美丽乡镇、康居乡村建设，公交客运设施设备提档升级，全区公交车的空调车占比100%，新能源环保车型占比近七成。城乡公交候车亭设施不断维护更新。"四好农村路"建设深入推进。被省政府授予省级示范县荣誉称号，"四韵和融"农路品牌通过全省评估。长漾滩环线道路项目各区镇均已开工建设，正加快推进中。"四韵和融"特色农路环线二期暨环太湖文化示范路项目正在进

图3-33

行施工图设计。"四好农村路"示范路实现8个区镇全覆盖。农村公路大中修加快推进施工。抓好交通运输保障工作。2020年春节，新冠肺炎疫情突如其来，区交通运输局作为区疫情防控指挥部交通管控组的牵头部门，积极贯彻区委区政府决策部署，主动担当、积极作为，400多名职工在春节期间提前返岗，全员上阵，坚守在全区高速公路、省际公路的防疫检查站和水上管控点，24小时值守检查和转运，为打赢疫情阻击战筑牢了交通防线。（图3-33）

人文关怀服务民生 密切联系群众，持续开展"四个融入"大走访；每季度开展"阳光扶贫"工作。结合"四个融入"大走访，完成"最后一公里"公交通达计划，优化完善农村公交线网，惠及30个乡村、近3万居民。抓好志愿服务与慈善公益活动。积极开展新时代文明实践志愿服务活动，现有在册志愿

者600余人。开展"学雷锋、讲文明、树新风"、情暖春运、扫雪除冰等志愿服务活动。举行走访孤寡老人、慰问福利院、无偿献血等活动，积极回馈社会、奉献爱心。弘扬时代新风，抓好文明创建工作。注重弘扬核心价值观。结合全国文明城市创建、市文明单位创建等工作，利用公交站台、公交车、出租车、站场枢纽等，广泛开展"讲文明、树新风""社会主义核心价值观"等公益宣传，营造培育践行社会主义核心价值观社会氛围。进一步提高公交车身公益广告覆盖率，在全行业倡导"人便于行、货畅其流、服务群众、奉献社会"的行业核心价值观，促进社会主义核心价值观在交通运输行业落地生根。

注重培育美德风尚 在全系统营造崇德向善的浓厚氛围，开展寻访"最美交通人"活动。系统内涌现出江苏好青年王莉、苏州市第三届"行感苏城"银牌服务标兵宦兆粉，服务明星代福先、宗裕明、石志生等。205路公交获全国工人先锋号称号，天泽公司GPS调度中心获全国巾帼文明岗称号。注重诚信体系建设。在各类行业教育和培训中，进一步充实诚信教育内容。制订道路运输全行业服务能力提升行动方案，开展专项整治行动。通过修订完善公交、出租、货运、驾培、工程企业及其从业人员的信用考核制度，强化考核结果运用，提高全行业诚信体系建设水平。提高交通窗口文明服务的自律意识，营造交通运输行业诚信服务环境。注重文明风尚传播。广泛开展文明实践活动，制订并落实职工文明守则、文明上网规范等。通过在单位食堂张贴宣传画、摆放温馨提示牌，公告"文明餐桌行动"倡议等，营造文明用餐环境。利用展板、电子屏等，刊播文明旅游图片、文明旅游公约等公益广告，营造文明出行风尚。积蓄文明底蕴，弘扬交通优秀文化。加强交通文化发展。深化交通特色"新干线诗社"建设。发挥摄影队作用，开展摄影培训与主题采风活动，引导交通职工自觉进行文学、摄影、书法等文化创作。

学用结合丰富活动 坚持领导带头、以上率下，推进学习教育制度化、常态化。通过支部党课、中心组学习、"一把手"党课等形式广泛开展向优秀基层干部和各类先进典型学习活动。局党委获2019年度苏州市学习强国平台学用示范党组织称号，党员代表参加青嘉吴"红色阅马赛"获小组一等奖和个人一、二等奖。开展各类主题活动。弘扬优秀传统文化、开展"我们的节日"主题活动，春节、元宵期间，开展节日走访、迎新春与庆元宵座谈会等活动；清明期间，临时开通扫墓专线，组织祭扫张应春烈士墓与网上祭英烈等；重阳期间，组织"孝心伴老行"交通巾帼志愿服务活动等，弘扬中华传统美德。丰富职工文体活动。全系统积极参加交通条线及全区各类文体活动，并屡屡获奖。"思想大解放、改革再出发"党员专题诵读活动被区级机关党工委评为优秀案例，排演的文艺节目曾获吴江区中华人民共和国成立70周年爱国歌曲合唱比赛一等奖、区职工文艺大赛二等奖、区垂虹秋色诗词吟诵大赛一等奖、苏州市交通运输系统职工文化节健美操比赛一等奖等。

自2000年5月18日松陵城区开通振泰小区至华渊电器厂的第一条公交线路之日起，吴江城区结束了没有城市公交的历史。城乡公交线路169条，公交车辆1002台，从业人员1700余人，其中公交驾驶员近1500人。伴随"镇镇有站、村村有亭"和城乡公交"快速转换、无缝对接、零换乘"等目标的逐步实现，公司将继续秉持为广大群众出行提供优质便捷服务的宗旨，努力构建与我区社会经济相适应、城乡发展相协调的"通畅、便捷、高效、舒适、安全"的城乡公交一体化服务体系，为乐居吴江做出更大的新的贡献，文明交通绿色出行。

苏州市吴江区商务局：文明实践强精神，商务发展添动力

吴江区商务局前身是吴江县对外经济贸易委员会，成立于1988年4月。2010年6月，经过机构改革，成立吴江市商务局。2012年10月撤市设区以后，更名为苏州市吴江区商务局。商务工作既涉外又对内，既涉经济又系民生，是消费、出口、投资三驾马车统筹协调的经济管理部门。至2020年底，累计来自全球6个国家和地区的15家世界500强公司在吴江投资企业25家。全区有外资总部企业9家，外资股份制公司17家。根据2020年联合年报数据，我区共有1463家外资企业。

近年来，吴江区商务局以"吴江商务通"党建服务品牌为引领，吴江区商务局紧紧围绕中心工作，把精神文明建设作为树立行业新风、提升服务效能和职工素质的有力抓手，充实创建载体，丰富创建内涵，不断实现文明创建工作新突破。扎实有效的精神文明建设为全区商务事业跨越发展提供了强有力的精神动力、道德支撑、思想保证和文化条件。全区各项商务指标保持合理增长，商务运行呈现稳中有进、稳中向好的良好态势。先后荣获苏州市文明单位、连

续两次获得江苏省文明单位、苏州市外资工作十佳先进单位、吴江区服务先锋机关党组织以及全省商务系统先进集体等荣誉。（图3-34）

图3-34

　　党建引领，确立融入基层、融入企业、融入发展主题　吴江区商务局坚持党建引领，统筹谋划、精准施策，以坚决的态度、迅速的行动、有力的措施，切实把中央和省市区各项决策部署落到实处，支持开放型经济企业稳定发展，稳住外贸外资基本盘。以开展"不忘初心、牢记使命"主题教育活动为新起点，把"守初心、担使命、找差距、抓落实"作为今后工作的总要求。局党组落实全面从严治党要求，切实负起意识形态工作的政治责任和领导责任，深入实施区融入式党建创新工程，积极申报融入式党建书记项目，把商务党建工

图3-35

作融入基层、融入企业、融入发展，加强对干部职工意识形态工作的教育培训，营造干事创业有担当的氛围。（图3-35）

　　聚焦"六稳"，为夺取"双胜利"贡献力量　通过服务"加码"推动外资项目建设"提速"，2020年利用外资稳步增长，2020年新设立外商投资企业94家，全年合同外资达14.64亿美元，同比增长114.2%，全家实际使用外资达4.56亿美元，同比增长13.1%。下一步将以招商活动为抓手，在全区上下营造招商引资与

项目推进比、学、赶、超的浓厚氛围，"闯"出新模式，跑出"加速度"，实现开放发展再出发。对标国内先进地区，从培育外资发展动能、优化外资管理机制、强化绩效考评激励等方面入手，深入贯彻执行《中华人民共和国外商投资法》及相关法律法规，进一步优化外商投资营商环境。结合自贸片区联动创新区启动，通过与知名跨境电商平台开展合作，帮助企业足不出户开拓市场，进一步加快出口品牌和基地建设，擦亮吴江制造的品牌知名度。积极打造老字号品牌集聚区，制订"吴江老字号"振兴发展方案，提升吴江区老字号品牌的知名度。

服务"六保"，打造特色夜经济品牌 在做好疫情防控的同时，积极恢复和发展经济，商贸流通业是促消费的主力军，是中央"六保"要求的落脚点。目前，吴江区商务局正在积极采取务实有效的消费促进举措，加快促进消费回补

图3-36

和潜力释放，切实把疫情中被抑制、被冻结的消费大力释放出来。在2020年五一期间，组织策划推出了一系列便民、利民、惠民的主题促消费活动，全力打造"姑苏八点半·舒心夜相伴"特色夜经济品牌，启动"繁华吴江夜·乐购满江城"吴江商贸业夜经济促销活动，培育新的消费增长点，通过政府引导撬动居民消费。（图3-36）

项目为王，闯出招商引资新模式 招商引资是经济发展的生命线，是实现高质量发展的重要支撑。吴江区商务局推出了吴江开放创新投资热力图，包括智能制造、科技创新、文化创意、现代商务和绿色休闲等五大产业路线以及产业用地供应图、平台载体导引图、投资合作机会图，把吴江的优势产业和平台第一时间展示给客商，让客商对投资吴江有了更全面、更直观的了解。坚持"项目为王"导向，持续推进深化改革，把项目招引、项目建设、项目突破作为推动经济发展的第一抓手。在全区上下营造招商引资与项目推进比、学、赶、超的浓厚氛围，"闯"出新模式，跑出"加速度"，实现开放发展再出发。

内外结合，夯实理论引领学习体系 理想信念教育常抓不懈，坚持把学懂、弄通、做实习近平新时代中国特色社会主义思想作为首要政治任务。组织全体

党员领导干部和中层干部分批参加全区学习贯彻党的十九大精神轮训班；邀请党校老师为全体党员及商务条线信息员专题辅导党的十九大精神，使新思想和十九大精神在全体人员中入心入脑，推动各项工作与时俱进、开拓创新。举办吴江区外企党员和外企新的社会阶层人士学习贯彻党的十九大精神专题培训班，把理论延伸到服务单位。连续三年获评区级服务先锋党组织，与外企党支部联合开展开放式组织生活会。

宣教于心，强化企业服务绩效 广泛开展社会主义核心价值观宣传教育，围绕"培育和践行社会主义核心价值观"开展大讨论。每年组织参加"弘扬社会主义核心价值观——走基地、看变化、聚力量"活动。把宣教落实到实际的为企业发展服务中，组织参观区内外经贸企业先进党组织，开展互看互学活动，进一步规范外经贸企业党组织建设。服务政策精细化，提升企业发展力。以服务企业、服务发展为己任，通过面对面交流、现场办公等形式，深入企业现场办公，帮助企业解决转型升级中的实际问题。

诚信立命，丰富道德讲堂滋养力 在商务局会议室设立道德讲堂固定场所，张贴道德标语和"善行义举榜"，每季度开展"道德讲堂"活动，并推进"道德讲堂"进社区、进商贸、进外企。持续开展诚信教育实践活动，利用"中国吴江"网站推进政务公开，不断提高履行职能的公正性和透明度。开展"领导干部立家规，共产党员正家风"主题活动，共征集到家规家训36条，集中展示在局宣传栏，鼓励领导干部撰写多篇体会文章，促进家庭和睦，推进领导干部廉洁家庭建设。联合外企开展关心下一代工作活动，利用暑期赴苏州博物馆参观学习，促进员工子女对苏州历史的了解。

示范引领，完善管理制度促成效 积极开展文明创建活动，每位工作人员自选一句文明创建口号，展示在工作岗位上，把文明创建工作真正融入每个岗位的业务工作中。加强员工学习和教育培训，专门开辟"读书角"，倡导读书思考、提升能力修养。每年安排党员干部参加各类培训十余次，连续赴高校举办全区开放发展培训班，累计培训全区招商工作人员300余人次。健全服务规范，在政风行风评议中名列前茅。定期更新局内部管理制度，规范工作人员工作纪律、行为规范和服务标准，为办事企业、群众提供优质服务。积极参与鼓励转型升级、支持创业创新、行政审批提速等行动，每年修订完善产业扶持政策，积极深化行政审批工作改革，进一步优化经济发展软环境。

创建提升，做好文明城市长效管理　指导统筹协调全区大型商场、超市文明创建工作，突出抓好重点工作。一是突出抓好氛围营造。做到"三上门"，公益广告贴上门，服务承诺送上门，投诉制度挂上门。三年内共向商贸企业制作发放行业规范和文明城市公益广告牌4000多块，并督促商贸企业利用电子屏、横幅等形式强化文明宣传，营造良好氛围。二是突出抓好制度建设。进一步完善文明城市创建各项制度，制订《吴江区商务局创建全国文明城市工作方案》。主动对接各镇区有关部门，建立了各镇区创建人员以及主要商场超市的联系人制度，健全横向和纵向的两张管理和监管网络。对全区2000平方米以上的48家商场、超市，实行全程跟踪、全程督查，形成长效工作机制。三是突出抓好垃圾分类，垃圾分类工作是文明城市创建过程中的重要一环，今年累计发放各类分类标识1000余张，制作垃圾分类宣传展架、海报130个（张），陆续投放到各大商场、超市，同时督促各商场、超市严格按照标准做好分类设施的设置及管理。

文明实践，热心志愿公益暖人心　完善单位志愿者队伍建设，规范岗前培训、活动记录、奖励制度和资金保障，志愿者人数占员工比例超过95%。常态化开展学雷锋志愿服务活动，工作人员主动义务献血、扫雪除冰、文明交通志愿服务等文明实践活动，积极履行社会责任，向社会传递正能量。组织青年志愿者赴"一联双管"结对单位水乡社区，提供政策宣传、美化家园、慰问孤老等志愿服务活动。主动履行社会责任，深入结对挂钩的七都镇望湖村、陆港村开展"四个融入"大走访，累计走访900户家庭和90家企业，派驻一名中层干部任结对村第一书记，党员领导干部深入七都镇望湖村开展阳光扶贫工作。

诚信经营，推进法治建设强基础　领导班子带头尊法学法守法用法，制订《吴江区商务局法律顾问工作制度》，促进政府依法科学民主决策，全面推进依法行政，深化法治政府建设。"一把手"每年参与全区"政风行风热线"节目，通过电波与市民实时互动，答复市民诉求。力促商务诚信建设，开展"诚信经营"道德讲堂活动、"诚信兴商宣传月"和"诚信经营"示范创建活动，在商贸领域加强诚信宣传，选树诚信典型，建立公平竞争的商贸流通秩序。

活动多样，培育单位文化树新风　在"文化育人"理念的长期浸润下，以文化树形象、以文化塑品牌，走出了一条具有商务特色的文化建设之路。依托读书交流会、廉政心语集、书画作品展、经典诵读等活动载体，在全体干部职工及家庭中倡导文明和谐、行善扬善的良好氛围。结合传统节日，组织全体人员开展"我们的节日"活动，通过送春联、缅怀革命先烈、包粽子、慰问退休老同志等方式，弘扬优秀传统文化。2017年两位同志在吴江区"新时代 新梦想"硬笔书法大展中获奖，2019年孙灿同志获评"奋进新时代开启新征程"冬训专题微型党课大赛二等奖，余孝强等同志的多篇课题在全区社科应用课题中获一等奖。持续推进"吴江商务通"党建品牌和"开放新思、勤廉商务"文化品牌建设，2017年举办"朗读者：忆廉、咏廉、思廉——廉洁文化进外企"，2019年举办"壮丽七十年不忘家国情"主题教育诵读会活动，通过宣扬廉洁文化和爱国主义，在全区机关和外企中营造出"崇廉尚德、风清气正"的氛围。（图3-37）

吴江区商务局将紧紧围绕文明单位建设总体目标，坚持高起点定位、高水平服务、高标准创建，深入开展各项活动，努力提升市民文明素质和社会文明程度，保持"两勇一快"的奋斗姿态，不断增强工作的主动性，以更强的责任意识、更高的工作标准、更实的工作成效，为推动"两勇一快"、实现吴江高质量发展提供强大精神力量和道德支撑。

图3-37

苏州市吴江区行政审批局：
打造第一窗口文明高地"无疆服务"文明品牌

苏州市吴江区行政审批局立足政务服务工作实际，以"无疆服务"品牌为引领，创新服务方式，提升服务水平，有力地展示了文明风尚新形象。2017～2019年以来，荣膺省级文明单位称号，获2018年度苏州市为民服务先进集体称号，2019年度苏州市五一劳动奖状，"无疆服务 服务吴江"获苏州市机关优秀党建品牌，连续三年被区委区政府评为机关绩效先进单位，被区级机关工委评为吴江区服务先锋机关党组织，"行政审批服务创新推动'放管服'集成改革"入选吴江十件大事并持续保持省市区文明单位荣誉称号。（图3-38）

图3-38

厚植道德根基，秉承文明传统

思想引领激励担当 学习习近平新时代中国特色社会主义思想和党的十九大精神，开展"不忘初心、牢记使命"主题教育，共举办集体学习168次、集中研讨150次、对照"18个是否"检视问题80条、参加党员志愿服务850次、党员为身边群众办实事好事115件。举办"不忘初心、牢记使命"主题教育暨效能提升全员培训班，开展"不忘初心、牢记使命——锻造政务改革强军"知识竞赛、"不忘初心、牢记使命、砥砺奋进"微型党课比赛等。赴南湖区参观红船，学习红船精神，激励政务服务队伍担当作为。

主题宣教提升素养 加强社会主义核心价值观教育。在政务服务大厅显著位置开展"24字"社会主义核心价值观宣传，联合区文明办印制了《文明礼仪宣传手册》，向广大办事群众分发宣传，共创文明城市。每年结合主题开展系列"道德讲堂"活动，充分发挥"道德讲堂"以德育人、以文化人的优势。开展"诚信"教育，努力践行首问负责制、一次性告知制和限时办结制，提升服务效

能。借助中介监管平台，定期开展中介机构执业道德宣教，倡导"诚信、规范、自律"的经营理念。（图3-39）

图3-39

创新服务模式，提升文明水准

服务改革全省领先　加速推进"一窗受理、全科服务"政务服务模式改革。2019年，政务服务大厅建立"3+3"的综窗运行模式，在全省率先打造了集行政审批、便民服务、中介监管和公共资源交易"四位一体"的政务服务新格局。坚持"互联网+政务服务"导向，积极推进"四端两通"网上办理。以"一件事"改革为重点，推出"市外人才引进""出生一件事"等办理套餐，有效提升办事效率。推进长三角地区"一网通办"，在全国率先实现政务服务事项跨省异地可办，公布全国首批跨省政务服务事项异地通办审批标准清单，开通全省首家G60科创走廊长三角"一网通办"窗口和"出生一件事"联办窗口，在全省率先实现自助一体机事项跨区域通办。

"无疆服务"品牌文化　先后组织开展了"无疆服务"系列活动，形成"无疆服务"品牌文化。组建政务之声合唱团，推出原创歌曲《吴江政务服务之歌》《我是江南一扇窗》，在全区比赛中获得优异成绩。积极参加"吴江机关党建"品牌建设活动，获得品牌LOGO一等奖、品牌名称大众点评奖。持续深化"三项争创"竞赛活动。通过争创"一流服务环境、一流服务形象、一流服务水准"活动，打造政务服务新高地。建立"每天有回访，每周有反馈，每月有点评，每季有监督，每年有测评"的民主评议长效机制。开展"红旗窗口""服务标兵"评比活动，在政务服务系统形成了互评互比、赶超比拼的文明氛围。（图3-40）

履行社会责任，打造文明窗口

志愿服务奉献爱心　全局志愿者队伍人员占比达93.5%，吴江政务服务爱心助学队先后开展"爱心寻访""送温暖，献爱心"捐赠衣物等活动，赢得了社会良好反响。开展文明共建活动。与屯溪村结对，主动走访贫困户，传达组织关怀。积极开展"一联双管"，开展便民服务宣传，赢得群众的好评。开展

图3-40

社会公益活动。组织参加义务无偿献血、送医下乡等公益活动，深入社区、走上街头开展扶贫、交通疏导、行为劝导、环境检查等活动800多次。

文明实践融入服务 五色服务全省首创。在各级服务大厅推行"亲心蓝、暖心橙、协心绿、贴心黄、爱心红"五色服务，打造窗口服务文明高地。文明创建多措并举。以政务服务大厅为载体，多形式强化节假日、重要时间节点宣传教育，营造文明氛围。组织"文明城市、文明单位、文明出行"系列活动，每年开展"阳光政务、绿色出行"环保公益健步走活动，把文明行为延伸到8小时以外的生活圈。开展"人民满意"窗口创建活动。邀请人大代表、政协委员、机关干部、企业代表等社会各界人士加入政务服务社会监督员队伍，畅通政社互动渠道。

吴江区行政审批局将紧紧围绕文明单位建设"第一窗口文明高地"总体目标，坚持高起点定位、高效率运行、高水平服务，深入开展各项文明创建活动，努力创优"无疆服务"先锋品牌，展现政府第一窗口的文明担当，为打造"创新湖区"、建设"乐居之城"营造更优服务环境。

苏州市吴江区市场监督管理局：文明实践提效能，市场监管促发展

吴江区市场监督管理局成立于2015年，由原工商行政管理局、质量技术监督局、食品药品监督管理局合并组建而成，2019年机构改革之后，职能进一步

扩展到粮食、食盐监管、价格监管、知识产权保护等领域。

近年来，吴江区市场监管局坚持贯彻新发展理念，持续深化改革创新，立足市场监管职能，始终秉持"忠诚、干净、担当"的工作作风，致力于优化管理+服务的工作标准，践行"营造环境、守住底线、维护权益、促进发展、

图3-41

依法行政"的工作理念，为书写"创新湖区""乐居之城"新篇章做出新贡献。近年来，荣获江苏省文明单位、苏州市文明单位、2018年度企业上市工作先进单位等荣誉。（图3-41）

党建引领，凝心聚力促提升　吴江区市场监管局坚持党建引领，通过常态化党建活动学深悟透习近平新时代中国特色社会主义思想，持续巩固深化"不忘初心、牢记使命"主题教育成果，不断提高党的建设质量，推动全局各项工作有序开展。筑牢根基，提升向心力。局党委始终把党的政治建设摆在首位，坚决做到"两个维护"，坚持用党的科学理论武装头脑，不断提高党的执政能力和领导水平，深入开展党委理论中心组学习，重点对党和国家领导人关于疫情防控、复工复产、脱贫攻坚等重点任务相关讲话内容进行学习，确保全局上下统一意志、统一行动、步调一致向前进。深度融合，提升组织力。积极推行党建+文明工作模式，进一步发挥党支部的战斗堡垒作用，实现党建与业务工作深度融合，组织各基层分局在春节假期加班加点，全面落实疫情防控期间市场整治专项行动，严厉打击疫情期间假冒伪劣防疫产品、哄抬物价等行为，有效维护市场秩序。锤炼队伍，提升战斗力。按照"抓党建、带队伍"的工作思路，坚持把加强党的领导贯穿队伍建设始终，疫情期间先后组建党员先锋队、突击队、预备队"三支队伍"充实基层一线疫情防控力量，参加苏同黎公路黎里—西塘交通卡口疫情防控，参加防疫口罩制作志愿服务等各项活动120余人次，累计服务500余小时。（图3-42）

立足品质，强化服务助发展　全面深入贯彻苏州开放再出发大会精神，围绕区委、区政府的总体要求和主要预期目标，积极构建公平竞争的市场环境、

图3-42

亲清和谐的营商环境，继续围绕品牌建设、质量强区和标准化战略，扩大市场监管服务经济发展的溢出效应，助力吴江营造高质量发展"小气候"，全力构筑开发开放新格局。打造最优营商环境。坚持依法监管、执法有据、程序合法、罚教结合的原则，牵头相关成员单位丰富完善包容审慎监管"两张清单"，以此破解企业生产经营中遇到的难点、热点问题，仅2020年上半年，全区共涉及免于行政处罚案件397件，涉及金额152.57万元；涉及减轻行政处罚案件82件，涉及金额394.1万元。打造最响吴江品牌，紧扣"推进高质量监管，助力高质量发展"主题，整体统筹推进以质量品牌为核心的质量强区建设新格局。上半年江苏永鼎股份有限公司进入2019年江苏省省长质量奖公示名单，29家企业获评苏州市2020年江苏省工业企业质量信用A级企业，4家企业和个人申报2020年江苏省省长质量奖、30家企业拟申报苏州市质量奖。太湖电工等4家企业获得江苏省企业知识产权战略推进计划项目立项，新增知识产权管理标准化备案企业8家，77家企业进入"专利快速审查快速确权"审查通道。全区37家企事业单位主导或参与制修订发布国际标准1项、国家标准38项、行业标准26项。区政府"老有所养基本公共服务标准化专项试点"和平望镇"网格式智慧管理标准化试点"获批国家级标准化试点。（图3-43）

主动担当，全力护航"双胜利" 吴江区市场监管局把"六稳""六保"作为当前阶段首要任务，立足职能定位，主动担当，扎实作为，为疫情防控助力，为经济发展护航。保障抗疫物资生产供应。针对疫情期间全区防疫物资市场供应日趋紧张的情况，成立防疫物资生产企业保供生产工作小组，通过"一对一"联络机制实时掌握企业所需所求，先行先试"白雪医疗"复产模式，实现全区防疫物资产能从无到有。相继指导白雪、百利、涂泰克等企业通过绿色通道取得相关产品注册证、备案凭证9张，应急生产证件3张。督促全区21家民用口罩生产企业严格按照国家标准、行业标准进行生产，进一步增产扩能，保障防疫物资供应。维护市场物价秩序稳定。针对疫情期间口罩等防疫物资恶意涨价以及部分区镇出现哄抢大米等情况，立即排查各区镇经销

图3-43

单位，出动价格检查执法人员918人次，检查价格单位数量453个，发放价格政策提醒函129份。联合区医保局、卫健委，通过三个平台对全区医疗机构、零售药店和医药企业下发价格提醒函，组织人员上门书面送达价格提醒告诫书1062份。为确保市场秩序稳定，春节期间全局系统共出动检查人员19324人次，监督检查商场超市1034家次、农（集）贸市场591家次、药品医疗器械经营企业1044家次、食品销售和餐饮服务单位7379户次。（图3-44）

扩大范围，开启三地知识产权协保模式　为进一步提高长三角示范区知识产权保护综合实力，促进长三角区域经济共同发展，今年4月，青吴嘉三地市场监管部门共同签署"长三角示范区知识产权保护合作备忘录"，并发布了《青嘉吴三地重点商标保护名录（第一批）》，恒远、盛虹、亨通光电、通鼎光电、康力、桑罗、DER、巨峰、明港、凯伦十件吴江商标入选首批示范区知识产权保护目录。通过对该名录的宣传推广，提高入选商标知名度，并对优势企业、声誉较高、信用较好、易受侵权的商标予以重点保护。同时建立三地企业维权直通车，共同为权利人开展侵权投诉、商标鉴定、中国驰名商标申请认定

图3-44

提供指导以及便利条件。（图3-45）

图3-45

从严监管，重点行业守住安全生命线　2020年上半年，在防疫的重要时期，吴江区市场监管局按照"管行业必须管安全、管业务必须管安全、管生产经营必须管安全"的要求，强化隐患排查整改，严格查处违法违规行为，坚决守住全区食品药品、特种设备和重点产品安全三条底线。上半年共办理特种设备开工告知2205项，办理使用登记特种设备3555台，截至目前共查封叉车125台，排查涉危企业压力管道21.769公里、电站锅炉33台、游乐设施41台，立案查处特种设备违法案件10起，罚没金额58万元；截至6月17日，结合疫情防控相关要求，检查食品生产经营单位3349家、学校195家、校园周边食品经营单位219家；加强疫情防控医疗器械重点产品质量安全监管，严查产品进货关、质量关，一经发现来路不明、以次充好、假冒伪劣产品，从严从快处置，到目前为止，共检查药品零售企业4821家次，出动执法人员9600余人次。1～6月，共立案查处各类违法案件两百余起，疫情期间，共接到处理举报线索600余条，按照从重、从快、从严的原则对口罩、熔喷布、防护服等涉疫物品立案调查63起案件，移送公安部门10起，派出执法人员10万余人次，查获、查扣违规、假冒医疗器械121万余件，办结57件，合计罚没款达354万元。

文明餐桌，督促养成健康卫生饮食好习惯　疫情期间，全面强化集中用餐单位食堂规范管理，要求严格实行分餐制，指导食堂通过一人一桌、十字隔板餐桌等形式减少人员集聚风险，保证各项疫情防控措施和食品安全管理制度落实到位。更新文明餐桌公益广告，第一批发放宣传给小餐饮店4500多份。在日常监管检查中，重点检查小餐饮店公筷公勺的使用情况，保障市民文明用餐环境。同事配合各镇区联合开展农贸市场检查，活禽市场专项检查157次，关停活禽交易市场96个、活禽经营户188家，检查野生动物经营户1486家次。

以民为本，维护权益惠民生　吴江区市场监管局坚持以人民为中心，把维护人民群众合法权益作为一切工作的出发点和落脚点，以维权升级促进消费升级，努力营造安全放心的消费环境。进一步加强举报投诉中心规范化建设，每月发布"三级平台运行情况分析"，探讨疑难工单处置，排查薄弱环节和不足之处，不断提升整体处办质效。2020年上半年共受理各类投诉举报和消费投诉9673件，办结9193件，为消费者挽回经济损失306.97万元。深入开展与百姓生活密切相关的计量器具的监管管理，上半年共计检定民用水表和燃气表3.3万只、110家加油站的加油枪1397支、定量包装产品和商品154批次。重点开展集贸市场等计量专项监督检查，共计检查集贸市场14个次，查获违规电子计价秤26台，并召集全区56个农贸市场的主要负责人，通报专项行动查处情况，要求按时完成内部监督巡查和整改。（图3-46）

创新举措，文明创建持续推进在行动　紧紧围绕全区创建全国文明城市重点工作，以问题为导向，静态指标创一流，动态考核少失分，以扎实的举措推进文明城市创建工作。创新许可即办制度。坚持问题导向，落实小微餐饮即办制度、视频审查、网络申办、容缺受理等创新举措加快办证许

图3-46

可速度。对于申请预包装食品（不含冷藏冷冻食品）销售、经营者变更和经营热食类制售、自制饮品，试行直接办理食品经营许可证，平均办理时效由原来的10个工作日缩短为3天，2020年上半年已核发食品经营许可证3009张，全区累计达23288张。全面推广无理由退货。深入推进"放心消费在吴江"行动，助推打造"姑苏八点半·繁华吴江夜"特色夜经济品牌，在全区范围内推行线下实体店无理由退货承诺制度，截至6月24日，全区共有1995家商户加入无理由退货承诺，开展相关培训8批次，设置管理服务站15个，退货寄存点16个，累

计完成无理由退货86件，涉及金额4.85万元。加强网格巡查力度。实施食品经营企业网格化管理，进一步加大管理和巡查力度，推动食品经营行业持续健康发展，不断提升食品安全水平。根据吴江开发区和东太湖度假区实际情况，实行分片划区、分区分类监管模式，结合相关管理要求划分A、B、C、D四个区域，针对发现的不亮证经营、文明餐桌张贴不到位等问题，及时落实整改措施。结合餐饮业复工复产和防控需要，督促从业人员穿戴工作衣帽上岗，倡导使用公筷公勺，提升食品经营行业整体形象，增强老百姓对食品安全的获得感，提升文明创建整体水平。

热心帮扶，文明实践志愿服务暖人心 吴江区市场监管局成立区市监局机关志愿服务队，志愿者人数达到员工总数的90%以上，逐步完善志愿活动管理流程，考核机制，并积极参与区文明交通、志愿者进社区、垃圾分类入户宣传等各类志愿服务；用好3·15消费者权益日、5·20世界计量日、质量月等活动，发挥专业优势，提供便民志愿服务，充分履行好社会职责；积极参加街道"大工委"、社区"大党委"、党员"一联双管"等共建活动，与北门社区共同开展"一联双管我们齐向前"安全健康社区行活动，与东门社区共同开展"特种设备安全进社区"活动，为结对社区提供具有单位特色的联合志愿服务活动；持续深入开展"阳光扶贫"活动，帮扶对口贫困家庭、为结对乡村办实事解难题，常态化进行慈善捐助、无偿献血等公益活动。

弘扬新风，文化引领育新人聚人心 不断完善单位文化建设，构建和谐人文环境，培养"忠诚、干净、担当"的工作作风。注重对优秀年轻干部的培养，放到任务多，责任重，要求高的岗位锤炼，实现点面结合，持续优化，促使年轻干部快速成长；大力发掘、宣传近几年来涌现出的先进集体和模范人物，依托单位的14名各级劳模，开展"劳模讲堂"系列活动，进一步发挥劳模的引领带动作用，激励单位干部职工讲奉献、传经验、增意识、促发展意识，提升单位干部职工综合素质，打造单位文化品牌；开展一系列文体活动，举办职工运动会、"不忘初心、牢记使命"——庆祝中华人民共和国成立70周年职工书法比赛、"市场监管好声音"文艺会演等群众性文体活动，弘扬中华民族优秀传统文化，丰富干部职工的业余文化生活。

吴江区市场监管局将持续围绕文明单位建设"营造环境、守住底线、维护权益、促进发展、依法行政"总体目标，积极培育社会主义核心价值观，以文明创建为契机，促进文明执法、文明实践，服务经济发展、提升部门形象，紧紧围绕区委、区政府的中心工作，全力助推吴江示范引领长三角地区更高质量一体化发展。

江苏省苏州市吴江区烟草专卖局：同心致远，争当先锋

理论指导，精神丰收　近年来，江苏省苏州市吴江区烟草专卖局坚持以习近平新时代中国特色社会主义思想为指导，全面贯彻党的十九大精神，坚持物质文明建设和精神文明建设"两手抓、两手都要硬"的战略方针，大力推进社会主义精神文明建设，以事业至上、规则同行、和衷共济、开放务实为核心价值观，为文明城市建设做出积极贡献。2019年获评江苏省文明单位。（图3-47）

党建引领，对标对表　扎实开展主题教育。紧紧围绕"守初心、担使命、找差距、抓落实"的总要求，以纪实表的形式推进主题教育落地，"学习强国"参与度和人均积分均位于区级机关前列，"四个走向""全员联动"激活了调查研究和问题检视，整改落实也取得扎实成效，得到了国家局第六巡回指导组的充分肯定。（图3-48）

图3-47

践行德育，模范领衔　开展"共产党员正家风"主题活动，举办"道德讲堂"和"中国好人"先进事迹报告会，常态化开展社会主义核心价值观和"四德"教育。李国弘同志荣获吴江区十佳法治人物，发挥先进典型示范引领作用。

图3-48

文明实践，志愿新风　组织"同心"志愿服务队积极参与区文明办开展的"我为城市添光彩"和"文明实践进

网格——净美家园"新时代文明实践志愿服务行动，弘扬时代新风。面向全区零售客户开展垃圾分类宣传培训，开启"垃圾分类新时尚"。

投身公益、结对帮扶 开展无偿献血、"慈善一日捐"、爱心义卖、认领困难群众家庭"微心愿"、扶贫帮困等活动，送去烟草人的温暖。结对经济薄弱村，落实帮扶转化工作。结对困难零售客户，提升客户盈利水平。结对西塘社区，深化"一联双管"，获评吴江区"一联双管先进集体"。（图3-49）

图3-49

关爱学生，宣教执法 连续九年捐资助学外来务工人员子女学校贫困学童，为孩子们播撒阳光，点燃希望；开展"不向未成年人售烟"宣传教育活动，依法取缔中小学校周边100米内的卷烟零售户，以实际行动关心下一代健康成长。

吴江烟草以致远同心，弘扬文明风尚，履行社会责任为己任。践行绿色发展理念，以"江苏省公共机构能效领跑者单位"为标准，加强内部节约型管理。着力优质服务，打造服务型企业。提升员工服务意识和服务本领，切实提高服务对象的满意度，展现区服务地方发展作风效能先进单位风采。

苏州市吴江区气象局：观云测天显本领，用好气象服务民生

苏州市吴江区气象局成立于1959年，60多年以来，吴江气象始终关注阴晴冷暖，心系春露秋霜。近年来，吴江气象自觉践行"准确 及时 创新 奉献"的气象人精神，秉承"观云测天为人民，优质服务创一流"的服务理念，不断推进气象现代化建设，努力提升气象服务能力，持续加强气象科普力度。先后获评江苏省文明单位、苏州市中小学生综合素质发展活动基地、苏州市科普教育基地等。（图3-50）

"雷厉风行"强党建，学习理论强信念重落实 深入学习习近平新时代中国特色社会主义思想，党的十九大和十九届二中、三中、四中全会精神，推进"两学一做"学习教育常态化、制度化。坚持全面从严治党，扎实开展"不

图3-50

忘初心，牢记使命"主题教育活动，把学懂弄通做实习近平新时代中国特色社会主义思想作为首要政治任务。结合主题党日活动，上专题党课，开展教育实践，组织学习交流，重温入党誓词，激励干部职工不忘初心、牢记使命。开展"改革再出发 奋进新时代"开放式组织生活汇，每位党员精心准备，认真撰写读稿，结合气象工作实际，畅谈改革开放四十年的心得感悟。

"水滴石穿"重学习，践行社会主义核心价值观出实效 发挥自身优势，充分利用LED室外大屏、多媒体显示屏等载体，宣传十九大精神实质和内涵、社会主义核心价值观等，营造宣传教育氛围，做好思想引领和团结引导工作。联合区文明办印制《文明礼仪宣传手册》。落实《新时代公民道德建设实施纲要》《新时代爱国主义教育实施纲要》，广泛开展"四德"教育，组织学习崔根良、王继才等先进人物先进事迹，聆听苏州市气象部门先进代表蒯志敏同志先进事迹，调动干部在工作中发扬精雕细琢的工匠精神，全心全意为民服务。深入开展道德讲堂活动，融合社会主义核心价值观、诚实守信、家风家训等内容，创新活动形式，引导干部职工树立正确的价值取向，增强道德荣誉感。

"腾云驾雾"求精准，提升优质服务展形象 围绕社会主义核心价值观，结合气象部门特色制定有气象服务守则、窗口服务行为规范、防雷工作十个严禁等规章制度。注重职业精神建设，自觉践行"准确 及时 创新 奉献"的气象人精神，2019年8月，面对超强台风利奇马，气象局严阵以待，实时监测、预报准确、及时汇报、科学决策、主动服务。及时启动气象灾害应急响应，多渠道延伸气象灾害预警信息传播，通过国家突发事件预警信息发布网、吴江气象官方微博、电视、电台及全区173台气象预警显示屏及时向社会公众发布气象灾害预警信息，发挥"消息树、发令枪"的作用，用实际行动践行初心使命。开展全方位气象服务，2019年全年发布各类气象服务材料：专题气象服务共48期，空气质量预报365期，为农气象服务29期，重要天气报告8期，太湖蓝藻监测日报214期。认真履行防雷安全监管职能，做好防雷安全重点单位隐患排查，加强对防雷安全重点单位的防雷减灾知识培训，增强企业主体责任意识。

"风和日丽"行实践，倾心志愿服务讲奉献　全局所有志愿者，多次参加气象防灾减灾科普教育、文明交通、文明城市等志愿服务。开展气象科普进农村、学校、社区、企业科普"四进"的情暖使者志愿者服务。利用3·23世界气象日、5·12防灾减灾日、全国科普日等，开展文明交通宣教实践活动，志愿者通过拾捡道路垃圾，劝导行人保持街道环境卫生等方式，传递交通安全和环境保护意识。巾帼志愿者积极参加献血志愿服务。

"风轻云淡"助公益，做实城乡结对惠民生　结对震泽镇三扇村，扎实开展"大走访""阳光扶贫"工作，关心困难群众生活，竭力解决实际困难；结对梅石社区，开展"一联双管"活动，把气象服务、气象科普带进社区。热心支持公益事业。组织开展慈善捐款、"衣加衣献爱心"等活动。

"雷公电母"优展示，推动文明实践换新颜　2019年，"感知气象——吴江区气象科普馆"文明实践点正式启用，实现气象科普"感知、智慧、融合、互联"模式的联动，带动气象科普理念、内容、传播等的创新，成为"江村娃气象站"气象科普文明实践服务品牌的重点项目和重要支撑。启用以来，面向全区中小学生开展气象科普活动50余场，共接待公众3000余人次。带动广大市民，尤其是中、小学生，树立气象防灾减灾、趋利避害的意识，也为吴江未成年人开展社会实践活动提供新场所，创建新平台。（图3-51）

图3-51

气象工作关系生命安全、生产发展、生活富裕、生态良好。吴江区气象局按照监测精密、预报精准、服务精细的要求，全力做好气象服务，服务吴江经济和社会有序发展，充分发挥气象在防灾、减灾、救灾中的"第一道防线"作用。

中华人民共和国吴江海关：踞吴越胜地，铸忠诚国门

近年来，吴江海关坚持以习近平新时代中国特色社会主义思想为指导，积极贯彻落实上级海关工作要求，紧紧围绕吴江区委区政府工作部署，以培育和践行社会主义核心价值观为根本，以思想道德建设为主线，立足吴江实际，聚焦聚力"两勇一快"，以服务人民、奉献社会为宗旨，以提高海关队伍素质、树立良好海关形象为根本，深入开展文明单位创建活动，取得了精神文明建设和业务建设齐头并进、相得益彰的良好成效，为服务吴江开放型经济发展和"强富美高"新吴江建设做出了积极贡献。

吴江海关先后被评为江苏省文明单位、苏州市文明行业、南京海关2016—2019年度先进集体、吴江区机关作风效能建设先进单位、吴江区机关绩效管理优胜单位、吴江区"融入式党建示范点"、连续6年获吴江区"服务先锋机关党组织"，报关厅荣获省二星级青年文明号，第二党支部荣获海关系统先进党支部、江苏省机关党建工作先进集体等荣誉。（图3-52）

党建引领，筑牢理想信念之门　坚持把高质量党建引领作为贯穿中心工作

图3-52

发展的鲜明主线，固本培元永葆政治本色。

◎ 党委班子强则事业兴。机关党委班子聚焦主责主业，充分发挥职能作用，不断强化高质量党建对工作的全面引领。党委委员率先垂范，充分发挥头雁效应，深入探索优化基层党委工作机制，聚焦"把方向、管大局、保落实"功能定位。

◎ 支部强则堡垒强。基层党支部发挥战斗堡垒作用，扎实推进"四强"支部创建，探索并不断完善吴江海关"智慧党建""党建积分管理"，实现"一支部一品牌"百花齐放良好态势。

◎ 支部强则干部强。党员干部一马当先，"我是党员我先上"，党员突击队、应急预备队、志愿服务队挺身而出显本色，充分展示出党员先锋模范作用。

◎ 干部强则作风强。春风化雨，廉以立身。吴江海关持续加强自身建设、内控建设、作风建设、教育监督，倾力打造"鲈乡清风·吴关廉韵"党风廉政品牌，实现"党风廉、作风硬、政风优、家风好"。（图3-53）

图3-53

图3-54

聚力重点专题，服务长三角一体化示范区建设之门　吴江海关持续发力，与青浦海关、嘉兴海关保持深度合作，共同商定长三角一体化示范区海关相关工作实施方案，开展常态化沟通协调，今年以来三地海关在嘉善、青浦、吴江就国门生物安全联合监测、企业联合认证、支持示范区内三个综合保税区高水平开放高质量发展举措等专题开展了多次集中研讨。（图3-54）

聚焦"六稳""六保"，敞开解决企业发展问题之门　继续支持企业复工复产坚持企业问题清零机制，认真落实上级海关应对新冠肺炎疫情支持外贸平稳发展举措和吴江区政府惠企18条措施。实施"不见面审批"，通过远程视频连线等非现场的方式实施网上稽核查和主动披露；建立多个海关业务办理微信群，做到业务办理"零阻碍"，通关"零延迟"。关领导带队深入重点企业走访调研，实行"一对一"对接。今年以来已解决进出口企业个性化问题20余个，特事特办高效验放防疫物资，助力特色农产品出口，指导企业开展主动披露等措

图3-55

施都得到企业的高度赞誉。今年以来，学习强国、国门时报、海关总署门户网站等媒体报道吴江海关支持企业复工复产工作成效100余篇次。（图3-55）

落实政策，保障企业享受权益的便捷之门　吴江海关在落实国务院关于促进综保区高水平开放高质量发展21条方面保持领先。第一时间向有关部门通报《综合保税区发展绩效评估办法（试行）》，目前已落地实施检测维修、委托加工等11项措施，落地数量位居南京关区前列；积极扩大一般纳税人试点，今年以来为9家试点企业实现非保税货物进出区抵扣金额千万元；大力支持区内制造业龙头企业承接境内区外委托加工；支持跨境电商保税模式扩量增质，促进产业做大做强，目前区内有4家电商企业，涉及婴儿纸尿裤、奶粉等商品大类80项。

蹄疾步稳，大力推进重点改革项目之门　吴江海关加强产地证签证政策宣传，精准指导企业实现证书自助打印；积极推行预约签证，为辖区552家企业提供预约签证服务，实现"零接触"办理产地证；对中达电子（江苏）有限公司等3家AEO企业实施信用签证；推行原产地证书邮寄业务，让签证企业"少跑腿"；同时积极推行一般原产证书智能审单、无纸化申报及全国一体化签证等签证便利举措。组织开展全产业链保税监管改革试点，扩大加工贸易联网监管、工单核销试点企业，助力企业减负增能。主动与省文明单位区商务局和中国人民银行吴江支行对接，强强联合稳步推进"关助融"项目。

诚信为先，打造企业信用体系把好国家经济之门　结合12·4宪法日、3·15国际消费者权益日、4·26世界知识产权日、8·8海关法治宣传日等开展专题活动，提高打击进出口环节的假冒伪劣、侵权行为力度，着力打造企业信用体系，落

实总体国家安全观，严厉打击洋垃圾和濒危物种走私，维护进出口安全。吴江地区10家企业通过了海关AEO高级认证，开展高级认证企业信用签证业务，为高信用企业开展"点对点"海关与企业协调员舒心服务。2020年以来挑选5家与"一带一路"沿线国家有贸易往来的重点企业作为今年AEO认证重点扶持对象，走访上市企业，助力提升合规管理和自律管理能力。

文明实践，爱心垒起志愿服务公益之门 依托吴江海关雷锋志愿服务小分队，制订服务计划，注册志愿者人数占在编人数比例100%，人均年服务时间超过27小时。三年来累计开展"党组成员挂钩服务区镇制度""企业问题清零机制"300次，解决具体问题600余件，组织进社区、进企业开展学雷锋志愿者服务活动3000余人次。每年组织开展慈善募捐、慈善一日捐、爱心包裹捐赠、爱心献血、普法宣传等各类扶危济困文明实践活动。近三年海关及干部职工累计募捐30万余元，组织爱心献血累计献血近20000毫升。（图3-56）

图3-56

扶贫抗疫，用行动铸就攻坚之门 2019年以来开展"走出去"计划，积极协助海关总署和南京海关推进卡嘎镇菜籽油加工这一援藏扶贫项目，主动与日喀则海关开展党建共建，联合开展"冬日暖心行动"捐赠活动。积极开展"城乡结对文明共建"活动。坚持落实"一联双管"党建共建协议，每年均联合社区开展春节、元宵节、重阳节等20余次帮扶慰问孤寡老人、生活困难群众，参与社区治安巡逻等活动。自2017年起深化党员干部进万家，与平望镇平安村结对共建，坚持每季度走访，累计捐助近8万元。2020年，面对这场没有硝烟的战疫，吴江海关党委闻令而动，遵令而行，靠前指挥、身先士卒。各党支部和党员同志挺身而出、冲锋一线，将战疫情、稳增长作为巩固"不忘初心、牢记使命"主题教育成果的试金石，充分发挥出党组织战斗堡垒和党员先锋模范作用，四名同志积极参与南京关区疫情防控工作及禄口机场应急支援工作。（图3-57）

图3-57

关心教育，建起青少年健康成长之门　发挥吴江海关国门生物安全防控实验室和电池实验室资源优势，为青少年开展社会实践活动提供便利。开展国门生物安全进校园活动，搭建青少年课外学习基地，让儿童了解外来有害生物和电池安全知识，引导建立正确的生态文明理念。一直把扶智作为扶贫的重要内容，先后长期资助了5位青少年，已有2名帮扶对象考上了大学，事迹被海关总署网站等多家媒体报道。

道德引领，拓宽社会主义核心价值观教育实践之门　广泛开展社会公德、职业道德、家庭美德及个人品德教育，发挥道德讲堂主渠道作用，推进党员素质提升、服务奉献意识，激发基层党组织的生机与活力。坚持每季度开展道德讲堂，结合实际选择专题，2017年以来开展了七一、十九大、树立勤廉家风、糖丸爷爷顾方舟事迹等共计12个专题宣讲活动，收到良好效果。先后邀请全国著名植检专家梁忆冰研究员、日喀则海关尼玛次仁关长等60余名专家授课，组织党员走进苏州主题教育实践馆等共计200次主题党日现场教育。

行武风格，探索治理体系和治理能力现代化之门　以高质量管理导向，筑牢发展之本。坚定不移践行高质量管理，队伍建设面貌焕然一新。健全内部管理制度，严格落实准军事化纪律部队建设各项要求，坚持作风养成，不定期组织内务督察，每年组织队列训练，定期开展窗口专项整治、"内务规范强化月"等活动，以抓好准军事化纪律部队的优良作风展现海关风采，培树职业精神展形象。

◎ 强化法治海关建设。以"一厅一廊三室"多个载体构筑"法治吴关"框架，以"全关工作法制化、法制工作全关化"凝聚全员共识。

◎ 推进基层管理创新。2004年首创关员代表大会制度，坚持落实十余载，基层民主监督有了有效抓手；关区率先建立"业务专业协作机制"，7个协作小组推动海关业务协调统一。

◎ 不断加强队伍能力建设。牢牢抓住科级干部这个"四梁八柱"，为科长搭建干事创业的舞台；积极探索落实职工问题清零机制，落实严管厚爱具体要求；着力打造"书香吴关"氛围营造，课题、论文屡创佳绩。

2018年，国务院机构改革为吴江海关带来了崭新的发展机遇，新一届吴江海关党委坚持以习近平新时代中国特色社会主义思想为指导，大力践行海关总署"五关建设"，聚焦南京海关"再立新标杆、再创新辉煌"共同愿景，牢固树立起"五个高质量"工作思路，以争先进位的思想自觉和行动自觉，吹响了高质量发展的雄壮号角，踏上了砥砺奋进的新征程……

国家税务总局苏州市吴江区税务局：
"税映锤红"谱新篇，凝心聚力促发展

国税地税征管体制改革以来，苏州市吴江区税务局顺应新形势，认真落实"六稳""六保"决策部署，在"税映锤红"党建品牌的引领下，旗帜鲜明讲政治，纵合横通强党建，政治领导力持续增强，基层组织力不断提升，队伍战斗力得到强化，文明实践力日益彰显，为经济社会发展贡献税务力量。吴江区税务局先后荣获了全国税务系统先进集体、江苏省国税地税征管体制改革先进集体、江苏省文明单位、江苏省五一劳动奖状等荣誉，并通过"省级廉政文化示范点"验收。（图3-58）

党建品牌引领，强红色引擎 吴江区税务局确立了"税映锤红"党建品牌，同时构建"一支部一品牌、一小组一亮点、一党员一旗帜"的党建新格局，丰富完善了"样样红""税苑先锋""太湖红帆"等子党建品牌，不断凝聚"红色"向心力。通过发挥新纵合横通强党建机制体系优势，纵向到底压实主体责任，横向到边织密组织网络，深入开展基层党建示范点建设，扎实开展党支部标准化、规范化建设，结合星级支部创建，激发基层党建活力。深入实施"党

图3-58

建引领促发展提升行动"，以新时代党的建设总要求为遵循，以政治建设为统领，围绕"党建引领促发展、为民服务践初心"的行动理念，通过建强红色引擎、打造红色堡垒、高举红色旗帜，进一步发挥党委领导作用、支部堡垒作用、党员先锋作用，以高质量党建工作引领推进新时代税收现代化。开展"党建惠企"专项行动，强化真心诚意的惠企理念、落实真金白银的优享政策、推出真招实举的专项服务、优化真情便捷的办事流程、畅通真诚对话的交流渠道，组合释放"党建红利"，一方面线上组织20场党建惠企专场政策宣讲活动，线下开展2场税企沙龙，为企业"送政策、问需求、防风险"；另一方面，制定税务分局（所）与民营企业党建联建"16项措施"，与辖区内重点税源企业进行党建联建，助推企业发展。

落实一体化发展，保产业链稳定 吴江区税务局与青浦、嘉善税务机关签署了《长三角生态绿色一体化发展示范区税务党建联建方案》，将工作目标定位为党建引领税收征管一体化、纳税服务一体化、税收宣传一体化和人才培养一体化，推动跨区域发展和税收现代化。同时成立了青嘉吴税收保障进博会联合志愿服务队与青嘉吴税收服务长三角一体化发展联合志愿服务队，并以此次党建联建为契机，进一步发挥三地党建引领作用与税务协同示范效应，携手助力长三角示范区的税收工作更上新台阶。联合上海青浦、浙江嘉善税务部门启动了税收助力打通产业链——"云链通"行动，为长三角一体示范区企业协同复工提速扩面。以"云链通"平台，三地税务部门通过建立"一企一档"清

145

册，运用增值税发票等大数据精准匹配符合条件的产业链企业，每"档"都会安排"税务管家"洽谈意愿，从而促进供需双方精准对接。自2020年4月17日"云链通"行动开展以来，三地税务部门已为41户企业匹配79户上下游企业清单，其中吴江税务已为辖区内14户企业成功匹配17户，相关做法被《经济日报》《光明日报》《中国税务报》、国家税务总局网站、《朝闻天下》、人民日报经济网、学习强国等媒体报道。打造"云迁移"催生经济动力，跨省迁移业务由原先用时15个工作日变为1个工作日，实实在在激发长三角区域经济发展动能，为加速高质量一体化发展进程创造了更好的条件。以"云辅导"提升环境实力，通过云课堂、云咨询等远程互联，实现资源共享、咨询互通、业务互融，以税收服务智慧化，助力长三角一体化更高质量发展。作为首批长三角区域一体化智慧税务试点单位，吴江区税务局还聚力打造智能办税集成中心，为纳税人缴费人提供全链优质服务。

开展志愿活动，为实践加分　　立足实际搭平台，志愿服务活动常态长效。吴江区税务局紧紧围绕脱贫攻坚、垃圾分类、文明城市创建等当前重点工作开展新时代文明实践志愿服务活动，在城区分局设立新实践文明实践点，将核心价值观文化融入办公环境，宣传道德风尚和文明礼仪，文明守礼在全系统蔚然成风；同时走进企业、社区、校园，开展"税务知识巡讲"，宣讲个税申报、企业线上办税等与市民群众息息相关的知识，设立"纳税人开放日"，邀请纳税人代表走进办税厅各个功能区，全流程、全方位体验，零距离感受税收工作。与三村社区"大党委"开展党建三人行、我为书香添芬芳图书募集活动和文明城市创建暨生活垃圾分类宣传活动，弘扬文明新风、推动绿色发展，助推社会文明风尚的形成。精准扶贫担责任，志愿服务被赋予新时代内涵。弘扬社会主义核心价值，积极承担社会责任，深入七都镇双塔村进行定期走访、因"户"施策，从修桥筑路到新建医务室、老年活动室；从帮扶投资镇区商业用房获取稳定租金收益，到扶持村级企业发展增强"造血"功能。2020年上半年，"阳光扶贫"先后结对帮扶8个社区（村）、91户低保贫困户，同村民一起谋求发展机遇，为贫困村走出困境注入"税务活力"。壮大队伍树品牌，志愿服务精神深入人心。以"中国好人"为引领，建立志愿服务品牌，形成了以党员志愿者为主体，青年志愿者为中坚骨干，群众志愿者为补充的志愿者队伍格局，倡导全员参与志愿服务活动。"中国好人"朱舜勤带头参与河长制巡河活动，努力为文明城市长效管理贡献力量。大力弘扬"奉献、友爱、互助、进步"的志愿精神，传播志愿服务理念，广泛开展"我们的节日"主题活动，让干部职工在小活动中感受到祖国的传统节日文化，培育知荣辱、讲正气、作奉献、促和谐的良好风尚。（图3-59）

先锋模范带领，举文明旗帜　坚持和完善重温入党誓词、党员过"政治生日"等政治仪式，使党内生活庄重、严肃、规范。引导广大党员投身"为中华民族谋复兴，为中国人民谋幸福"的伟大事业，增强"全心全意为人民服务"的行动自觉。在疫情防控、落实减税降费政策、优化税收营商环境等重大任务、重点工作中，采取成立党员突击队、青年先锋队等方式，搭建党员干部干事创业平台，引导党员

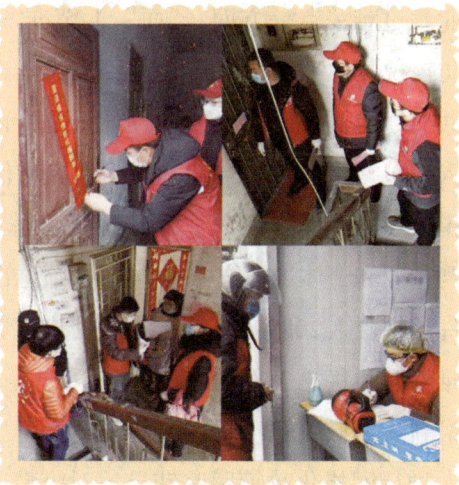

图3-59

干部在急难险重任务中走在前、作表率。在纳税服务、税源管理、风险应对等税收服务管理一线，通过佩戴党员徽章、设立党员先锋岗、设立党员责任区、公开承诺践诺等方式，强化党员身份意识，发挥党员先锋模范作用，助推税收工作、疫情防控互促互进。新冠肺炎疫情发生以来，吴江区税务局第一时间抽调50%的党员，机关支部和分局支部书记关键时刻投身一线靠前指挥，勇挑重担带领广大党员干部成立抗击疫情突击队，税务志愿者团队众志成城、心手相牵，毅然冲在防疫第一线，直入高速出入口、深入乡镇社区，协助做好体温检测、防疫宣传、人员摸排登记、环境卫生消杀等工作，助力全区打好疫情防控攻坚战，用实际行动践行初心使命。累计184名干部职工，志愿服务时长逾2万小时，连续29个日夜的奋战，连续20个防控点的默默坚守，将点滴力量汇聚在一起，凝心聚力驱散疫情的阴霾，在这场没有硝烟的战场上，展现了最美"税务蓝"，成为最美"逆行者"！

税费优惠给力，保市场主体　减税降费是党中央、国务院统筹国际、国内

形势和经济社会发展大局做出的重大决策。减税降费直接惠企惠民、公平高效，是供给侧结构性改革和应对经济下行压力的重大举措。吴江区税务局切实提高政治站位，第一时间召开党委会，制订《减税降费新政落实方案》及分工责任明细表和网格化服务名单，把全系统干部职工的思想迅速统一到落实国家重大决策部署的高度上，坚决把该减的税减到位、把该降的费降到位，帮扶企业渡过难关。一方面，"面"上精准宣传到位，梳理总局、省政府、省局疫情防控税收优惠政策，共梳理19大类优惠政策惠及点，筛选出符合优惠条件的公共交通运输、生活服务、为居民提供必需生活物资快递收派服务三大行业纳税人（包括个体户）3458户，筛选出增值税征收率税收优惠符合条件的小规模纳税人（含个体工商户）65532户，延缓缴纳所得税税收优惠符合条件的小型微利企业和个体工商户109924户，筛选出困难行业企业延长亏损结转年限优惠条件的纳税人2089户；筛选出对受疫情影响严重行业房产税、城镇土地使用税困难性减免优惠条件的纳税人1356户等，微信"点对点"、发送手机短信，进行最新优惠政策精准推送。另一方面，"点"上跟踪辅导到位，对所辖管理纳税人进行网格化政策跟踪辅导，对疫情防控优惠政策适用企业，采用电话提醒、上门辅导、QQ群、微信群等形式进行网格化服务，了解纳税人享受政策情况、诉求及意见建议，并建立辅导台账，后续对落实情况跟踪管理。

纳税服务添力，保基本民生　吴江区税务局围绕"减税费优服务助复产促发展"，及时跟进纳税人、缴费人复工复产中的痛点、堵点、难点，持续优化税收营商环境，全力支持企业复工达产。推进自助办税社会化布局，在全区各区镇开设契税征收点，实现房产交易事项全城通办，积极推进"苏易登"存量房平台的落地进程，努力实现"不见面"网上申报纳税，从根本上解决房产交易中的痛点问题。深入推行非接触式办税缴费，2020年上半年非接触式办税率达99%以上。不断拓宽"网上申领、邮寄配送"发票、无纸化方式申报出口退（免）税以及通过传真、邮寄、电子方式送达资料等业务范围，发票线上领用占比达94.2%，全区车购税网上申报比率达到89%，新增个体双定户自主开票220户，办税人办税缴费更加便利。同时，压缩退税办理时间，一类纳税人申报退税办理时间压缩至1个工作日，无风险的二类、三类纳税人不超过5个工作日，2020年上半年二类、三类纳税人办理出口退税比去年缩短了0.5个工作日，申请留抵退税当天完成比例达91.7%。微信"点对点"推送41.74万条、短信推送139.35万条，共举办10期直播课堂，微信公众号推送各类专题政策191条，特服号总接听量为55312条，QQ群、征纳互动平台日均解答纳税咨询150个。协同银行机构持续加码"银税互动"，拓展线上"金融街"平台，将税收信用转化为贷款信用，积极帮助企业解决流动资金短缺问题，进一步打通梗阻畅通经济循环，推动保民生、稳市场、促发展。

社保减免助力，保居民就业　为贯彻落实党和国家关于新冠肺炎疫情防控工作的重要指示，纾解企业困难，推动企业有序复工复产，支持稳定和扩大就业，2020年党中央、国务院已多次出台社保减免缓政策，以支持实体经济复苏。吴江区税务局切实履行职责，主动加强与人社、医保、财政等部门的沟通，拟定吴江的社保费"减、免、缓"操作口径，参与企业类型划分，确定减半征收社保户数，全力做好疫情防控期间企业社会保险工作，进一步帮助企业应对风险、渡过难关，减轻企业和低收入参保人员今年的缴费负担，确保企业社会保险费减免等各项政策措施落实到位。在国务院减免政策公布后，密切关注政策要点，立即暂停2月企业社保费批量扣款的同时，无须缴费人申请，协调人社、财政部门采用"直接退"的方式，即刻停止已征收的2月费款，累计退费370户、706.75万元。对减半征收的大企业，布置分局逐户宣传缓缴政策，共有8户大企业，约6000万元社保费申请缓缴，2020年上半年共享受阶段性减免企业社会保险费企业22515户。

乘风破浪会有时，直挂云帆济沧海。吴江税务将继续高举党建旗帜，把党的领导贯穿到税收改革发展等各方面、各环节，坚守税务机关政治属性，主动融入长三角一体化发展大局，让融合党建真正成为攻坚克难的金钥匙、税收发展的总引擎，奋力谱写好中国税务现代化的吴江篇章！

苏州市住房公积金管理中心吴江分中心：
文明实践融入民生服务，助力建设"乐居之城"

公积金，惠万家。以1993年为起点，吴江的公积金事业从零起步，逐渐发展到现在的规模，28年沧海桑田，28年风雨兼程，28年见证了吴江的快速发展，

"安得广厦千万间，大庇天下寒士俱欢颜"。近年来，苏州市住房公积金管理中心吴江分中心致力于公积金制度普惠群众，在认真贯彻落实《住房公积金管理条例》的基础上，通过政府推动、宣传发动、部门联动、典型带动，使覆盖率不断提高。同时，积极发挥住房公积金政策性贷款低利率优势，不断扩大住房公积金贷款惠及面。截至2020年5月末，公积金缴存人数近30万，公积金归集余额76.13亿元，公积金贷款余额54.74亿元，为近3万户购房家庭提供资金支持。累计支持职工购房面积达377.67万平方米，资金运用率为71.9%。累计实现廉租住房建设补充资金2亿元，支持地方财政投资公共租赁住房建设。

苏州市住房公积金管理中心吴江分中心按照高举旗帜、围绕大局、服务人民、改革创新的总要求，以社会主义核心价值观体系建设为根本，大力开展群众性精神文明创建活动，不断拓展文明创建领域和阵地，丰富文明创建内容与形式，努力实现便企惠民和文明建设双提升。近年来，先后获江苏省文明单位、省级工人先锋号、省级青年文明号、省住房城乡建设系统优质服务窗口、苏州市级青年文明号、苏州市级巾帼文明岗、苏州市级廉洁文化示范点、苏州市级文明单位等荣誉。

提升理论修养，培育队伍文明气质 围绕提升学习能力抓作风。认真落实"三会一课"，积极推进"两学一做"学习教育常态化制度化，扎实推进基层党建工作责任制落实。坚持把学习习近平新时代中国特色社会主义思想和党的十九大精神作为首要政治任务紧抓不放，通过自学、集中学、专题辅导等多种方式，将理论学精学深。多次组织职工赴厦门大学、湖南大学等地开展党性锻炼和综合素质提升课程。组织参加系统内公积金从业人员职业道德讲堂，帮助提升职业道德素养。（图3-60）

锤炼工作能力，提升整体服务水平 认真开展"七五"普法工作，发放普法书籍，开展"12·4宪法日"法治宣传。加强执法队伍建设，组织参加学法专题讲座、行政执法人员培训。持续开展"撸起袖子大家加油干"系列活动，通过"专业知识大家学""专业技能大家练""爱岗敬业大家谈"等活动提高业务技能水平，培养复合型人才，提升职业道德素养。利用好"鲈乡社科大讲堂"和"走基地聚力量看变化"等平台，以"请进来走出去"的方式提高学习效果。（图3-61）

图3-60

图3-61

加强思想道德建设，努力践行社会主义核心价值观 平时以社会主义核心价值观严格要求，积极组织召开学习专题会。围绕"24字"每年举办读书活动，在干部职工中进行爱岗敬业、大公无私、廉洁奉献、艰苦奋斗的宣教。通过办公走廊、宣传栏、政务公开、服务大厅等不同形式，大力宣传社会主义核心价值观、中国梦内涵和志愿服务精神。（图3-62）

选树身边典型，传播优秀文明形象。组织开展"最美柜员"评选活动，通过网络投票及综合评定，评选出4名最美柜员，举办"润物无声"服务手书赠书仪式，选树标杆，以点带面，全面提升。每季开展道德讲堂活动，学习宣传道德模范，通过发挥榜样力量，培育行善举、做奉献的道德风尚。

图3-62

改善窗口服务，大力弘扬文明风尚。持续做好服务大厅巡检制度，优化一柜式服务体验，把首问负责制和一次性告知制落到实处。强化公积金业务风险管理与内部控制，进一步夯实业务根基。成立学雷锋志愿服务队伍，常态化开展学雷锋志愿服务活动。在服务大厅设置轮椅通道、扶手、母婴哺育室等设施，方便残疾人、孕妇儿童等前往大厅办理业务。做好垃圾分类，倡导绿色生活，反对铺张浪费。

弘扬奉献精神，关爱帮扶困难群体。以"党员干部进万家""一联双管"等活动为载体，采取主动上门、集中摆摊等形式，"走进社区、走进街道、走进家庭"，为百姓提供公积金便民服务。以"阳光扶贫"活动为平台，走进挂钩村，为低保及低保边缘户送上党员的一份关爱与祝福。每年开展"小包裹、大爱心"爱心包裹捐赠活动。

苏州市住房公积金管理中心吴江分中心将以习近平新时代中国特色社会主义思想为引领，在决胜全面建成小康社会进程中，定准服务大局的坐标、找对创新发展的位置、扮好聚焦惠民的角色，以永远在路上的执著把文明单位建设引向深入，凝聚发展力量，绽放文明之花。

国网江苏省电力有限公司苏州市吴江区供电分公司：
百年历程，人民电业为人民

吴江电力工业起步于1919年，至今已走过百年的发展历程。近年来，依托地方经济的快速发展，吴江供电实现了健康快速发展。特别是进入21世纪后，吴江用电实现了跨越式增长，全区全社会用电量由2000年的23.6亿千瓦时增加到2019年的288.35亿千瓦时，电网调度最高用电负荷达445.16万千瓦。目前，全区已经形成以±800千伏锦苏特高压苏州换流站为核心枢纽，区内500千伏变电所为电源，220千伏输电网和变电所为骨干，110千伏及以下配电网为支撑的网架结构，地区电网实现独立成片运行，所有220千伏变电所环网运行，坚持文明实践融入发展、融入民生，为吴江区聚力"两勇一快"、打造"创新湖区"、建设"乐居之城"提供了有力保障。（图3-63）

近年来，国网苏州市吴江区供电公司先后荣获全国实施用户满意工程先进

图3-63

单位（服务类）、国家电网公司一流县供电企业、国家电网公司新农村电气化建设先进单位、全国模范职工之家、全国"安康杯"竞赛优胜单位、江苏省电力公司先进集体、江苏省文明单位、江苏省电力公司安全生产先进集体、吴江区机关作风效能建设先进单位等多项荣誉称号。（图3-64）

强学习，筑牢思想底线 国网苏州市吴江区供电公司采用多形式、多层次的方式开展党员教育，推进学习教育常态化制度化。公司党委积极创新"三会一课"的形式和内容，组织实施实景党课、线上党课等，加强支部联动，切实增强组织生活的感染力、吸引力。每年组织党员参观廉政教育基地、家风家训

图3-64

传承馆等反腐倡廉教育基地，参加法院警示旁听，举办"预防职务犯罪"专题讲座，进一步加强党风廉政宣传教育工作，增强广大党员干部廉洁从政意识。

扬诚信，弘扬文明价值 持续开展诚信教育实践活动，积极选树身边的先进典型，通过公司网站、微信公众号等媒介，广泛宣传"苏州好人"吴坤林，"吴江劳模"张勇等的先进事迹，开展道德讲堂课堂，不断培育干部员工良好的职业道德。各党支部以开展"建凝聚人心好支部，做遵章守约好党员"活动为主线，深化应用《党员行为公约》，营造党员队伍带头践行社会主义核心价值观的浓厚氛围。

重服务，践行服务宗旨 公司始终坚持人民电业为人民的企业宗旨，"为美好生活充电、为美丽中国赋能"，坚决把国家电网公司员工服务行为"十个不准"、供电服务"十项承诺"贯彻落实到实际工作中去。今年，公司严格执行国家发改委提出"将除高耗能以外的大工业和一般工商业电价降低5%政策延长到今年年底"的工作要求和国家电网公司的决策部署，切实保障企业经济利益，推动实体经济快速复苏，2020年累计减免约9.8万户客户电费支出6.65亿元。（图3-65）

树风尚，履行社会责任 公司党员服务队开展各类文明实践志愿服务活动，主动走进企业，为企业提供政策咨询，解决用电难题；走进社区，为市民讲解安全用电和节约用电常识；走进敬老院，检查用电设备，及时消除用电安全隐

图3-65

患；走进福利院、走进贫困村户，开展爱心捐赠和爱心助学活动。公司青年志愿者定期在各镇区开展"小学生安全用电大讲堂"活动，用通俗易懂的语言，为学生们传递安全用电知识。

送关怀，传递企业文化　"退休礼"活动是公司"尚德四礼"文化体系的重要一环，是将传统文化融入企业文化的生动实践，是公司高度注重人文关怀、切实践行"以人为本"理念的具体体现。通过"退休礼"活动的举办，大家学习到了退休老同志默默奉献、务实苦干、忠诚担当的工作精神，同时也让大家深刻感受到了供电公司企业大家庭的温暖。公司依托各基层单位，统筹组织成立职工文体俱乐部，根据职工需求，对职工文体俱乐部进行了优化调整，目前成立了网球、瑜伽、烘焙等共12个职工喜闻乐见的职工文体俱乐部。建立领导干部"基层问计"制度，创新办好"5980"工程，完善职工诉求服务体系，积极为职工办实事、办好事。为困难职工子女发放助学金，勉励学子坚持勤奋学习，早日成才。（图3-66）

图3-66

中国邮政集团有限公司苏州市吴江区分公司：
奏响文明实践乐章，彰显"国家队"使命担当

中国邮政集团有限公司苏州市吴江区分公司（以下简称吴江邮政）是国有服务型企业，承担邮政普遍服务义务，受政府委托提供邮政特殊服务，对竞争性邮政业务实行商业化运营，担负着吴江全区党、政、军、民的基本通信服务任务。全区设有25个邮政支局，共辖有27个邮政服务网点，共有员工495人，下设四个党支部，共有党员62人。（图3-67）

吴江邮政始终牢记"人民邮政为人民"的初心使命，积极发挥实物流、资金流、信息流"三流合一"的独特优势，

图3-67

深入贯彻新发展理念，积极履行社会责任，不断拓展服务领域，提升服务能力，坚持把文明创建贯穿于各项工作始终，业务规模及发展质效始终保持全省同行业领先，第三方测评用户满意度指数逐年提升，持续将文明实践融入邮政服务。

近年来，吴江邮政先后被授予江苏省服务质量奖、江苏省用户满意服务明星企业、全国用户满意服务、全国用户满意服务企业、全国"安康杯"竞赛优胜单位、全国实施卓越绩效模式先进企业、全国质量奖、全国模范职工之家、五星服务现场等荣誉。2019年获评2016—2018年江苏省文明单位。

坚持党建引领，推进精神文明建设　深入学习习近平新时代中国特色社会主义思想和党的十九大精神，扎实开展"不忘初心，牢记使命"主题教育系列活动。强化党建共建，党委牵头搭建"鲈乡红"党建联盟平台，联盟单位从国企机关延伸到村镇社区共九家，通过支部结对聚合力，基层共建强服务，将党建成效切实体现在凝聚共识双向发力上；筑牢基层堡垒，通过设立行动党小组和旺季党员先锋突击队，积极开展"同频共振谋发展，上下联动战旺季"主题实践活动，在寄递双11等攻坚时刻党员挺身而出、冲锋在前。加强意识形态工作，规范新媒体平台建设和运营，全面加强新闻宣传及舆情工作；深化全面从严治党，持续扎实开展党风廉政和纪检监察工作，以高度的政治自觉、思想

自觉和行动自觉不折不扣落实巡视整改工作，与支部书记和各部门负责人签订"全面从严治党""党风廉政建设"主体责任书，组织参观反腐倡廉教育基地等，增强党员干部防腐拒变意识。

坚定理想信念，传承践行文明精神 常态化开展社会主义核心价值观宣传教育。开展"社会主义核心价值观""文明创建应知应会"等线上学习考试，员工参与率、合格率均达到100%。常态化开展道德建设教育。道德讲堂在网点全覆盖开展，持续开展传承好家风好家训、文明家庭创建等活动，连续涌现苏州市"最美家庭"等文明家庭4个。常态化开展诚信教育。针对全体投递队伍开展"一封信、一颗心"服务理念教育，认真落实"政治服务第一、通信质量第一、社会效益第一"宗旨，确保镇以上党政机关全部实现党报党刊当日见报，同时利用3·15、世界邮政日等重要时间节点，开展精神文明宣传倡议活动，深化推进"预防邮路"建设，规范诚信服务行为。

提升服务水平，全力打造文明窗口 改进服务质量，推进三年服务质量提升工程。常态化开展服务质量提升培训，上年组织营业、投递人员参加培训考试共计611人次参培参考率与考试合格率均达100%，员工统一着装上岗，坚持文明用语，准时开取信箱，主动上门收订报刊、为重病等特殊人群提供金融上门服务等延伸服务。提升服务效能，提升服务水平。对全区网点相继进行升级改造，布设智能自助设备96台，窗口统一设立服务意见箱，公布投诉电话号码和监督电话，广泛接收社会监督，不断提升窗口客户满意度。全面建设"邮爱驿站"，拓展爱心服务。在27个网点全面推开邮爱驿站建设，着力打造为交巡警、网格员、出租车司机、三轮车夫等户外作业者提供免费茶歇、饭菜加热等服务，被纳入区"我为城市送清凉"公益服务体系。（图3-68）

积极主动作为，创新邮政文明实践 新冠病毒疫情期间，吴江邮政第一时间开通抗疫物资捐赠免费寄、捐款汇款免费服务的绿色通道，先后通过绿色通道向武汉雷神山医院发运照明物资532件，向武汉医院发运口罩、手套、防护服、药品等百余箱。同时创新服务主动作为，勇于担当社会责任，配送防疫物资，服务全区市民配送线上订购的口罩6.39万件；配送蔬菜，开展防疫期间平价蔬菜寄递服务，为苏州全区乃至省外市民提供新鲜蔬菜2.95万件，保障市民"菜篮子"安全；配送教材，开展疫情期间教材配送服务，全面完成配书、包

图 3-68

装、打单收寄、装车发运、投递到户等工作，为27所学校配送教材7092件，暖心服务受到广大师生及家长好评；配送医药，为网上看病的患者提供药品配送服务，收寄药品546件；打印寄递教辅资料，服务中小学"空中课堂"需求，帮助"材料打印+寄递"服

图 3-69

务近千份，解决学生和家长的燃眉之急，以精准服务践行履行文明实践，服务民生需求。（图3-69）

聚力志愿服务，弘扬时代文明新风 多元化开展志愿服务。2019年组织参与"三下乡"、"四进社区"、无偿献血等志愿活动57次，共计2171人次，10条"爱心邮路"常态化开展暖心帮扶活动。连续十一年参与组织开展爱心包裹捐赠活动，累计捐赠包裹超5.2万个，筹集善款520万元。常态化推进绿色发展。坚决打赢污染防治攻坚战，深入开展绿色邮政建设三年行动，在各部门、各环

节实行"降本节能",同时联合城管部门线下开展"垃圾分类"进社区等活动,线上通过朋友圈叠加小游戏等方式,不断提高市民知晓率、参与率、传播率。联合水务局组建"护河邮路",首创河湖长效治理模式,荣获中国邮政"创新实效"三等奖、省邮政"十佳文明服务新事"。精准化推进电商扶贫。通过工业品下乡开展家电团购活动,助力535家邮乐购加盟店里完成便民缴费及自营批销商品的统一上架,助力精准脱贫、乡村振兴。

聚焦民主和谐,营造企业文化氛围 加强典型选树,3名员工入选苏州好人,工人先锋号、模范职工小家、巾帼文明岗、区级人大代表、青年岗位能手、一联双管优秀志愿者等先进典型不断涌现,形成学比赶超氛围;加强宣传引导,充分利用网点电子屏、展架标语等宣传阵地,播放社会公益广告,宣传反电信诈骗、反非法集资、反假币流通等,组建网络舆情队伍,传播微公益、微文明,营造文明创建氛围;加强企业文化建设,组织读书征文、演讲比赛、职工运动会、广场舞大赛等文体活动,完善职工阅览室、健身房等文体活动场所,以妇女节踏青摄影、儿童节亲子烘焙、中秋节诵读团圆等广泛开展节日活动,营造团结和谐发展氛围。

文明创建,重在建设、贵在坚持、活在创新。在新的发展征程中,吴江邮政将坚持以创建展形象、以创建树文明、以创建促发展,在文明创建活动中求真务实,开拓进取,展示企业精神和核心价值理念,推动精神文明建设与企业经营发展相结合,用绿色邮路播撒文明种子,不断赋予文明创建新内涵。(图3-70)

图3-70

中国电信股份有限公司吴江分公司：文明实践融入"智慧吴江"

中国电信股份有限公司吴江分公司（以下简称中国电信吴江分公司）是中国电信下属苏州本地网所辖县级公司，现有电信员工295人。近年来中国电信吴江分公司依托强大的固网、宽带和移动网络等资源优势，整合梳理各类需求，以智慧城市为切入点，建立了面向智慧政府、智慧民生、智慧产业三大领域的信息化业务体系，聚焦"新基建"，落实5G融合行业应用创新突破，积极推进以云计算、物联网、大数据、下一代互联网为代表的新兴信息技术的应用与合作，为吴江经济的发展和社会民生的改善插上了腾飞的翅膀。中国电信吴江分公司在追求企业价值增长的同时，坚持企业与社会、环境与利益相关者和谐共生，认真履行企业社会责任。获评江苏省"守合同重信用"企业、吴江区"一联双管"优秀成员单位、苏州市巾帼建功先进集体，获评苏州市文明单位、苏州市吴江区工人先锋号，两次获评江苏省文明单位和吴江区劳动关系和谐企业等荣誉。

党建引领，推进精神文明建设　公司各党支部、各部门切实加强组织协调，通过广泛的学习宣传阐释落实，推动新思想进一步深入人心、落地生根。领导干部发挥带头示范作用，以党委理论学习中心组为载体，以上率下全面系统学、深入思考学、联系实际学，做到学思用贯通、知信行统一。组织多种形式的党建活动开展习近平新时代中国特色社会主义思想主题教育，各党支部开展向优秀典型学习，深化初心意识，扎实推进各项党建工作。持续落实好意识形态工作责任制的各项要求，拓宽发展视野，运用战略思维，强化担当意识，守好阵地、管好队伍，牢牢掌握党对意识形态工作的领导权。通过党委书记上党课、青年党员参观学习、开展党建联盟共建学习等方式加强党员意识形态建设，巩固基层思想政治工作，树立正能量，不忘初心，牢记使命。（图3-71）

高点定位，助力智慧城市建设　在智慧城市建设方面，中国电信吴江分公司认真贯彻区委"两勇一快"工作精神，勇当智慧吴江建设"先遣队"、勇做助力智慧经济发展"领头羊"，积极参与智慧吴江建设，乘势推动吴江高质量发展快上新台阶。充分运用云计算、大数据等先进理念和技术，建设吴江区电子政务云平台，为政府管理和公共服务提供有力支持。吴江政务云上云单位约40家，

图3-71

有效提升了全区政务智能化水平。同时助力5G试点发展，截至2019年12月中国电信吴江分公司已完成区域内约50平方公里5G网络覆盖，今年开通已建成的5G基站453个中的226个，完成包含太湖新城主城区、盛泽主城区、同里、汾湖等核心区域5G网络开通，为广大市民提供高速的5G通信服务。（图3-72）

超前谋划，助推长三角区域一体化发展 根据长三角一体化区域内智慧园

图3-72

区建设进度、高新技术企业进驻情况，目前与区域内企业围绕车联网、智能机器人、智慧车间、智慧灯杆等垂直行业领域开展 5G 应用的落地研究。在配合吴江区建设长三角生态绿色一体化发展示范区方面，中国电信吴江分公司认真履行国企职责，在基础网络设施建设和维护方面，认真做到符合绿色、生态要求，大力做好吴江区光宽网络建设、无线 4G 优化和 5G 建设，搭建信息高速公路，为区域老百姓带来更加稳定可靠的信息化生活。

聚力服务，提升文明优质内涵 在客户服务上始终坚持实施"首问负责制"和"服务承诺制"，开展星级服务示范岗，对用户的反映、建议做到件件有登记、件件有处理、件件有回复，不辜负广大用户的支持和信赖。目前公司共有营业网点 181 处，另延伸增加对社区服务点的覆盖，让电信便利店更加贴近百姓，为广大用户更加方便、快捷地使用电信业务。持续提升主营业厅的管理，通过在厅内设立快捷台、绿色通道，在用户进厅后由引导员负责引导办理相关业务，做到快速筛选和快速分流，简单业务快速办理。不断加强培训，提升营业员业务能力、服务能力和规范办理能力。在 50 家门店开展"守初心担使命，全员服务在行动"活动，努力改善服务环境、不断提升服务能力、着力提高服务质量，为用户提供一流的服务、一流的产品、优惠的价格。对全区装机、维修人员进行工作技能、服务礼仪培训，加快将装维人员向装维工程师转变，尽可能满足产品新技术、新业务和用户新需求、新理念的要求，确保用户装维及时、网络畅通。

聚焦实践，开展文明风尚活动 建立志愿者服务体系，健全志愿者档案，完善志愿者招募机制和激励机制。发挥党员、团员发挥先锋模范作用，积极开展学雷锋日主题活动、结对帮扶、敬老爱老、慈善捐助、无偿献血等文明实践公益活动，积极组织未成年人开展课外教育活动。积极参与"三下乡"服务、3·15 消费者日服务等志愿者活动，组织青年志愿者参与"我为城市添光彩"新时代文明实践志愿服务行动。2020 年新冠病毒疫情期间，为汾湖派出所送去 40 套防护服、100 套隔离服及 1000 个医用口罩，以及时的物资支援助力当地派出所的防疫工作。（图 3-73）

服务攻坚，提供防疫技术支撑 2020 年新冠病毒疫情期间，中国电信牢记国企使命，协助地方政府为疫情防护提供信息力量。1 月 27 日为区疫情防控

图3-73

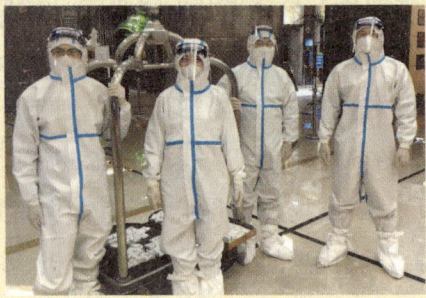

图3-74

小组医学观察点以最快速度建立应急网络，与医护人员一同打响阻击疫情的攻坚战。2月25日，为吴江中学安装4套热成像体温筛查设备并顺利调测成功，为平安开学做好准备。3月28日，为吴江区卫健委指定的集中隔离定点酒店海悦酒店安装325个智能门磁顺利交付，为疫情防控加上了一把"安全锁"。（图3-74）

培育新人，促进员工职业生涯发展 开展"普洱茶"计划，帮助新员工快速适应工作环境、融入企业文化氛围。组织新员工进行入职军训和井冈山理想信念教育。为新进大学生配备具有专业业务知识和丰富工作经验的导师，签订师徒协议，推进青年员工的综合培养和全面成长。关注青年工作和生活需求，提升归属感和凝聚力。举办新兵报到、开展主题活动，丰富青年精神生活。关注员工职业能力提升。鼓励员工立足岗位，在自身发展的同时为企业发展做贡献。组织形式多样的情景培训和实操训练营，有效提升员工的实战操作技能。开展道德风尚讲堂，宣传身边的榜样，鼓励奉献，企业内部展示劳模风采，弘扬劳模精神，开展劳模与青年员工对话交流活动，鼓励向劳模学习，崇尚奉献精神。

文明创建，共建电信幸福家园 中国电信吴江分公司始终坚持把文明创建工作列入党委、行政年度工作目标，从上到下逐级建立创建工作责任制。制订创建全国文明城市工作专项提升行动计划方案，切实配合好吴江区创建全国文明城市工作有关要求，坚持"以人民为中心"的发展理念，运用系统化思维，加强组织领导，强化责任落实，使创建工作形成体系，深入开展"创文明部室、文明班组、文明支局、文明员工"的活动，开展放心消费窗口、用户满意明星班组、"六好"支局、明星员工等评选活动，开展青年文明号和巾帼文明岗等评优工作。通过系列品牌特色活动，做到在目标上与企业实际接轨，使创建工作成为全体员工的自觉行动，营造创建氛围，让员工百分百知晓，做好迎检准备工作，做好日常巡检，发挥优势，争创文明先锋。

展示形象，加强公司文化建设 公司工会不定期组织开展各种丰富多彩的文体活动，如阅读、运动等文化体育类活动，放松员工身心，陶冶情操。开展丰富多彩的节日纪念体验，使员工感受到传统节日的文化氛围。春节期间开展青年公寓厨艺大赛；元宵节组织文艺晚会、开展呼啦圈、跳绳、踢毽子、猜谜等趣味游乐活动、"团团圆圆搓汤圆"的厨艺活动；举办"花样年华 与您相约"三八妇女节插花活动；五四青年节各部门开展部门团建和减压活动；六一组织开展上海科技馆亲子教育活动；中秋节组织青年员工座谈会。组织"天翼好声音"第二届职工歌唱比赛，员工足球比赛，"喜迎中华人民共和国成立70周年"主题书画、摄影展等文体活动，展示员工多姿风采。

中国电信吴江分公司始终坚持把企业文明创建融入城市文明的创建实践活动中，融入员工家庭文明建设中，同时，不断完善文明实践志愿服务机制，发挥通信行业特点在文明建设的作用，落实好净化网络空间，以党建融合精神文明建设，鼓励员工在本职岗位上践行传播文明责任：企业使命，让客户尽情享受信息新生活；三大目标，建设网络强国、打造一流企业、共筑美好生活；核心价值观，全面创新、求真务实、以人为本、共创价值；服务理念：用户至上，用心服务。

中国移动通信集团江苏有限公司吴江分公司：
文明实践融入服务，核心价值引领发展

中国移动通信集团江苏有限公司吴江分公司（以下简称吴江移动）始终坚

持高举中国特色社会主义伟大旗帜，以习近平新时代中国特色社会主义思想和党的十九大精神为指导，坚持以人民为中心的发展思想，抓住培育和践行社会主义核心价值观这个根本，围绕"核心价值引领更加有效、文化服务特色更加鲜明、员工道德实践更加自觉、企业文明涵养更加深厚"的总目标，广泛开展理想信念教育，深入实施公民道德建设工程，大力弘扬中华优秀传统文化、革命文化和社会主义先进文化，深化群众性精神文明创建活动，着力提高员工素质、培育优秀文化、树立良好形象，全面提升公司精神文明建设水平，有效增强企业软实力。

党建引领，专业革新提升服务品质　吴江移动始终坚持以习近平新时代中国特色社会主义思想为精神引领，不断加强社会主义核心价值观的宣传教育。通过开展"道德讲堂"活动，促使精神文明建设的氛围更加浓厚，客户服务更加深入细致。吴江移动上下全面聚焦4G、宽带等重点业务的客户感知，强化流程协同优化，提升触点服务质量，从网络服务、信息安全、资费优惠、透明消费、窗口服务等方面明确服务内容和标准，并进行对外公开承诺，高度关注广大用户的诉求和权益。开展"总经理接待日""用户监督委员会"等一系列诚信主题实践活动，切实提升客户满意度，打造优质服务口碑。（图3-75）

服务社会，坚守初心传递爱与温暖　在飞速发展的同时，吴江移动不忘服务为民，奉献社会，扎实推进网络扶贫工作。在挂钩帮扶结对的开阳村，公司大力优化网络配置，率先接通千兆移动宽带，覆盖开阳村用户600多家，结合公司的宽带优惠政策，组织党员突击队为村民现场办理并安装宽带，为开阳村

图3-75

经济发展提供了基础通信信息服务支持。利用基于宽带的监控产品"和目"，帮农民朋友解决安防难题。为开阳村打造"云MAS"短信平台，方便了村里组织生活的开展，保障党员学习权利。如今，开阳村宽带覆盖率显著提升，宽带资费大幅降低，网络应用加快普及。12岁男孩亮亮，在居家学习期间因没

图3-76

有条件安装宽带，多次去路边蹭网上课的故事引起了社会广泛关注，牵动了无数人的心。吴江移动得知亮亮的处境后，及时伸出援手，免费为亮亮安装宽带，解决他无法上网课的难题，展现出通信企业的社会责任与大爱精神。（图3-76）

深化转型，服务地方经济贡献力量 整治"小散乱污"企业的风暴愈刮愈烈。本地民营经济发展势头迅猛，小微企业多、纺织产业密集、工厂污染问题严重，如何通过信息化手段嵌入式监管企业环保合规生产，成为摆在苏州吴江环保监管部门的一道难题。秉承"绿水青山就是金山银山"的发展理念，吴江移动成功和当地政府达成近2亿元的5G智慧环保应用项目合作，为保护环境、治理污染、及时有效监督企业排污行为提供强有力的科学依据。该项目荣获第十六届中国

随环境保护执法力度的不断加强，全民吴江作为长三角一体化发展示范区，本

图3-77

信息港论坛中国5G创新与"智能+"应用优秀金奖。（图3-77）

抗击疫情，保证网络畅通服务在线 新型冠状病毒疫情发生以来，吴江移动切实把思想和行动统一到党和国家领导人的重要指示精神上来，牢记人民利益高于一切，按照党中央国务院安排部署，严格执行上级部门和地方政府关于疫情防控工作部署要求，全体员工齐心协力、全力以赴，保障网络畅通、保证服务不掉线，众志成城打赢防疫阻击战，以使命必达的担当和勇气，为抗击疫情做出通信人应有的贡献。在车流量集中的沪苏浙主线收费站，联合上海公司连夜奋战，紧

急完成小基站扩容，大幅提升现场手机扫码速度，降低卡口拥堵情况；在隔离点，短短4小时内完成隔离区内60个宿舍的一网通装机，为防疫工作赢得了宝贵时间；在卫健委云视讯会议保障、教育平台提速等集团专线开通中，争分夺秒，确保第一时间进行网络扩容保障，快速响应防疫期间各类业务需求。面对疫情防控通信保障，吴江移动用"招之即来，来之能战，战之必胜"的作风，诠释了央企应有的责任和担当。

积极行动，全力以赴助力城市文明　吴江移动认真履行社会责任，用行动引领文明风尚，全力推进全国文明城市创建。窗口服务做到"两规范两到位"。

◎ **展示规范。**社会主义核心价值观LED宣传、公益海报、投诉记录本、禁烟标志、有序排队标语等作为网点开门前必查，每日自查。

◎ **服务规范。**一线人员文明用语、礼貌待人、规范服务，用最美的微笑服务客户。

◎ **检查到位。**成立专项督导小组，每天对营业网点进行监督检查，并通过微信群在第一时间将发现的问题通知到位，便于网点及时整改。

◎ **落实到位。**利用区域划分，落实到点位，对于责任不落实、整改不到位的相关责任人进行问责。志愿服务让城市更美好。吴江移动组织志愿者积极投入"我为城市添光彩"新时代文明实践志愿服务行动中，开展交通劝导服务、净美家园环境等一系列活动，为创建文明城市尽一分力量、添一分光彩。

关爱员工，用心尽责打造企业文化　秉承"正德厚生、臻于至善"的核心价值观，吴江移动以提升员工"幸福感、舒适感、价值感、自豪感"为宗旨，多举措关心员工、激励员工、发展员工，鼓励员工争先创优，干事创业，将员工打造成一支"有理想、守法纪、顾大局、勤学习"的明星团队，为建设文明单位注入源源动力。为弘扬优秀传统文化，公司开展"我们的节日"主题活动，引导员工自觉传承中华优秀文化和传统美德，并以"幸福1+1+1"员工俱乐部为依托，丰富员工文化生活，缓解工作压力，给予员工更多关怀。（图3-78）

实践没有终点，创建永无止境　通过抓创建，实现加快发展，达成社会满意、客户满意、员工满意的要求。日后，吴江移动将进一步助力地方建设、携手企业经济发展、履行社会服务职能，积极参与5G相关产业应用合作，充分发挥好党建工作在国企改革发展道路上的引领作用，把企业经营活动与创建活

图3-78

动有机结合，内强素质，外树形象，实现经济效益和社会效益同步增长：核心价值引领更加有效，文化服务特色更加鲜明，员工道德实践更加自觉，企业文明涵养更加深厚。

中国人民银行吴江支行：文明实践促发展，金融为民有担当

近年来，中国人民银行吴江支行牢牢把握高质量发展要求，贯彻落实稳健的货币政策，优化金融服务质量，稳步推进长三角一体化发展战略，为吴江高速发展赋能加码。同时，强化金融监管，防范化解金融风险，辖区金融生态环境不断优化，为服务吴江实体经济发展提供了坚实的金融保障。先后荣获苏州市文明单位、江苏省文明单位等荣誉。

深化党建引领，积极探索党建+普惠共建模式 人民银行吴江支行党组一以贯之地把文明创建作为"一把手"工程，精心研究制订了创建实施方案，层层分解，落实到每个股室和每位职工，形成横向到边、纵向到底、责任明确、任务到人的精细化创争模式。以"不忘初心、牢记使命"主题活动为新起点，强化理论武装，通过集中学习、专题调研、联学联建等形式，把学习由室内延伸到室外，把研讨由课堂延伸到现场，与服务辖区经济社会发展有机结合，增强了工作的主动性、前瞻性、有效性。以聚人心、强素质、增本领为着力点，积极探索与辖内商业银行的党建共建模式，开展党建+普惠结对共建活动，与工

商银行吴江分行党支部围绕"践行以人民为中心理念、提升金融服务供给能力"开展党建联建活动，与中行吴江分行共同开展"践行初心使命、金融服务为民"主题调研活动等，提高政治站位，强化使命担当。各党小组结合社会热点、履职难点，与商业银行开展联学联建，激发干部职工把理论学习与解决实际问题结合起来，把学习成果转化为开拓创新的工作思路。（图3-79）

图3-79

突出培育新人，激发队伍内部创建活力　强化干部职工思想引领，着力建设一支素质过硬、作风优良的干部队伍。围绕社会主义核心价值观体系，通过党组中心组龙头带动学，部室政治学习载体全面学，网络、微信等新媒体平台实时学，加强干部职工对社会主义核心价值观的认知度。着力提升干部队伍综合素质，注重干部培训，分批次选派中坚力量参加上级行和地方政府开展的各类培训；注重加强对青年干部的培养，成立支行青年理论实践效能管理小组，有针对性地给青年员工压担子、压任务。通过传帮带、上挂中支锻炼、课题研究、创建青年文明号等方式多途径培养年轻干部，使干部职工朝"积极了解国际前沿、认真钻研金融创新、主动贴近金融市场、努力丰富知识体系"的"四维"格局靠拢。（图3-80）

立足高质量发展，推进长三角区域一体化建设　持续推进跨国公司外汇资金运行管理改革、落实全口径跨境融资宏观审慎管理政策、货物贸易外汇收支便利化等外汇领域改革创新。为强化人民币反假货币力度，人民银行吴江支行与青浦、嘉善三地公安、人行、金融办等部门签订长三角生态绿色一体化发展示范区

图 3-80

反假货币合作备忘录。积极开展同里古镇现金服务示范区建设，印发了《关于创建现金服务示范区活动方案》，并在《吴江日报》上刊发了现金服务示范区主题宣传活动，为吴江在长三角一体化中发挥好C位优势，做贡献、勇担当。

优化营商环境，助力实体经济发展 探索建立"金融服务顾问"制度，推动地方政府创新完善金融服务实体经济的生态体系，提升小微企业金融服务能力。注重发挥"几家抬"合力，搭建银企对接平台，加大推广民营企业融资支持工具力度，持续改善民营小微企业信贷供给，推动融资成本整体下降。深入推进金融支持制造业提质增效行动计划、民营和小微企业金融服务质量提升年活动，积极宣传普及支小再贷款业务，引导商业银行做好政策承接，降低企业融资成本。

践行金融为民，全面提升金融服务水平 聚焦普惠金融领域，加强农村特色金融产品建设；协调银联和市民卡中心，推动公交系统移动支付便民工程；强化征信信息安全，为征信自助查询机安装一体化软件及防入侵软件，开通了电子发票自助打印功能和个人征信三次及以上查询的聚合支付方式；认真做好金融消费权益保护工作，抓住3·5学雷锋日、3·15金融消费权益保护日等时间节点开展金融知识宣传，开展"普及金融知识，守住'钱袋子'""金融知识普及月"宣传活动，推动金融知识宣传常态化。（图3-81）

服务"六稳""六保"，筑起金融战"疫"防线 2020年新冠肺炎疫情发生

图3-81

以来，人民银行吴江支行坚决贯彻落实吴江区委、区政府决策部署，配合区政府出台支持企业疫情防控和复工复产的吴江"惠"企十八条，开辟各类"绿色通道"便民惠企，积极优化外汇服务便利化举措，助力外贸经济发展，统筹推进疫情防控和金融支持复工复产，全力服务吴江经济和社会平稳健康发展。

聚焦文明实践，志愿服务彰显央行担当 为提高金融消费者金融素养和自我保护能力，支行志愿者深入基层开展了送金融知识下基层、"四防三进"走基层宣传服务等一系列文明实践活动，在金融消费者权益保护讲师团的基础上设立更加制度化、规范化的金融消费权益保护社区学校，帮助金融消费者树立风险防范意识。通过开展义务献血活动、文明交通指引、文明街拍、慈善一日捐等志愿服务活动，提升职工社会责任感。2020年新冠肺炎疫情发生以来，人民银行吴江支行对接政府、社区和企业，第一时间组建吴江金融战疫先锋队，集合全区金融机构力量，齐心协力，抗击疫情。坚守在街道社区、高速出口等检查点；深入社区、村镇，加班加点协助做好人员信息统计、接听疫情防控电话等；为心理恐慌者送去线上心理咨询服务；走进工厂，转变角色，助力防护服、口罩等抗疫防控物资的生产；积极参加义务献血，用热血连接成爱心纽带，相关工作经验被人总行团委《成方三十二》、苏州团市委《青春苏州》等平台报道。

坚持以人为本，打造和谐"家"文化。人民银行吴江支行始终坚持以人为本，依靠群众力量，一切为了群众，不断提高干部职工的工作和生活环境。畅通信息交流、反馈渠道，利用职代会、行长接待日等制度，使广大职工困难有处诉、意见有处提、申诉有处管，让职工切实感受到组织的关爱。做好重大决策部署贯彻落实情况公开，及时向社会公众宣传人民银行所推动的重点工作。过好传统节日，弘扬传统文化，通过职工新春联欢会、趣味运动会、元宵猜灯谜、端午包粽子等一系列文体活动，帮助职工在紧张的工作之余放松心情，并营造奋发向上的团队氛围。组织辖区金融机构开展劳动技能竞赛、趣味运动会和"先锋杯"优质服务竞赛等活动，打造了一批在省、市有影响力的金融服务品牌，展示了金融业良好的社会形象。

人民银行吴江支行始终围绕中心、聚焦主业，坚持过程与实效兼收、务实与创新并蓄，紧扣"用发展抓创建，以创建促发展"总思路，广泛深入推进文明创建活动并取得明显成效。

江苏苏州农村商业银行股份有限公司：
党建＋文明发挥文明"主引擎"作用

以60余年的发展历程与实践积淀，文明实践融入发展、融入小康，充分诠释金融与时代大势、实体经济、地方发展共生共荣、良性互动的珍贵初心与隽永使命。

党建＋文明引领推进高质量发展　苏州农商银行是全国第四家农商银行，也是银监会成立后在新监管框架下批准开业的全国首家农商银行。2016年11月29日在上海证券交易所挂牌上市，现用证券简称苏农银行，股票代码603323。2019年3月，经监管部门批准，更名为苏州农商银行。两年来，在形势复杂、困难挑战增多的情况下，苏州农商银行坚持以习近平新时代中国特色社会主义思想为指导，始终抓牢"强党建引领高质量发展"这根主线，以文明单位创建为导向和抓手，深入持久地开展文明创建工作，化红色党建力为企业蓬勃生命力和强大向心力，用高政治站位和高质量行动举措取得了良好成绩和突破发展。过去一年，先后获评全国青年文明号、江苏省文明单位、江苏省五一劳动奖状、全省国有企业党建"强基提质"提升工程创新案例一等奖、全省农商银行党建创新案例特别奖等众多荣誉。截至2019年末（不含村镇银行控股子公司，下同），资产总额达到1246.1亿元，比年初增加89.58亿元，增长7.75%；各项存款余额突破900亿元，达到930.44亿元，比年初增加117.24亿元，增长14.42%，吴江区存款市场份额达到26.35%，较年初提升1.17个百分点，牢牢占据首位，连续两年实现存款增量超百亿；各项贷款余额675.47亿元，比年初增加90.96亿元，增长15.56%，在保持高速增长的同时结构不断调优；实现营业收入34.65亿元，同比增加3.91亿元，同比增长12.73%，全年净利润9.02亿元，同比增加1.07亿元，同比增长13.44%，两项盈利指标均实现了两位数增长。在省联社2019年度经营管理目标综合考核中获得一等奖，被省联社评为四好领导班子，主体信用评级继续保持AA+，在"全球银行业1000强"排名中提升8个名次位列第642位。（图3-82）

图3-82

抢抓上市"红利"，努力打造标杆银行 大力推动零售、公司、金融市场、机构民生业务"四轮驱动"，推进零售银行、轻型银行、智慧银行、特色银行建设，以服务苏州城乡一体化和长三角区域一体化为目标。苏州农商银行目前网点遍及江苏、安徽、湖北，拥有营业网点93家，经营区域以苏州市为主，顺应吴江全面融入苏州大市，更好地服务乡村振兴战略、支持实体经济发展。过去，坚持支农支小市场定位，与地方发展高度融合，在服务地方发展过程中实现自身跨越式发展，吴江区是江苏民营经济的领头羊，早在20世纪90年代的农村信用社时期，就率先提出支持中小民营企业的发展思路，并二十多年如一日始终践行。数据显示，制造业贷款占比达到50%，民营企业贷款占比超过60%，对实体经济的支持力度在上市银行中保持领先。苏州农商银行是苏州各家金融机构中制造业贷款占比最高的银行，在上市银行中始终位居前列；近年来的新增投放中，民营企业占比70%以上，普惠小微金融占比60%以上，是民营小微企业贷款占比最高银行之一。苏州农商银行肩负起使命和担当，坚定支持地方经济稳健发展，坚守不抽贷、压贷承诺，与遭遇暂时困难的实体企业"同呼吸、共命运"，帮助企业克服困难、化解危机，吴江政府称为地方经济发展的稳定器和助推器。

服务发展，紧跟并引领时代大势　融入并助推地方发展，植根并服务实体经济，金融服务实体的经营逻辑，是金融安身立命之本、永葆生机之根。苏州农商银行紧扣地方产业结构调整和城乡一体化进程脉搏，确立了服务"大三农"的战略，率先提出支持中小民营企业口号，一大批吴江中小民营企业在支持中茁壮成长。在吴江的民营企业中，是苏州农商银行首贷户的数不胜数。恒力、盛虹、亨通、通鼎、永鼎等明星企业，从蹒跚起步的创业期，到规模发展的成长期，苏州农商银行都给予了有力的金融支持。在吴江"一镇一品"经济模式的形成中，苏州农商银行扮演着不可或缺的角色。在该行支持下，纺织企业在盛泽地区遍地开花，盛泽由此成为全国最重要的纺织品生产基地和产品集散地之一；金家坝、震泽等地彩钢板、亚麻行业，芦墟、莘坪等地机械制造业，桃源、铜罗等地服装加工业的成型轨迹也是如此。向轻型化、智慧化、特色化银行转型，苏州农商银行潜心探索布局，大力支持先进制造业、创新创业企业。通过苏州综合金融服务平台累计向先进制造业授信超350亿元，荣获2018年度苏州市金融支持制造业发展工作先进单位一等奖，并且是6家一等奖获奖银行中唯一的地方法人银行机构。

用大格局立起大责任　做好精神文明建设，弘扬时代文明新风，依托党建引领始终是指南针，促进业务发展依旧是总方向。近两年来，苏州农商银行党委认真领会党建"融合发展"的理念，创新打造"四个一"工程，以"党建共建"为突破口和抓手，构筑符合客群需要的产品链和生态圈，先后与省人社厅信息支部、苏州大学、东南大学苏州研究院、吴江区公安局、恒力集团等优秀党组织进行结对共建，达成一系列战略合作协议，推出"工会创业贷""鲈乡好家风信用贷"等一系列定制产品服务，有效破解党建、业务"两张皮"难题，持续加快党建工作与业务工作融合的步伐，不断扩大"怀德金融先锋"党建品牌影响力。（图3-83）

图3-83

用大担当树起好口碑　近两年来，

苏州农商银行建立覆盖全员的彩虹志愿者队伍，推出"彩虹姐姐""青年学雷锋"等子品牌，将志愿服务与金融宣贯有机结合，常态开展"金融知识万里行""守住钱袋子""消费者权益保护"等志愿服务，设立流动课堂，开设专题讲座，推动金融服务和扶持政策下乡进村文明实践活动，帮助农村居民提升金融综合素养，持续改善农村信用环境，每年开展志愿服务2000余人次，在社会上引起较好反响。在抗疫期间，组织青年党员和入党积极分子成立"抗疫突击队"，前往吴江各交通卡口社区中心开展志愿服务，得到政府和民众肯定。（图3-84）

图3-84

用大手笔营造深爱心　一直以来，苏州农商银行积极履行上市银行社会责任，用优异成绩回馈社会，积极开展各类慈善捐款，过去两年，通过各种渠道累计对外捐款400多万元，获评苏州市慈善奖最具爱心捐赠企业和吴江区慈善爱心杯。在抗疫期间，第一时间捐款100万元和价值50万元的各类防疫物资，定向用于疫情防控。在党委号召下，全行党员干部群众踊跃开展"线上捐款"，在一天时间内募集26万余元捐往湖北赤壁和嘉鱼，收到当地政府的感谢信。

用大志向铸造金品牌　作为服务型金融机构，苏州农商银行始终坚持以客户为中心，以服务为根本，将文明服务、优质服务作为全行推进精神文明建设的重要抓手和主要载体，打造"苏农银行·苏心服务"品牌。一方面，建立面向员工的优质服务质量测评体系，围绕优质服务建立健全明察暗访常态化机制、考评机制、联席会议机制、投诉舆情机制、培训机制等一系列规章制度，不断提升服务质量，优化客户体验。另一方面，建立面向客户的品牌感知体系，围绕文明网点建设持续推进网点优化，以全新品牌形象载体为依托，通过翻新网点便民服务区、上墙苏心服务明星、开展标准网点创建等推进品牌形象深入人心、实现价值，致力为客户打造"有温度的银行"。

用大文化建设美丽家园　苏州农商银行将精神文明建设与企业文化建设有机结合，树立"怀德　务本　创新　行远"核心价值观，培育良好企业文化氛围，持续激发团队活力。在春节、元宵、端午等传统节日开展各类员工喜爱的趣味活动，丰富员工业余文化生活，引导员工在过好传统节日中践行文明理念。建立职工兴趣小组活动机制，常态开展职工元宵晚会、职工男篮比赛、公益健步走等各类企业文化活动，过去一年，全行性活动开展超过30个，各分支行相关活动开展超过100个，立足"大家庭　好家园"，不断提高员工归属感和幸福感。

用大胸怀凝聚新风尚　苏州农商银行注重发挥先锋示范效应，多层次、全方位打造全新的荣誉体系，开展了优秀共产党员、青年五四奖章、巾帼之星等一系列评比活动。还搭建"线下+线上"党群宣传体系，通过丰富行刊、微信公众号、抖音号等平台建设，开设怀德青年学习社和先进巡讲课堂，以道德讲堂融入职业生涯来树立文明典型，弘扬文明理念，多措并举固化传导盛泽支行获评全国青年文明号、青年员工管丽萍获评第十二届中国青年志愿者优秀个人、江苏好青年、江苏省十佳青年志愿者等的先锋示范作用，引导激励全行上下对标先进、汲取经验，争优建功。

关山千万重，山高人为峰。接下来，苏州农商银行将始终坚持党建+文明引领，以更高觉悟、更实举措和更优作风继续把牢文明"主引擎"和发展"支撑线"，永葆初心，与时代同行，与地方同兴，用实干成绩绘就党建引领高质量发展的美丽蓝图，为江城大地不断做出新的更大贡献。

苏州市吴江区图书馆：百年耕耘，书香城市文明实践窗口

吴江区图书馆始建于1917年，至今已100余年。从松陵公园城隍庙共怡园内偏居一隅的陋室，到如今馆舍面积1.6万平方米、藏书240余万册的综合性图书馆，一路走来，得益于党和国家对公共文化事业的高度重视、广大吴江市民

对阅读的孜孜以求以及几代吴图人的耕耘不辍、奋斗不止。积极营造"全民学习、终身学习"的良好氛围，文明实践融入书香城市，打造市民终身学习基地使图书馆真正成为市民的终生学校和精神文明建设的重要基地。

品牌引领，开启"悦读吴江"新风尚　在全民齐阅读、书香满江城的氛围中，吴江图书馆始终发挥着全民阅读推广主力军作用，"阅读齐步走"未成年人阅读服务城乡一体化建设工程、"新阅读心服务"e时代乡村行活动等多个项目获文化部立项、"悦读彩虹"志愿者走基层活动被评为2016年文化志愿服务典型案例，阅读品牌引领"悦读吴江"新风尚，赢得了上级部门和广大群众的好评。先后被文化部授予全国十佳"最美基层图书馆"、国家"一级图书馆"荣誉称号；二次荣获全国文明图书馆称号；是全国巾帼文明岗、全国古籍重点保护单位、全国古籍保护工作先进单位。先后被中国图书馆学会评为"全民阅读示范基地"、书香城市（区县级）。先后五次获省文明图书馆、八次省文明单位、江苏省"十一五"古籍保护工作先进单位等荣誉称号。2016年中图学会授予吴江"书香城市"（区县级）称号。2017年、2019年吴江被评为首批江苏书香城市建设先进市（区、县）和第二批江苏书香城市建设示范市。

坚定信念，践行思想理论优作风　吴江区图书馆始终把学懂、弄通、做实习近平新时代中国特色社会主义思想作为首要政治任务，组织多形式、分层次、全覆盖的学习，认真学习党和国家领导人关于抓好意识形态工作的一系列重要论述。2017～2018年承办"学习宣传贯彻党的十九大精神图文展"，为广大群众进一步诠释党的十九大工作报告，展期一年，共接待180家单位，近万人观展。组织党员干部赴上海开展红色教育活动，重走"一大"路，重温建党历史，传承中国共产党人的初心。积极开展图书、展览、讲座等各种阅读活动下乡进村，按照上级要求及时上报吴江讲坛讲座管理备案表。加强本单位网站、微信公众号以及借还业务管理系统的网络安全管理，制订网上平台内容审核制度及安全应急处置规章，严格落实意识形态责任制。

激励担当，营造道德讲堂丰润氛围　在一楼大厅显著位置以及利用集中学习、道德讲堂、宣传栏、网站、微信、展览等多种方式，宣传社会主义核心价值观，营造浓厚学习氛围。充分发挥吴江区图书馆作为爱国主义科普教育基地的作用，将时代楷模崔根良等中国好人进行展示，号召全体馆员积极学习。每季度开展一次道德讲堂活动。每年开展形式多样的诚信主题教育实践活动，在职工内部开展"爱岗敬业，恪守职业道德"学习教育活动，培养图书馆人诚信服务。每年评选"十佳诚信小读者"等，引导社会公众从小养成诚信习惯。开展"传承好家训、培育好家风"活动，制订员工文明守则。2019年，以中华人民共和国成立70周年为主题，唱响学习新思想、用好新思想的时代强音，举办庆祝中华人民共和国成立70周年阅读推广活动。

锤炼本领，提升服务质量促发展 坚持"以读者为中心"的办馆理念，为提升图书馆员业务技能水平，传播行业正能量，每年举办馆员业务培训、技能大赛，在馆员中形成比、学、赶、超的良好氛围。健全服务规范、细化服务标准、公开服务承诺，2016年起，开展党员干部"三亮"（亮标准、亮身份、亮承诺）活动。在窗口部门设立"党员示范岗"，全体党员统一佩戴"党员示范岗"胸牌，时刻亮出党员身份，自觉服务群众、接受监督。聘请馆外行风监督员等，让社会公开监督。文明氛围浓厚，温馨提示牌、文明标识、各窗口部门张贴服务守则、规章制度等。在二楼借阅大厅旁开辟动感单车供读者健身。每年开展苏州阅读节、太湖文化节、世界读书日、我们的节日等活动，年举办活动200余场，内容涉及讲座、展览、诵读、数字文化、传统文化活动进基层等，年参加全民阅读推广活动2万余人。

志愿服务，开展文明实践引新风 积极开展移风易俗、弘扬时代新风行动，承办年俗文化展、开展"文明有礼"主题教育活动，在员工中进行艰苦奋斗、勤俭节约教育，开展文明餐桌、垃圾分类等文明活动。在一楼大厅设置学雷锋服务站点；组建学雷锋志愿队伍，注册志愿者55人，占总人数的100%，在职党员注册志愿者人数占在职党员人数的100%，定期开展培训。关爱残疾人，在图书馆内外设置盲道、无障碍通道、厕所无障碍设施、视障读者阅览室等，成立盲人读者俱乐部，每月坚持开展盲人计算机培训、知识竞赛、盲人回馈社会义诊等活动。每月为学校送去文化服务，积极发挥图书馆未成年人教育基地、科普教育基地等阵地优势，主动联系中小学生参观实践。开展"彩虹使者"走基层志愿活动等，年开展活动150余场；组织全体馆员参加"我为城市添光彩"新时代文明实践活动，志愿服务在全区遍地开花。

诚信为先，弘扬法治精神树标准 每年在全体馆员中开展普法教育，2018

年《公共图书馆法》实施，邀请华东师范大学信息管理系金武刚教授举办《公共图书馆法》培训班，为全区200余位馆员授课。2019年邀请苏州大学王健法学院许小亮教授作主题为"宪法的历史、规范与精神"专题讲座，增强宪法意识、弘扬宪法精神，各区镇、街道文体站，局机关各科室、局各直属事业单位近100人前来倾听。每年邀请专家、教授举办司法讲座4场，并走进学校、企业、社区进行宣讲，增强馆员和读者学法、守法、用法意识。

吴江图书馆将始终以省级文明单位的标准、原则和要求积极践行新时代文明实践工作，将图书馆的各项业务与文明单位创建、文明实践文化服务创新结合起来，打造全民齐阅读、书香满江城的浓厚氛围，服务好广大吴江市民，以"百年传承、书香吴江，文明实践、文化芬芳"为方向，进一步提升工作水平、整体形象、综合竞争力。（图3-85）

图3-85

区文明单位

苏州巨联环保有限公司：
"绿色"本色服务风采，生态文明的护航卫士

巨联环保有限公司（以下简称巨联）始建于2004年，肇始于东南，成长于苏州。十六年来，巨联以"创造可持续未来"为使命，致力于资源的可持续管理，建立起以有机废气治理为源头的循环产业链，通过布局有机废液利用、活性炭再生、危废焚烧、危险品运输等关联业务，为工业企业及工业园区提供废

气、废液、固废的全过程协同治理解决方案，加速资源的循环利用，使我们的客户能够在各自业务领域的环境管理中提高绩效，并为业务所在地方政府的循环经济发展贡献力量。

目前，巨联拥有专利75项，承担国家火炬项目1项，获评江苏省服务型制造示范企业、江苏省工业互联网发展示范企业、苏州市瞪羚企业、吴江区新地标企业等，多个产品被列入省市重点推广应用的新技术、新产品目录。

近年来，巨联积极开展文明单位创建活动，坚持把文明创建当作一条主线贯穿于公司业务工作的全过程，以文明创建促进环保事业的发展，做到思想上重视，措施上扎实，工作上落实，为巨联在新发展阶段谋求更好、更快发展提供了强大的精神动力。

抓党建，红旗高扬凝力量 巨联紧跟党的步伐，围绕"绿色先锋"党建品牌，把党建工作融入企业生产经营管理中，着力把企业管理人员培养成党员，把优秀党员输送到关键岗位，发挥党员队伍的先锋模范作用。同时，以主题活动为载体，以党员活动中心为阵地，持续夯实党建基础，将党建活力转化为发展动力，以朝气蓬勃的发展态势，践行生态文明，服务美丽中国。（图3-86）

抓班子，群雁高飞头雁领 巨联成立了创建领导小组，总经理林泽兵担任组长，分管副总担任组员，下设办公室具体负责全系统的创建工作，形成"一把手亲自抓，分管领导具体抓，班子成员共同抓"的领导格局，确保了创建活动的有序开展。

图3-86

同时，着力加强管理层的思想政治建设、工作能力建设、作风纪律建设和廉政守节建设，切实发挥管理层核心作用，推动管理层自觉率先垂范，在各项工作中走在前列，潜移默化地影响每一位员工，在公司内部营造心齐气顺、风正劲足的干事创业氛围。

抓思想，正本清源树新风 巨联把思想品德和价值观教育与各项工作紧密结合，组织员工深入学习贯彻习近平新时代中国特色社会主义思想和党的十九大精神，要求党员干部切实提高政治站位，深刻把握好自己的角色定位，围绕党委政府中心工作，脚踏实地，落于实干，主动配合地方环境治理提升要求，牢记巨联使命，为解决经济发展和环境质量间的门槛效应贡献力量。

以廉洁、高效、有责任感为员工成长的基石，强调道德观在塑造职业人格方面的重要性，要求员工思想态度端正，具有正能量的社会价值观。巨联将社会主义核心价值观与企业核心价值观有机结合，通过制度约束和教育感染，引导员工成长为"热爱祖国、爱护巨联、廉洁自律、诚实正直"的合格公民。把反腐倡廉建设放在突出位置，列入大会重要议事日程，融入各项中心任务，加大对重点领域、关键环节和岗位的监督力度，与员工、供应商签订廉洁协议，常态化、制度化推动党风廉政建设。同时，巨联对员工的道德评判不局限在工作场合，强调热爱生活、认真生活的员工更会得到重用。公司制订员工行为守则，严厉推行禁赌规定，劝诫员工远离不良生活习惯，养成积极向上的生活态度。自2019年起，公司多名员工被评为苏州市"最美劳动者"。（图3-87）

图3-87

抓学习，内外兼修强素质 巨联坚持把学习作为增长才干、提高素质、做好工作的基础环节和重要途径。巨联为每位员工提供丰富的职业发展机会和良好的工作环境，尊重和认可每位员工的岗位价值和他们的付出，努力在各个层面为具备才能的员工提供机会，以开放的姿态为员工通过在公司的奋斗实现人生价值创造条件。巨联通过多渠道、多方式的业务培训，不断提高职工业务素质。近年来，共组织业务培训150多次，包括学历提升、专业技能、业务素养、户外拓展等多种形式，取得了良好的培训效果。

抓业务，文明创建展实效 作为环保企业，巨联通过创新的废弃物管理和回收再利用解决方案，为客户的可持续发展竭尽所能，为地方践行"两山"理论，实现高质量发展贡献力量，为各利益相关方及社会大众创造更大价值。以苏州市吴江区为例，巨联充分结合我区文明城市创建和环境污染整治，加大本地投资，开发量身定制的解决方案满足本地需求，通过产业链关键补链的建设，进一步拓展产业共生体系，不断发展完善循环产业链网，建立起一条"纺织生产、末端治理、物流运输、回收再制造"的多产业复合的特色生态链，与当地纺织产业构建起相互带动、互惠互利的共生体系，为加快高质量发展做出了贡献。

巨联每年投入1000余万元用于资源可持续管理技术的研发，连续多年被评为盛泽镇纳税大户。位于吴江区盛泽镇的纺织循环产业配套环保项目每年回收再利用废有机溶剂24万吨，无害化处置危险废物1万吨，节省原煤16万吨，减排二氧化碳7.2万吨，在降低当地工业风险和环境影响的同时，实现资源的"变废为宝"。

诚实守信是企业的生命，是企业生存之本。以诚取胜，才能赢得顾客信赖，从而赢得市场；没有信用，企业就失去客户，失去市场，失去希望。自成立之日起，巨联便提出"细节成就品质，服务创造未来""以质量博信任，以质量铸品牌"的口号，始终坚持诚信经营，使客户满意度稳步提升，凭借卓越的产品品质和服务及良好的市场信誉，在市场站稳了脚跟。巨联在盛泽涂层区VOCs治理工程，以绿色发展为目标。（图3-88）

图3-88

抓作为，建言献策重实干　长三角地区地少人多、产业密集，区域要协同发展，工业废弃物处置同样也要协同发展。要实现高质量发展，发展循环经济，更要联动工作。巨联很早便涉足循环经济领域，在危废资源化利用的细分领域长期耕耘。着眼于产业发展的未来，在谋求自身发展的同时，将社会责任视为驱动企业发展的基因和核心竞争力的重要组成部分，为行业发声，为社会大众

图3-89

创造福祉，积极投身长三角生态绿色一体化示范区建设。针对危废区域转移问题，巨联积极建言献策，期望通过危废处置设施的"共商、共建、共享"，加快实现长三角危废资源化协同治理体系的建成，提升区域内资源的可持续利用水平，以实际行动践行绿色生态发展理论。（图3-89）

抓载体，树立文明新风尚　为丰富职工文化生活，弘扬中华民族传统美德，增进员工间凝聚力，巨联开展了形式多样、生动活泼的各类文体活动，如春节员工大会、荒山植树、运动会、春游踏青、包饺子、中秋猜灯谜等。同时，巨联在谋求自身发展的同时，大力弘扬中华民族扶贫济困、互助互济的优良传统，热情支持慈善公益事业，竭力为弱势群体奉献爱心。一方面，巨联成立困难职工帮扶基金，切实减轻困难职工在生活方面的难题，为员工通过在公司的奋斗实现人生价值创造条件。巨联自2015年成立至今，专项基金已累计发放资金20余万元。另一方面，巨联捐赠拉萨林周县中学校园建设，并持续资助拉萨市困难学生，支援地方抗疫捐赠物资等，并且吸纳贫困户、残疾人、退役军人等在公司就业，每年走访慰问困难群众，向社会传递正能量，展现新时代企业公民的责任与担当。（图3-90）

图3-90

当前巨联进入了新的发展阶段，从"活下去"向"活得好"转变，文明单位建设工作对巨联而言既是机遇，又充满挑战。巨联期望通过新时代文明实践活动武装自己，改造自己，在新的时期、新的征程中，更好地发挥巨联的专知与专长，做利国利民之事，为加快推进"美丽中国"建设，长三角一体化绿色发展贡献新的力量。

中国邮政储蓄银行股份有限公司苏州市吴江区支行：
不忘初心，扎根地方，做好普惠金融的文明实践

邮储银行吴江支行将"服务型"党组织建设与提升支行服务客户、服务地方经济发展、服务职工群众紧密结合起来，强化服务理念、改造服务流程、提升服务质效，持续推出一系列服务优化举措，赢得了客户满意和地方党委政府的肯定，连续多年荣获"吴江区金融服务先锋党组织"。

邮储银行吴江支行于2008年4月成立，现有四个部门（综合管理部、综合业务部、市场拓展一部、市场拓展二部）和五个二级支行，共110名员工，平均年龄34岁。其中硕士研究生学历5人、大学本科91人、其他14人。男女比例为2:3。支行共有党支部两个，党员44人。邮储银行吴江支行深入学习贯彻落实习近平新时代中国特色社会主义思想，增强"四个意识"，坚定"四个自信"，做到"两个维护"，坚持围绕中心、服务大局，以深化群众性精神文明创建活动为抓手，着力弘扬和践行社会主义核心价值观，着力提高全员文明素养，着力提升企业文化软实力，为推动邮储银行吴江支行高质量转型发展提供坚强思想保证和强大精神动力。（图3-91）

邮储银行吴江支行始终坚守自身发展定位，大力践行普惠金融发展理念，积极服务吴江当地实体经济发展。近年来，邮储银行吴江支行业务发展速度持续加快，社会形象不断提升，先后荣获邮储银行2014—2017年度先进集体（总行级）、2018—2019年度邮储银行江苏省分行优秀基层党组织、邮储银行江苏省分行2019年先进集体、苏州市五一劳动奖状、邮储银行苏州市分行2018年度、2019年度杰出贡献奖、2016—2018年度苏州市平安金融创建活动先进集体、吴江区金融服务先锋党组织、吴江区文明单位等称号。

图3-91

突出政治引领"举旗帜"，持续推进理论学习深度 深入学习贯彻习近平新时代中国特色社会主义思想。坚持"三个第一时间"学习机制，通过"三会一课""学习强国""中邮先锋"等形式，引导全行党员深入开展党的理论学习，激发学习热情，形成良好的学习氛围。推动干部职工真学真懂真信真用，增强做到"两个维护"的政治、思想和行动自觉。积极推动学习成果转化，努力使精神文明建设贯穿邮储银行吴江

图3-92

支行转型发展的全过程、各方面。（图3-92）

立足宣教为先"育新人"，持续巩固理想信念教育成果 加强习近平新时代中国特色社会主义思想和中国梦宣传教育，积极做好重大纪念日、重大历史事件的学习宣传教育。通过警示教育片、党刊图书角、党课PPT、红色基地参观等多种平台和方式，将学习内容系统、生动地展现出来，帮助党员干部更直观地接受教育、坚定理想信念。深入开展"不忘初心，牢记使命"主题教育，把

不忘初心、牢记使命作为加强党建的永恒课题和全体党员、干部的终身课题，引导党员干部锤炼初心、践行使命，时刻牢记共产党员的第一身份、为党工作的第一职责。深入挖掘和展示转型发展中的转型先锋、岗位尖兵，振奋精神、鼓舞士气，把优秀员工培养成党员，把党员培养成业务骨干。

加大信贷支持"展形象"，持续助力实体经济发展　立足吴江当地发展实际，以服务"六稳""六保"为重点，加强金融服务地方经济的责任意识，紧贴当地经济工作安排，结合吴江市场特征创新信贷政策，搭建多渠道融资体系，减轻企业负担，降低融资成本，深耕当地经济，支持地方经济发展。吴江作为全省民营经济的"领头羊"，民营企业众多，为支持企业更好地发展，邮储银行吴江支行已连续多年在吴江开展"走百访千"活动，同时积极对接政府职能部门、各大商会协会，通过多样化银企活动的开展，打通企业融资"最后一公里"。与此同时，邮储银行吴江支行立足吴江各镇区特色产业，加大对龙头企业的支持力度，积极服务高新技术企业的创新发展，推动吴江企业发展不断迈上新台阶。2019年末，邮储银行吴江支行在吴江地区的信贷余额已达77.36亿元，全年信贷投放净增长14亿元，增幅22.01%，小微企业融资规模列系统内全省第一，为吴江经济的发展提供了强有力的支持。邮储银行吴江支行积极响应吴江区政府深化乡村振兴战略，持续加大农业信贷投放，努力促进农业更强、农村更美、农民更富，为吴江农村经济的发展提供保障。同太湖新城横扇街道四都村开展党建共建，为乡村企业提供适合的贷款支持，推动农村品牌建设，支持农村人居环境优化，为美丽乡村建设贡献力量。在吴江区金融支持新型农业经营主体信贷政策导向效果评估中，获得A等评级。

注重道德培育"聚民心"，持续弘扬践行社会主义核心价值观　深化社会主义核心价值观教育宣传。通过开展支部组织生活、班组晨会例会、组织每日答题、开辟学习园地、组织"图说我们的价值观"等形式做好学习宣传。加强"爱岗敬业、诚实守信、热情服务、奉献社会"为核心的员工职业道德建设，弘扬和践行普惠金融的服务宗旨。推动学雷锋志愿服务常态化。结合金融行业特点，以联合共建、学雷锋志愿服务队、服务窗口等形式，组建志愿者队伍，常态化开展奉献爱心、服务社区、扶弱助贫等公益活动，提升"邮爱基金"等公益品牌影响力。结合节庆日、纪念日、党员活动日等，积极开展金融知识宣传、走访帮扶困难群众等活动，营造参与广泛、形式多样、活动经常的浓厚氛围。践行绿色发展理念，开展节约型机关建设，倡导勤俭节约的文明风尚。（图3-93）

坚持典型领路"兴文化"，持续发挥道德讲堂示范带动作用　加大先进典型学习宣传力度。开展道德讲堂学习，大力弘扬劳模精神、劳动精神、工匠精神，不断深化"时代楷模"其美多吉的学习宣传，持续推动重大典型的学习宣传进支部、进班组、进支行，推动身边典型的学习宣传，积极营造尊崇典型、学习典型、关爱典型的良好风尚，教育引导干部职工提升干事创业的使命感和责任感。认真做好关心关爱工作。坚持"员工为本"的价值理念，加强对基层员工特别是客户经理、营业员等一线员工的关心关爱力度，着力解决员工的实际困难。

图3-93

创新产品体系"促改革"，持续助力金融市场活跃　在打造远程客户服务平台"百趣网"的基础上，近两年，邮储银行吴江支行相继推出两款全线上操作贷款产品：一是针对小微企业的经营性贷款产品——"生意贷"；二是针对企事业单位员工的低利率消费信贷产品——"白领贷"。信贷产品不断创新，结合当前深入开展的"千人千店"计划，致力于为吴江小微企业、商户提供更为高效、便捷的贷款服务。而"邮储食堂"客户权益项目，则更为专注大众客户本身，提供各类金融服务以外的高品质、低价格增值服务，满足客户多样化的生活需求，更好地实现富民惠民。新上线的"邮储小店"，将吸引更多吴江当地的产业基地、三农、小微企业商户入驻，为其拓宽销售渠道，实现互利共赢。

为经济社会发展贡献自己的力量，这是邮储银行吴江支行一直以来秉持的信念。今后将进一步发挥自身优势，打通企业融资"最后一公里"，小微企业融资规模列系统内全省第一。不负韶华，只争朝夕，砥砺奋进，铿锵前行，服务全面建成小康社会，更好地为吴江经济社会高质量发展贡献自身的力量。

苏州市吴江区消防救援大队：
文明实践融入安全管理，"平安象侠"安全行动

吴江消防坚持以习近平新时代中国特色社会主义思想为指导，自觉践行"对党忠诚、纪律严明、赴汤蹈火、竭诚为民"四句话十六字总要求，以"不忘初心、牢记使命"主题教育为主线，以全心全意为人民服务为宗旨，以深化防火灭火主业为中心，以预防和遏制重特大火灾事故为目标，不断加强消防安全管理、队伍管理教育和基层基础建设。全体指战员坚定政治信念、凝聚信心动力、获取前进方向，圆满完成了中华人民共和国成立70周年等系列重大安保和上级交办的各项任务。大队被江苏消防总队评为全省信息调研先进单位，被苏州消防支队评为大队级党委"好班子"、基层建设先进大队、党的十九大消防安保工作先进大队、年度执法先进大队、全市消防监督管理工作先进单位等。（图3-94）

图3-94

服务当先，全力护航"双胜利" 吴江消防在抓好疫情防控的前提下，着力强化服务意识、提升服务水平，分区分级实行差异化消防安全服务保障措施，竭诚服务保障企业复工复产消防安全。成立"平安象侠"行动支部，开展一系列消防安全宣传和文明实践品牌活动。为做好做实抗汛防台各项准备工作，又组建"平安象侠"水域救援突击队。为进一步增强宣传效果，制作了"象侠"卡通人物形象，打造"平安象侠"消防宣传工作室，推广"接地气、覆盖广、重实用"的消防短视频，全面提升消防宣传工作的社会化水平，扩大消防宣传覆盖率和影响力，提高辖区居民消防安全意识和自防自救能力。（图3-95）

品牌引领，扩大消防宣传影响力 卡通人物——"象侠"成为吴江消防战线的一员，是积极推进党的基层组织设置和活动方式创新的重要举措，通过"进校园、进千个社区、入万户人家"，全面加深群众对消防安全的重视程度，打造吴江消防"象侠"品牌，提升其对本地群众的影响力。充分利用已建成的消

187

图3-95

防教育体验馆、11处中队消防队站等宣传教育阵地，通过"吴江消防"微信公众号和"平安象侠"抖音号，将"象侠"形象拓展出去；同时利用"象侠"小红帽、"象侠"玩偶等衍生产品，来增加群众对"象侠"的认同度，并将线上活动转化为线下活动，分阶段、分批次组织社会消防从业人员和不同领域的群众进行集中参观学习，提高全民消防安全素质和能力，真正将"象侠"概念与本地特色宣传相结合，让侠影传遍整个吴江大地。

宣教结合，提升群众安全意识认可度 吴江消防以"平安象侠"消防宣传活动为牵引，发挥行动支部的组织效能，让支部行动在一线上，为"平安吴江"奉献自己的力量。吴江消防以中队"六熟悉"演练、消防宣传七进等活动为平台，深入社区、外来务工人员聚集地等场所开展错时消防宣传活动。吴江消防设立8支"平安象侠"宣传队伍，通过开展形式多样的宣传活动，全面加强群众对消防安全的重视程度，宣教结合，在实现教育党员、管理党员、监督党员的同时，达到组织群众、宣传群众、凝聚群众、服务群众的根本要求。（图3-96）

图3-96

小手拉大手，激发品牌生命力 吴江消防以"教育一个学生，带动一个家庭，影响整个社会"为目的，将学生列为重点群体。开展"象侠消防夏令营活动"，通过场景化的消防主题授课、演练，赢得学生和家长的一致好评。以开学季为契机，吴江消防开展"你好，象侠"主题活动，即从学校征募象侠志愿者，对其进行集中培训，鼓励他们在日常生活中加强对消防的关注度，让其成为校园消防小达人，配发"象侠"小红帽，力争通过一个学生带动一个班级，影响一个学校，辐射整个社会。吴江消防结合校园消防安全宣传教育，深入所有高中开展一次"消防安全进军训"，深入所有中、小学开展"消防安全第一课"活动，全面巩固和提升了全区10多万名学生的消防安全素质，推动了校园消防安全知识的普及，加深了学生群体对"象侠"品牌的认知度，也激发了品牌传递的生命力。

苏州市吴江区总工会：念好"争抢闯快拼"五字诀

吴江总工会，落实"争抢闯快拼"五字诀，结合工会"岗位练兵、维权、帮扶"三大工作实际，不断出彩，获得苏州市工会系统第一梯队。

在岗位练兵上，推出了打造"寻武堂"品牌 目前，吴江拥有65万就业人口。全区共有工会组织15000以上，其中非公企业占80%以上，企业建会率达80%，工会会员达40万名。这样的数据，岗位练兵就显得尤为重要，注重发挥工会岗位练兵在助力经济发展中的重要作用。通过成立吴江新时代工匠学院，实施"寻武堂"工匠培育三年行动计划等，计划在三年时间内成立50家工匠学堂，增加高技能职工30000人，开展职工技能竞赛300场，举办各类讲座600场，培育各类工匠3000人。（图3-97）

以吴江新时代工匠学院为抓手，推进长三角示范区职工工匠"寻武堂"活动品牌建设，将工匠培育放到职工身边，构建完善的区镇企三级职工技能竞赛体系、培养和造就更多技艺精湛和素质优良的工匠人才，逐步形

图3-97

成"百名工匠领衔、千家企业覆盖、万名技工收益"的良好局面，深入开展争创"时代工匠"、职工科技创新竞赛等活动，调动职工积极性，提升职工素质，助力企业发展。为吴江在更高起点上开创高质量发展新局面贡献力量。

在帮扶上，创新项目引领，形成"心之家"文明实践工作特色 对照"争抢闯快拼"五字诀，深刻体会到"争"的紧迫感，动力源自职工的急切需求。不论是疫情防控期间，还是有序复工复产的过程中，各种压力都需要通过专业有效的心理疏导转化为发展的不竭动力。作为全区广大职工的娘家人、贴心人，工会有责任也有担当，凝聚起广大职工的阳光心态，吹散疫情带来的阴霾。唯有"抢"抓机遇，用好"心之家"平台资源，为新时代产业工人改革注入"心"动力。（图3-98）

在产业集聚的吴江做面向广大职工的心理服务，面临着不仅是服务的"深

图3-98

水区"，更是实践的"无人区"，这就需要以"闯"的魄力，勇敢告别"舒适区"，探索资源、平台整合、联动的可能性，积极发挥专家组、志愿者、联络员等群体的积极性，通过培训体验一个人，带动知晓一批人，普及普惠所有人的1+1+X的模式，撬动工会组织的杠杆，将服务能效最大化。

疫情期间，以"快"速开展"不见面"咨询方式，通过网络、电话等形式，确保疫情期间心理服务不断档。随着复产复工的全面推进，更将以"拼"的劲头把失去的时间抢回来，把落下的任务补回来，把服务的节奏拉起来。通过对前期工作的总结，针对基层工会、职工可能面对的心理服务需求，做好预案，提前与基层组织对接服务，提出服务指导意见和方案，秉持以上五字方针开展工作的同时，勇于争"先"。（图3-99）

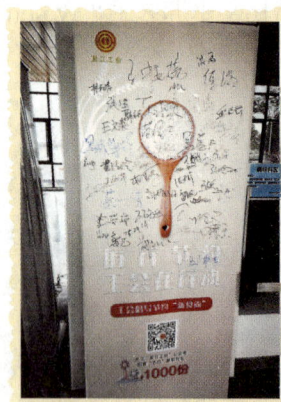

图3-99

中国建设银行吴江盛泽支行：
支持乡村振兴发展，助力文明城市建设

吴江文明办在2020年对2017—2019年度吴江区文明单位（行业）、文明村镇、文明社区、文明校园进行新一轮评选，为文明城市建设增添活力，努力提升市民文明素质和社会文明程度，为推动"两勇一快"、实现吴江高质量发展提供强大精神动力和道德支撑。

文明村的评选在群众性精神文明创建中比重是最大的，对于村的条件来说难度也是很高的。文明信用体现乡风文明的重要元素。2020年3月建行盛泽支行与吴江文明办联系，提出为获得"文明村"称号的村定制信用贷款的设想，这是一个为乡村振兴发展服务的有利举措。经过一个月的筹备，正式推出了"文明乡村贷"，最高可贷30万元，优惠年利率4.75%，可用于生活、生产、生意等多种用途，一年内随借随还。目前已有盛泽镇黄家溪村、人福村两个省级文明村各一户办理了贷款业务。（图3-100）

建行在服务发展、服务民生、服务乡村振兴、服务率先基本实现农业农村现代化方面又出新举措，对获得"文明村"称号的村内居民定制了贷款"文明乡村贷"，对符合条件的居民没有名额限制。吴江率先落实"文明村"贷款政策，践行从群众中来，到群众中去，走进群众，了解群众需求，为群众服务的宗旨，促进文明与金融的更多融合，让诚信价值充分体现。

图3-100

如在吴江盛泽人福村，建行采取了银行流动柜台进村、业务系统入村计算机的方式，把惠农银行创新政策送到村里一线；村会计平时可以登记群众贷款需求，由银行客户经理在现场或者线上咨询，晚上6~8点到村里集中办理，真正做到急群众所需，方便群众，落实最后一米礼遇文明村百姓，提升文明城市建设的知晓率和满意度，助力文明城市建设。（图3-101）

深化群众性精神文明创建活动是以习近平新时代中国特色社会主义思想为

图3-101

指导，积极培育和践行社会主义核心价值观，不断发挥全区各类群众性精神文明创建先进单位的示范引领作用，动员更多的基层单位积极主动参与创建活动，形成强大的精神文明力量，提升全国文明城市建设内涵。

苏州盛泽科技创业园发展有限公司：科技创新，文化创意

中国苏州吴江区盛泽纺织科技创业园（以下简称科创园）成立于2011年，位于盛泽南部主城区西二环路东侧，占地165亩，总建筑面积12万平方米，项目总投资近4亿元。深入贯彻落实党的十九大报告精神，以创新驱动为主要推手，坚持把服务科技创新、人才创业为己任，着眼于中小科技企业的培育，通过项目、技术、资金+政府扶持的方式，促进科技成果产业化。并与文明城市创建、服务社会发展相结合，2020年获评吴江区文明单位。

聚力创新创业做强孵化摇篮　科创园作为"国家级科技企业孵化器"已连续三年在国家级绩效考核评价为优秀的骄人成绩，同时在2019年获得江苏省孵化器十强的称号。成立至今，园区以培养高新技术中小企业为目标，为科技领军人才、优秀的初创企业和创业者提供政策扶持；目前已累计引进和培养省双创人才2人，省双创博士2人，姑苏领军人才10人以及区科技领军人才66人；同时获得国家级众创空间、省级创业孵化示范基地、江苏省重点文化产业园区、江苏省科技服务业百强机构、苏州市A级创业孵化示范基地等荣誉，是江苏吴江高新技术产业园区（盛泽镇）培养科技领军人才、高新技术企业以及科研成果产业化转移的重要平台之一。

党建引领提高政治站位促发展　科创园于2014年10月成立联合党支部，领导园区和周边企业的基层治理，团结服务党员群众。严格按照三会一课的标准，开展月度党员学习活动，其中有学习"习近平新时代中国特色社会主义思想""讲文明、树新风""不忘初心、牢记使命""树优良家风家训"等主题教育活动。科创园党支部以引育、服务人才为着眼点，坚持党管人才原则，积极

组织干部职工参加多形式、分层次、全覆盖的学习培训，积极开展主题教育，做到学习有计划，实施有方案，活动有记录。党支部依托活动阵地，按照管理制度，坚持每月开展集中学习；组织党员和积极分子参加"学习强国"的学习；组织外出参观教育活动。通过观看远程教育课程和视频，积极开展党风廉政、反腐败教育和理想信念教育，积极发挥党支部的战斗堡垒作用和党员先锋模范作用。2020年，分别获评战疫先锋基层党组织和盛泽镇月度最强学习小组的称号。（图3-102）

图3-102

落实两个《纲要》发挥文明示范作用　采用多种形式开展社会主义核心价值观宣传教育，通过设立宣传橱窗、制作宣传牌和微信发布宣传材料等形式，12个主题词知晓率达100%。积极贯彻落实两个《纲要》内容，开展爱国主义教育和四德教育，通过树立先进典型，推动精神文明建设的深入开展。坚持每季度开展道德讲堂，让"爱敬诚善"入脑入心。制订《干部职工诚信考核评价制度》，结合公司的季度业绩同步进行考核评价。申报获评标准化服务体系ISO 90001，进一步规范提升内部服务标准，提升服务能力。对科创园内拾金不昧的先进事例及时予以报道。积极开展传承好家风好家训、文明家庭创建等活动，通过年度评选表彰，加强孝敬教育，促进家庭和睦，推进廉洁家庭建设。成立工会，为园内职工提供更好的贴心服务。员工全部签订劳动合同，缴纳五险一金。

夯实科技服务优化营商环境　科创园通过政策和服务等软件环境建设，对内做好引进项目的入驻、开办、运行、人才安置、政策扶持、资金申请管理等服务工作；对外做好宣传、招商、机构交流、国家和省级项目的争创和向上积极申报政策等服务。成立科创园科协联盟，搭建科普平台，更好地为园内企业提供科技对接活动。科创园与行政服务部门合作，为新注册的人才企业开通绿色通道，实现从工商注册到行政审批手续办理的全程跟踪服务，半天内实现营业执照录入审批、公章刻制、银行开户等流程。如天佑智能、智点恒创等企业在工商注册时，因工商注册与项目申报之间时间太紧，经过科创园的协调使企业以最快的速度完成注册；再如有些企业在申报项目时，缺少企业章程、股权证明、社保缴费证明等材料，科创园积极与相关部门联系，及时帮助解决。所有这些服务，让来盛泽的创业者感受到园区的热情周到服务，助力优化营商环境，努力成为"盛泽创业创新最舒心"的营商服务品牌。（图3-103）

图3-103

服务"六稳""六保"促进"双胜利" 疫情期间，积极支持企业开展线上业务，通过不见面进行视频审批复工复产手续，简化审批流程，严控疫情的同时加速企业安全复工，稳企稳岗。在常态化防控疫情的同时，为创新创业营造良好的创业氛围，积极举办名师讲堂、人才沙龙、求才招聘、专家问诊等多个类目的创业导师品牌活动。2020年，园内共举办创业导师品牌活动20期，参与企业266家，参与人员351人。此外科创园还针对企业经营成长过程中遇到的困难而进行针对性的项目问诊，通过筹办"创客天堂"2020苏州创客大赛等规模化的路演活动进行资源整合，邀请行业内外的专家为企业问诊把脉，助力企业迅速成长。

服务实效撬动园区发展活力　坚持企业需求导向、精准施策、贴心服务，紧扣今年双招双引、科技和人才工作总目标，以高新技术企业培育、高端人才引进为总抓手，严格按照高质量发展要求，在时间紧任务重的大前提下，积极开展人才、项目招引工作。目前，园内共有在孵企业98家，在培育人才方面，引进和培养各类科技人才和文化人才83人。在培育高企方面，成功培育高新技术企业18家，省民营科技企业36家，省科技型中小企业14家，苏州市小微科技企业6家，高新技术产品20个，省大学生优秀创业项目12个。在申报专利方面，园内企业累计拥有有效知识产权2232件（其中发明专利198件），软件著作权955件。园内创业实体数达到基地可容纳实体总数的80%以上，且近两年在孵实体均不少于90家，从业人员1810人以上。这些企业的入驻为科创园的创业创新孵化产业带来了新的活力。

践行文明弘扬志愿服务精神　科创园现有注册志愿者15人，科创园志愿者队伍积极参与到全国文明城市创建中，践行"我为城市添光彩——净美家园"和"文明交通"品牌志愿服务活动，同时在疫情防控、人居环境整治和"331专项行动"工作中，累计共出勤20多批次、共100多人次，做出了一支志愿者队伍应有的贡献。科创园利用建成的新时代文明实践点，积极开展"六传六习"活动，弘扬时代新风，服务提标提速。"绸都有家"为人才服务提供了一个交流空间，进一步增强了服务的黏性，得到了人才的好评。志愿者平时引导园内各企业及员工做到文明上网，文明观会（参观创博会、进博会、融交会等），建设节约型单位，节电节水标志明显，日常垃圾做到分类投放、分类收集。在科创园食堂门口开展"垃圾分类齐参与节能环保共受益"主题宣传活动，通过现场讲解垃圾分类的重要性，提高园内人员自觉爱护公共环境卫生意识，养成垃圾分类的习惯。积极开展"城乡结对、文明共建"等各类结对共建活动，充分利用盛泽纺织产业展示馆、绸都有家和报告厅等活动场地，为未成年人开展社会实践活动提供服务。

文明创建提升自身能力　大力开展文明单位创建工作，以创建促和谐，以创建求发展，为盛泽科创园推动高质量发展提供强大的思想保证和精神动力；园区以总经理为组长、部门经理为成员的"文明单位创建领导小组"，定期研究、督促指导创建工作，做到工作"有计划、有制度、有队伍、有保障"；活动"有记录、有台账、有总结、有成效"通过宣传板、横幅、印发学习材料和《盛泽科技动态》，大力宣传展示文明单位创建工作内容和先进典型，积极营造创建氛围，员工的参与率和满意率均达到100%。科创园拥有乒乓球室、阅览室、活动室和报告厅等活动场地，通过读书会、乒乓球比赛以及手艺制作等，开展"我们的节日"品牌主题活动。园区落实"门前三包"，公司环境优美、干净整洁，公共场所、办公场所贴有明显禁烟标识。公共空间设有轮椅通道等无障碍设施，公共卫生间装有扶手，以方便残疾人、老年人或孕妇儿童使用。（图3-104）

图3-104

科创园"十四五"发展愿景

遵照盛泽镇党委、政府总体发展规划，依托盛泽产业优势资源，以建设"众创空间（创业苗圃）—孵化器—加速器"创新创业孵化全链条为总抓手，聚焦聚力"双招双引"、科技人才培养、高新技术企业培育、高端人才引进，服务中小型科技企业，进一步做优做强科技孵化平台，发挥科技企业孵化器和众创空间在推动"三位一体"融合发展的"时尚之都"建设中发挥新引擎、新动能作用。

建立科技引领—金融助推—要素集聚的三级创新服务体系，构建创新创业示范园区，大力引进高层次创新人才，启动种子基金，扶持培育新兴科技创新力量。积极创建省级科技企业加速器，为引进高成长性科技企业和园内企业科技成果转化提供加速发展服务，孵化业绩达到新水平。推动国有孵化器改革创新，引进省级民营新型孵化器1～2家，推动孵化器探索政府采购、市场化服务及创业投资相结合的多维运营模式，实现健康可持续发展。

积极创建省级科技企业加速器，建设3万～5万平方米的中试厂房，为引进高成长性科技企业和园内企业科技成果转化提供加速发展服务。全面完成上级下达的双招双引和各类人才指标，重点引进高端纺织人才。力争创建1个国家级平台（如工信部·国家级小型微型企业创业创新示范基地）依托长三角一体化G60科创走廊，引进大健康项目若干个。园内高新技术企业每年新增不少于6家。知识产权方面，专利申请和授权不低于全镇10%。

积极加强自身建设。打铁先要榔头硬，继续加强自身队伍建设，积极派员参加各类专业学习培训和业务考证，在全年两次内部员工业务培训的基础上，组织业务部门认真学习各类业务文件，进一步提高全体工作人员的业务素质、工作水平、服务质量和办事效率，更好地服务创新创业。

新时代文明实践点风采：丝路启航享誉天下

科创园代表企业——吴江桑尚丝绸有限公司，创建于2009年。公司始终"围绕着一根丝来做文章"，是专门从事传承丝绸文化，坚持原创设计、定制及文化推广的高端丝绸文化集团化公司。

版权示范深化品牌内涵 作为江苏省首批丝绸文化行业版权示范单位，公司坚持自主原创设计研发，依托桑尚、旗艺两大丝绸文化品牌，多家旗下丝绸文化主题门店、3000平方米无菌生产基地，天猫、阿里巴巴旗舰网店，形成集设计、加工、生产、销售于一体，融合互联网+、文、商、旅的创新型丝绸工贸模式。

文化创意赋予丝绸现代新时尚 公司创立10多年来，将5000年丝绸精良技艺传承融合传统文化，深度发掘创新设计、引进国外设计理念，创新传统元素的国际化、时尚化，形成集非物质文化遗产盘扣、绣花、手工定制刺绣旗袍及各类精品真丝眼罩、口罩、家纺、服饰等丝绸系列主题产品。被评为中国丝绸行业创新企业、江苏省民营科技企业、江苏省版权示范单位、江苏省工业质量信用A级，多项作品获得"紫金奖"文创产品荣誉。

培育团队支撑丝绸文化梦想 公司现有团队80人，以优秀的团队传承丝绸

图3-105

文脉，以全原创设计，打造精品高端丝绸产品，再现非遗产品，以一根丝的生活哲学，营造中式高端手工定制丝绸服饰与时尚文创丝绸家纺、礼品新高度。公司拥有一支在丝绸行业内平均年龄最为年轻、始终拥有创业者心态的文化人才团队。公司创始人黄秋停，自2008年创业以来，是文化创意设计制作中级工程师、首席质量官、首席品牌官、卓越绩效师，他除了培育了一批年轻又有丰富工作经验的原创IP设计、制作团队以外，公司还在此基础上成立非遗工作室，构建了一支围绕盘扣非遗工程的年轻手工匠人。（图3-105）

逆行国际化突破新业绩　公司在2020年度遭遇疫情而引发的全球经济不景气的大背景下，凭借原创产品与优质的产品质量，逆市扬帆，再现佳绩，尤其是在国际化渠道上，成为公司新的亮点，保证了公司2020年度业绩爆发式成长，相比较传统的纺织品国际销售业务中较多的OEM、ODM业务，目前国际贸易合作伙伴有英国、德国、美国、加拿大、澳大利亚、俄罗斯、泰国、日本等。公司在推动自主桑尚品牌丝绸家纺、礼品业务的同时，利用优秀的自有原创产品与优质的产品质量能力，以高品质ODM特色，塑造了桑尚在工业设计与服务领域的美誉。相较2019年度，公司年度销售预计增长27.89%。

图3-106

新品开发拓展生命线　公司坚持原创设计理念，培育了一支年轻又有丰富工作经验的原创IP设计、制作团队，同时作为江苏省版权示范单位，公司还与国内外优质的品牌IP开展合作，相互交易IP元素，打造联名、合作产品，丰富原创IP系列产品。公司还在产品功能上谋求突破，在始终利用好丝绸产品的亲肤性特点上，以健康、绿色、养生、科技为产品开发方向，通过面料、工艺等多种形式功能化传统的丝绸家纺、礼品。（图3-106）

高质量发展筑梦"十四五" 一个丝绸品牌文化集团，在涵盖生产、加工、设计、销售一体的同时，重点凸显生产加工的质量优势、设计IP的品牌深度与原创优势、定制与销售的轻奢服务与艺术品化优势。一个传承丝绸与现代时尚的创新、创业集团，在当前丝绸行业中是企业平均年龄最为年轻的企业，创始人带领团队始终保持创业者心态，在不忘传承好丝绸文化的初心同时，融合现代时尚的创新理念，必将跻身中国丝绸行业中的新一代领跑者梯队。

发展历程：

2008年：吴江桑尚丝绸有限公司创始人——黄秋停，开设淘宝店，开展真丝绸家纺品类经营。

2009年：吴江桑尚丝绸有限公司成立，开展线上线下相结合的真丝绸产品生产、经营与销售业务。

2013年：秉承丝绸文化传承特色，做精做优丝绸高端产品的理想，成立苏州新旗艺丝绸科技有限公司，以"旗艺"之名，专司开展高端中式丝绸旗袍的设计、生产与销售。

2014年："旗艺"品牌再现丝绸文化非遗传承精品，成立非遗工作室，以新工艺复活已流失传统工艺而近失传的中式盘扣产品。通过融合现代文创思想与各类原创IP，打造市场化一系列盘扣元素文创产品。

2016年：公司团队首次参展苏州创博会。以传统旗袍为载体，大胆创新，将旗袍元素和传统面料融入时尚设计中，推出了以"艺境"为主题的花重锦宫、山水清音、纱影素心及万代如意四个系列，一亮相便引来如潮的好评。

2017年：旗艺品牌先后在苏州中心、东方纺织城开设门店，代表了苏州本地的丝绸文化元素进入了苏州顶级商业项目。发布主题——守忆，意为守住一份技术的记忆，也守住一份脑海中的记忆。

2018年：旗艺品牌开设旗袍小镇门店，品牌耦合小镇主题，成为小镇核心展示门店之一。发布主题——留痕，挖掘盛泽72条半弄堂的痕迹元素而创作。

2019年：桑尚丝绸真正以优质的品质与优秀的设计服务能力为自主品牌，走出国门，成立苏州桑尚进出口有限公司，全面推动桑尚牌服装服饰与ODM订单业务。发布主题——唤醒，取意为公司创始人十年创业寻梦，坚守丝绸产业，唤起社会对丝绸以及传统文化更多的关注；荣获"2019年度中国茧丝绸行业创新企业"。

2020年：桑尚旗袍小镇门店——丝绸生活馆落成，在重点展示丝绸家纺与文创产品之外，原创版权、党建生活、非遗传承组成生活馆的亮点；发布主题——溯洄·丝，意为年华始末，十年之约，坚持用一根丝创造的专注，循迹的是不负韶华的星光熠熠；"旗艺"品牌被苏州中心定性为轻奢类，苏州中心门店调整至南区，品牌画像再予升华。

江苏省吴江东太湖生态旅游度假区（太湖新城）财政和资产管理局："财资税苑"引领发展重心，财政文化统筹管理全局

近年来，东太湖度假区财政和资产管理局提高政治站位，全局树立了"小事不过夜，大事不过周；件件有着落，事事有回复"的工作理念。承接职能整合，主动发力，探索资金、资产、资源的融合管理。不断探索改革，加强预算管理，规范统一资金拨付流程、组建全域资产管理平台、成立公共资源管理中心，标志着财政和资产管理局全面统筹域内资金、资产、资源，开启"财政三资"全域管理新模式。特别是2020年，面对新冠肺炎疫情，主动作为、勇于担当，在大战大考中践行初心使命。

近五年来，一般公共预算收入平均增幅20%。2019年一般公共预算收入完成50.01亿元，增幅21.83%、税比95.86%。收入增幅、税收增幅、收入增量、税收占比均列全区第一。2020年11月，完成一般公共预算收入55.3亿元，增幅22.08%，税收占比97.92%。先后获得江苏省健康单位、吴江区无烟单位、吴江区巾帼文明岗、区财政系统先进集体、度假区机关党建先锋之星、吴江区文明单位等荣誉。局长李苏雷为2010—2015年度全省财政系统先进集体的负责人，并获得2017—2019年度全省财政系统先进工作者。

党建品牌"财资税苑"引领全局重心　品牌的主题是聚财促发展、理财惠民生，涵盖财政国资、产业投资、个体工商税收三个方面，并用"苑"字将其整体融合，再配以财务印章模式的LOGO，完美诠释了财政和资产管理局各项工作融入党建工作的引领之中。以党建五大引领统筹全局中心工作：引领思想，支部建设迈上主车道；引领征管，财政收支快上新台阶；引领创新，业务

钻研上精益求精；引领发展，实现全域管理一体化；引领队伍，财政干部锤炼中成长，五大党建引领、五大攻坚任务目标建设初现成效。始终将政治建设的思想建设放在第一位，强化意识形态学习的引领力。组织好"学习强国"学习。通过"学习强国"

图3-107

平台，积极创新学习形式，丰富学习内容，涌现出了一大批勤学习、爱学习、乐学习的党员干部，建设学习型党组织、学习型党小组。局党支部获学习强国优秀组织奖。（图3-107）

固基强本构建四大格局

◎ **构建大财务格局**。横跨行政事业、农村、企业财务领域全覆盖，构建新型度假区财政管理模式。继续深化国库集中支付改革：国库集中支付加快推进"无纸化"，实现财政服务"零距离"。强化农村三资管理：盘实农村资产资源家底，规范村级资源交易行为，优化村级资金支付方式。

◎ **构建大资产格局**。结合资产资源管理平台系统形成"一宗一档"的电子化、精细化管理，改变以往资产管理中多头无序局面，保证资产产权的全面落实，加强资产监管的连续有效。今后将产投公司经营性资产、农村集体资产逐步纳入平台管理，形成东太湖度假区全域资产管理新格局。进一步规范资产产权处置流程，规范土地流转行为。做大做强产投公司：依托新建立的投资运行部，重点加强投资经营，把经营性资产做强做活。

◎ **构建大监督格局**。依托内部监督审计部门，专司监督检查和审计职能，覆盖度假区所有单位。力求建立预算编制、预算执行、监督审计、绩效评价完整链的财政新型管理模式。在内部监督的基础上，同时对建设项目等专业领域引入外部审计加强监督，达到内外结合的全方位资金监管。

◎ **构建大中心格局**。按照双向性、全域性、统一性、唯一性、集约化的原则，规划组建公正开放、竞争有序、服务到位、监管有力的公共资源管理中心。监管向事中延伸，今后在采购之时就予以把控，源头上抓紧项目实施。将原本分散开展的建设工程、政府采购、资产出让、土地流转等公共资源交易活动归并集中实施动态监管。

练好内功加强四重管理

◎ **加强财政预算管理。**做好预算管理，稳抓收入不放松。结合街道成立，探索新模式下的财政预算管理模式。加强预算执行考核，实行部门预算执行季度通报制度。对支出进度没有达到要求的，将追减预算安排。

◎ **加强基建财务管理。**主动适应政府债务管控要求，承接公益性建设项目的资金管理。在预算切块管理的基础上，全面推行精细化管理。从预算编制到竣工决算实施全过程监督和检查，确保政府实事工程资金全面落实和有效使用，通过严把项目立项关、严把项目采购关、严把资金支付关、严把竣工决算关等措施形成事前—事中—事后全过程监控。

◎ **加强绩效评价管理。**深入推进预算绩效管理，充分发挥绩效评价的功能，使绩效评价为财政预算编制提供参考和决策，从而确保财政资金真正落到实处。加强公共资金安全监管，完善单位内控管理，定期组织财务检查（飞检）工作，做到监管全覆盖不留死角。

◎ **加强财务队伍管理。**对内强化队伍建设，打造忠诚、干净、担当的财政干部。对外加快培养度假区财务力量，做强报账员队伍，明确资产专管员。一方面及时给予财务指导，另一方面加强监督审计，坚持两手抓，以监督带学习，共同提升度假区财务管理水平。在度假区范围内，定期实行财务轮岗，保障财政干部和财政资金双安全。

服务"双胜利"打造最舒心财政营商环境　积极落实财政奖补措施，助推企业高质量发展后劲。充分发挥财政资金的政策导向作用，积极落实财政奖补措施，重点支持企业转型升级和高质量发展。2019年本级拨付企业转型升级财政奖补资金3525.56万元，2020年截至11月底本级已拨付2513.22万元。今年新冠肺炎疫情突发后，第一时间组织测算方案，出台《东太湖度假区"惠"企6条实施细则》等相关政策帮助企业共渡难关。度假区年税收50万元以下的中小企业众多，考虑到普惠政策面广量大，中小企业发起补贴申请费时费力。本着服务纳税人，尽快兑现疫情防控惠企政策补助，为企业送上党和政府的关怀。

财政和资产管理局组织力量实施精准排查、集中打款，共计批量支付5135笔，发放惠企政策补助325.22万元。发放区级以上重点工程防控补贴64万元，涉及8家建筑企业。发放小区物管公司防控补贴177.4万元，涉及116个小区的48家物管公司。

制度创新积极服务乡村振兴　创新农村三资管理。将农村集体资产纳入资产资源管理平台统一进行管理，采用线上平台化和线下纸质化档案管理模式，实现农村资产产权交易及租金收缴情况实时监控。制定指导价，规范村级集体资产资源发包租金，确保资产保值增值。加强资产监管，建立资产"一宗一档"。组建资产资源管理平台系统，对资产建立"一宗一档"，按照属地管理的原则，根除职能交叉、责任不清等问题，改变以往资产管理中多头无序局面，规范资产处置的随意性，实现了农村集体资产管理科学化、信息化、规范化建设。优化支付流程，实行窗口一站式服务。充分利用"江村通"三资监管平台，在大厅窗口进行初审、复审；利用驻点银行窗口，优化资金支付业务受理模式，实现初审复审支付一站式服务；同时设立AB岗，及时高效办理审核手续，实现财政服务"零距离"。清理长期合同，规范农村产权交易业务。推进农村产权交易长期租赁合同清理工作，按月通报进度。规范统一合同模板，对新签订产权交易合同，按最新合同模板进行签订，并录入指定平台。长期合同清理工作及模板合同的使用，既保障了农村资产资源保值增值，也标志着度假区农村产权交易业务进入标准化新阶段。规范资金使用，出台村级非现金结算办法。为强化度假区农村资金业务结算管理，结合区农业农村局2020年度试点项目，制定了吴江首个村级资金非现金结算管理办法。从村集体收入、集体支出、村务卡结算三个方面进行了全面规范管理。

主题学习强化财政队伍能力建设

◎ **学"四史"提高政治站位**。将学习"四史"融入每月一次的中心组学习中，不断提高党员干部政治敏锐性和鉴别力，坚定政治立场和理想信念。结合组织党员干部观看《忠诚》《诺言》等宣传教育片，通过走基地看变化等形式使学习教育常态化和达到预期的目标效果。贯彻落实党中央关于加强意识形态领域建设的精神。

◎ **学业务提升专业能力**。以滨湖大讲堂为学习载体，定期开展党员干部业务培训活动，提升业务素质，坚持学习开展财政和资产管理相关法律法规学习会，夯实法律法规知识，培养依法行政能力。开展主题调研活动，对乡村振兴、财政监督、绩效评价、公共资源管理等课题进行调研，旨在通过上下联动，掌握第一手资料，为工作更深开展提供有力数据。同时不断完善制度建设，规范日常工作流程，提高财政工作效能，展示部门良好形象。

◎ **话廉政加强作风建设**。以党支部十个党小组为单位开展党员作风教育学习。建立健全首问责任制，完善责任追究机制，坚持月工作考评制，党支部在度假区机关党建中多次获得党建先锋之星荣誉。通过学习和实践，推行"大事不过周、小事不过夜、件件有着落、事事有回复"度假区财政工作理念，努力建设"顾大局、

图3-108

重实干、善创新、讲奉献"的高素质财政干部队伍。（图3-108）

创新形式新时代文明实践活动蓬勃开展

◎ **加强道德规范建设**。以贯彻落实《新时代公民道德建设实施纲要》为重点，深入开展以社会公德、职业道德、家庭美德和个人品德为主要内容的"四德"教育，把职业道德融入工作的各个方面，积极倡导为人民服务的道德观。

◎ **弘扬奉献精神，做好结对帮扶工作**。积极开展阳光扶贫活动，目前对13户贫困户开展"送温暖"帮扶活动。定期走访慰问困难党员和困难群众并尽力解决困难，送上党的温暖。开展巾帼结对活动，结对两户困难家庭。和奥林清华社区开展机关社区党建共建活动，帮助社区舞蹈队、运动室解决实际困难。

◎ **开展好文明志愿活动**。组建新时代文明实践志愿服务队，打通了服务群众的"最后一公里"，积极开展社会需要、群众满意的文明实践活动。如组建防疫突击队，多次走进社区当好"守门员"；进体育路农贸市场宣讲垃圾分类，服务民生；摆摊宣传减税降费政策，服务纳税人；参与全国文明城市创建等，营造出"志愿服务暖民心，文明实践树新风"的良好氛围。文明志愿服务

队目前注册成员193人，服务时长超7万小时，志愿团队在全区名列前茅。战疫有力，2020年3月获区委宣传部和区文明办联合表彰，授予新时代文明实践战"疫"志愿服务优秀团队的称号。（图3-109）

图3-109

聚焦重点支持一体化发展　财政和资产管理局积极融入长三角一体化示范区建设，打破边界促进融合，分别到乡村振兴示范村青浦区练塘镇新练村、廉政教育示范点嘉善县姚庄镇横港村围绕党建引领、有效治理、廉政建设、乡风文明、农村三资管理等乡村振兴话题，开展参观学习互动交流。感受一体化发展成果，学习一体化发展经验。作为吴江区的重要板块，度假区要积极作为，财政和资产管理局根据自身职能，发挥特长，为长三角一体化发展腾出更多的发展空间。积极组织财政收入，确保完成全年财政收入任务。2020年全年，结合工作实际，抓好收入征管。加强与税务部门、其他经济部门之间沟通协调，及时分享情况、交流数据，加强对重点税源的监控力度，进一步强化税收征管工作。深入开展协税护税工作，加大对外来建筑业等重点行业税源的调查，加强对繁杂零星税源的监控，做到应收尽收。强化非税收入征管，确保高质量地实现财政收入增长。有效控降政府债务。根据控制债务总量、十年化解存量的刚性要求，有序开展债务置换。源头上控制债务增量，管理上控制债务风险。落实债务限额管理，严禁新增隐性债务，提供化债资金保障。进一步降低债务综合成本率，提前消除隐性债务可能出现的风险。开展基建财务整理。一方面资产平台不得再立项并支付政府公益性项目，所有政府基建都将由财政直接负责，势必对现有基建财务管理模式进行改革，抓大放小、统筹兼顾。另一方面全面清理度假区政府基建项目。对历年来的基建项目工程进度及支付进度逐一进行核对，提高效率加快竣工财务决算办理。优化财政支出结构，提升资金使用效益。为平衡好财政收支关系，一方面严格控制一般性行政支出，牢固树立厉行节约的思想，加强各项经费管理，对"五公"经费等实行零增长。另一方面，组织各预算单位对年初下达的部门预算指标进行排查，对未开工或不是特别紧急的项目进行延期实施，同时对预算指标压缩调减。把压缩出的预算指标，进行统筹使用，继续优化财政支出结构，重点保障社会民生、教育、抗击疫情、惠企支持、文明城市建设、垃圾分类、太浦河沿线整治等领域的支出，有效缓解收支矛盾，助力提升度假区社会公共服务水平。

精心组织丰富职工文化生活 职工文化是财政文化建设的重要组成部分，度假区和财政和资产管理局积极开展多种文体活动，为塑造财政文化注入新内涵，给财政干部营造开心愉悦、压力释放、和谐竞争、团结协作的氛围，更进一步凝聚人心，增强团队向心力与执行力。通过组织拔河、羽毛球、乒乓球、自行车等丰富多彩的文体活动，大家积极参与，相互协作，展现了奋勇争先的良好精神风貌，活跃了职工的文化生活，营造出和谐的活动氛围，提升了团队意识和凝聚力，有效地促进了单位和个人同步和谐发展。以加强教育为手段，打造勤廉型机关文化。通过组织党员干部开展了党建连连看，参观平望莺湖廉园、吴江看守所、同里知青馆等廉政教育基地，多项主题党日活动严格执行党内组织生活、三会一课活动。着力增强党员干部尤其是青年党员的忠诚与担当。开展局党支部书记上专题党课、书记开展廉政谈话。通过诗歌朗诵讴歌幸福生活，抒发爱国情怀，2020年举办了"迎国庆·庆中秋"演讲比赛。展示了财政干部活力风采，活动取得了良好的反响。

东太湖度假区财政和资产管理局始终以党建为引领，凝心聚力抓主业，服务大局有担当。继续坚持"四大格局四个加强"的改革再出发总基调，以"乘风破浪争第一　勇立潮头创唯一"的奋斗姿态统筹推进中心工作，财政收入要再攀高峰、业务工作要永争第一、改革创新要力求唯一，在全区财政系统勇当"先遣队"、勇做"领头羊"，力争财政收入上新台阶。

区文明校园

苏州市吴江区盛泽第二中学：创新践行社会主义核心价值观方法

　　近年来，苏州市吴江区教育局顺应教育发展的需要提出了"德善品格"工程，在中小学生中培育和践行社会主义核心价值观。这也是贯彻落实《新时代爱国主义教育实施纲要》和《新时代公民道德建设实施纲要》的重要内容。实施中小学生品格提升工程，是江苏省基础教育落实立德树人根本任务的创新举措。（图3-110）

图3-110

　　盛泽二中开展"方寸邮票育品格：延伸式集邮课程教育的校本实践"项目，实施过程中以邮票为载体，在集邮、品邮中开展社会主义核心价值观教育，激发了师生的兴趣，收到了良好的教育效果。

　　盛泽二中原党支部书记、中学高级教师、吴江区集邮协会副会长、苏州市中小学生社团优秀辅导员、全国邮展"大镀金奖"、亚洲邮展"镀金奖"获得者，袁农基老师，经过多年的探索，积累了借助邮票提升学生品格的有效做法和经验，带领团队编写了系统的品格提升校本教材《品邮与品格》，以24字社会主义核心价值观为内容，通过各类活动，寓教于乐。

　　邮票虽小，但图案精美绝伦，画面引人入胜，内容丰富多彩，她是历史的见证，时代的印记和社会的缩影；品邮不仅是了解社会发展、认识世界的窗口，更是陶冶情操、修炼品格的途径；集邮活动是培育学生积极向上的个性品格，提升综合素养的有效方法。

　　《品邮与品格》共十二章，分为富强、民主、文明、和谐、自由、平等、公正、法治、爱国、敬业、诚信、友善，教材图文并茂，每个章节围绕主题精选了相关的主题邮票，并配有读一读、想一想、说一说、查一查、做一做等开放性问题、话题和实践操作题，在每章的"笃志践行"中，为让学生品邮感悟，设计了一些针对性比较强的实践活动，让学生的品格在实践中践行，在实践中提升。

《品邮与品格》校本教材融科学性、知识性、基础性、趣味性和开放性于一体，由浅入深，由具体到抽象，层层深入，细致严谨。她所蕴含的深刻的人与自然、人与社会、人与人和谐相处的理念以及爱国为民、重义轻利、勤劳勇敢等中华民族优良传统和品格，具有强大的道德熏陶和感染作用。更重要的是，通过教学，使学生系统地懂得了社会主义核心价值，懂得了如何践行社会主义核心价值观，品格提升润物无声，学生欣然接受，并自觉践行。

近年来，学校已经把《品邮与品格》的实施排入课表，班主任利用每周的班会课和晨会课开展系统教学，帮助学生潜移默化地接受爱国、诚信、感恩、进取等方面的教育，促进学生德善品格的养成。

图3-111

盛泽二中以编写《品邮与品格》思政读本的教学模式，把践行社会主义核心价值观作为文明校园建设的重要内容。该创新举措也是承载学校的新时代文明实践点的理论宣讲和文明实践活动的重要内容。把精细策划作为精准服务的重要前提，把精准宣讲作为道德讲堂的重要形式，将内容和形式与师生喜闻乐见结合起来，充分调动参与积极性，达到宣传和实践效果，成为文明实践优秀的案例。（图3-111）

特色单位

苏州市吴江生态环境局：美丽中国，我是行动者

第49个世界环境日，吴江用江南特色的农民画形式，来展现美丽城乡的生态环境风貌，用行动记录下这片绿色，倾心生态文明美丽江城文明实践，打赢

污染防治攻坚战，建设乐居之城。（图3-112）

图3-112 （吴斌 摄）

党建引领，让党建红与生态绿交相辉映 发挥"碧水蓝天党建红"融入式党建品牌引领作用，以党建统领执法、服务。党员表率，以实际行动保护环境，有效提升了干部职工的凝聚力，展现了吴江生态环境人的新形象。在疫情防控和助力企业复工复产督促企业守住安全生产和环境保护"底线"的同时，想方设法助力发展。建立实施生态环境监督执法正面清单，对符合要求的企业免于或减少现场执法检查，通过实行分类监管、差异化监管，科学合理配置执法资源，实现对守法企业无事不扰，对违法企业利剑高悬……为了吴江的蓝天碧水、生态环境人在行动；为夺取"双胜利"，鲜艳的党旗正高高飘扬。（图3-113）

目标导向，擦亮生态文明绿色名片 现在起，以省生态文明建设示范区为新起点，瞄准全国生态文明建设示范区，开放再出发。通过这几年生态文明建设示范区的创建，全区上下对绿色发展有了新的认识。在发展理念上坚持做到了经济建设与生态文明建设一起推进，产业竞争力与环境竞争力一起提升，经济效益与环境效益一起考核，物质文明与生态文明一起发展。希望通过

图3-113

创建，让一个个环境改善的成果实实在在地展现在群众身边，越来越多的"蓝

天白云，鸟语花香"能够刷屏吴江市民朋友圈，让人民群众从高质量生态环境中有更多的获得感，更强的幸福感。

改革生效，优化提升服务效能　试行环评告知承诺制改革，以"政策性条件引导、企业信用承诺、监管有效约束"的服务模式，实现了即申请即受理、即受理即审批，大大缩短了审批流程，也为长三角生态绿色一体化示范区内优质项目的快速准入和良性发展释放了强有力的生态环境政策红利。试行环评告知承诺制后，建设单位只需提交承诺书，承诺企业申报信息真实准确并将全面落实报告表提出的各项生态环境防护措施、防范环境风险措施，在申报相关资料后，审批部门可不经评估、审查，原则上在一个工作日内（不含公示时间）给企业直接出具审批决定。审批流程的提速，不但为企业换取效益，更为其争取了发展时间，提升了竞争力。审批提速并不意味着审批的松懈，环评告知承诺制改革也意味着审批流程从重"事前审批"向重"事中事后监管"转变。

美好共享，唱响《让中国更美丽》。社会各界携手同唱，美丽的大自然，是你我共同的家园。从我做起，从现在做起，让爱通过心灵，在大地上传递。

文明实践，选树优秀环保卫士　吴江区文明办与吴江生态环境局一起开展第一届蓝天碧水守护者评选，评选10名和提名10名优秀代表。通过评选，让全

图3-114 （许金荣　摄）

民关注环保、理解环保、支持环保、参与环保，把公民环境意识转化为保护环境的自觉行动，让人人成为保护环境的参与者、建设者、监督者。吴江生态环保局党总支积极组织党员干部和社会各界环保人士，参加蓝天碧水净土、防疫联防联控等文明实践志愿服务，开展志愿者服务活动1120人次，服务时间超过9000小时。（图3-114）

聚焦重点，推进长三角生态绿色一体化发展示范区建设　积极践行"两勇一快"部署，落实一系列一体化工作举措。开展三地联合检查，推进执法一体化方案，确定三地环境标准统一行动方案，积极推进三地监测数据共享。完

善两区一县生态环境联防联控、互查互助机制，深化环保公众参与，开展三地水源地、美丽乡村、绿色企业走访活动。拟定《吴江区元荡水环境专项整治方案》，积极推进汾湖高新区环境影响评价承诺告知审批制改革。加强三地交流，实现资源共享、经验互学，着力提升示范区"一河三湖"主要水体环境质量。（图3-115）

　　非遗主角，画出心中的美丽家园。吴江非遗传承人周鑫华，用独特的"生态画"创作，带领学生体验生态环保文明实践，起到了非常好的宣传带动作用。记录原生态的生活方式，在创作中，发现生态系统的协调性，与时俱进，让画顺应经济社会发展。

图3-115（吴斌　摄）

苏州市吴江区供销合作总社："为农务农姓农"服务乡村振兴

　　苏州市吴江区供销合作总社现有10个基层供销社、101个农村综合服务社、58个农民专业合作社、8个公司（厂），现有在职干部职工87人。近年来，区供销总社认真贯彻落实党和国家领导人关于供销合作社重要指示以及中共中央国务院，省、市、区党委政府关于深化供销合作社综合改革的文件精神，始终坚持"为农务农姓农"，创新为民职能，助力乡村振兴，传承、弘扬供销社优良传统，积极参与文明单位、文明城市创建工作，持续推进供销合作事业高质量发展。建品牌凝聚供销精神。始终坚持党建引领，助力乡村振兴，深化融入式党建创新工程，结合供销社为农服务和战疫防汛等工作，做好"党建+"文章，努力打造吴江供销"红领扁担兴江村"党建服务品牌。严格执行"三会一课"、民主评议等组织生活制度；整合基层企业党组织资源，在有条件的企业组建党支部，在支部党员中组建行动支部，加强与其他单位党支部的党建联盟合作，切实提升基层党组织战斗力；机关离退休支部创建海棠花红·苏州银发先锋党群驿站，被评为"三星级"支部。强化理论武装，组织党员开展多种形式学习活动，做到学习强国平台日日学，紧跟发展潮流，在学思践悟中提升党员理论素养。加强党建阵地建设，以"海棠花红"党建阵地为基础，推进供销社党建文化长廊建设，传承发扬供销社扁担精神、背篓精神，营造红色文化。（图3-116）

图3-116

图3-117

攻坚一线展示供销风采　疫情期间，供销社广大干部职工积极参与疫情防控工作，迅速成立疫情防控工作领导小组和"战疫"行动支部，千方百计做好抗疫期间的农资调配、运输和供应，为春耕备耕保障物资需求。组织一批志愿服务队员配合街道、社区以及相关单位，开展居民小区、交通卡口、复工企业等防疫志愿服务，受到有关区镇干部群众的欢迎和肯定，4名志愿者受到区里表彰。广大干部职工纷纷向疫情防控工作和疫情严重地区伸出援手、奉献爱心，主动捐款捐物，展现了供销人心系群众、服务群众的初心。梅雨汛期，全体人员严阵以待，做好防汛值班、抢险工作，组织系统青年党员职工成立防汛工作突击队，在农资仓库、直营店一线筑牢防水墙，确保化肥农药储存和供应不受影响。（图3-117）

美丽乡村展现供销作为　供销人致力于以助农增收、助力农村生态文明建设为己任。完善肥药集中配送体系，加大农资优化供应、便捷供应力度，扩大绿色肥药配送率和覆盖面，不断改善供应模式，延伸村级服务。大力开展"放心农资下乡进村服务周"活动，指导农户科学、绿色、有效施肥用药，赋能生态农业、高效农业。以融入式党建"书记项目"为抓手，实施"红色引擎，绿色先锋"计划，加大农业生产废弃物无害化回收力度，走村串户，服务田头，应收尽收，最大限度

图3-118

地降低农业面源污染。结对帮扶七都镇开弦弓村，打造"美美江村"乡村振兴党建联盟项目，选派"第一书记"驻村，先后投入150万元助力江村特色田园乡村建设。（图3-118）

复工复产搭建供销金桥 扩展、提升供销社农村电商平台，积极打通本地农产品销售通道，助力东西挂钩扶贫协作，统筹做好疫情防控和复工复产工作。在线上帮助开辟滞销青虾销售渠道，解除养殖户燃眉之急；组织农产品参加"同里夜精彩"夜市活动；开设"线上黎里"文创店；成立、运行吴江农村电商线下展示展销中心，成功举办吴江首场"果蔬乐购嘉年华"直播带货活动；在苏州市供销社展示展销中心设立"吴江馆"，推出吴江特色优质农产品50余种，助力经济复苏。组织本地优质农产品企业参加第21届中国·青海绿色发展投资贸易洽谈会，加大产销对接力度。积极响应疫情期间小微企业租金减免号召，对系统内197家承租供销社资产的中小微企业落实租金减免或无偿延期三个月的优惠措施，减轻企业负担，提振发展信心。

一体化中链接供销联盟 抢抓长三角一体化发展机遇，2019年7月，与青浦、嘉善供销社签订"长三角供销合作共赢"项目合作协议；与嘉兴秀洲，上海金山、宝山等供销社签订农产品区域合作协议，加入长三角毗邻地区农业农村合作联盟。加大长三角地区供销社的联合合作和对接研讨，派员参加秀洲区首届长三角毗邻区农产品展销会，牵线吴江大米、养生花酒、平望酱品等农产品入驻上海青浦供销便民店，积极打造有区域特色的互联网+吴江农产品销售平台，实现优势互补、合作共赢，形成长三角供销合作社一体化销售模式。

213

文明创建做出供销担当　结合区文明城市创建工作，积极组织系统内年富力强的干部职工成立区供销总社志愿者服务队，参加新时代文明实践志愿服务。近两年来，先后参加了相关部门组织的"我为城市添光彩"文明交通、社区环境卫生宣传治理、"一联双管"志愿服务、抗疫志愿服务、垃圾分类上门宣传、社村联动共建"净美江村"、文明城市百日攻坚等志愿服务，并在系统内部组织开展了绿色农资宣传、农业生产废弃物回收、农品快闪集市等志愿活动，在交通路口、街道社区、集市广场、田间地头等处处都有供销志愿者的身影，展现了创建文明城市供销人的担当。

第四篇

新时代文明实践
特色村镇防疫风采篇

◎ 新型冠状病毒肺炎疫情防控以来，江苏省于1月24日启动了重大突发公共卫生事件一级响应，苏州市委、吴江区委就全面打赢疫情防控阻击战做出了系列部署和安排。苏州市吴江区文明办迅速响应，积极动员全区各级文明村镇，全面参与到抗击疫情的工作中去，做文明先行者。文明村镇立足乡村乡镇、坚守阵地、主动作为，以文明实践强信心、暖人心，多措并举，发挥示范引领作用，万众一心坚决打赢疫情防控这场硬仗。

村和镇是基层组织的主阵地，在落实上级各项具体工作时，起到战斗堡垒作用，文明村镇和特色村镇是先进代表，用自己的力量筑牢安全防护网，服务双胜利。

文明镇：多措并举，城乡联动，筑战"疫"堡垒

面对复杂严峻的疫情防控形式，苏州市吴江区各级文明镇毫不松懈，把疫情防控作为当前最重要的工作来抓，坚持防输入和防扩散并重，抓防控和抓服务并举，坚决遏制疫情蔓延扩散。

全国文明镇

同里镇：文明同里，志愿先锋

新冠疫情发生后，在同里镇党委、政府的号召下，立即成立了抗疫志愿服务队，在党员、干部的带领下，志愿者们踊跃报名参加，为防止疫情扩散保障居民安全，帮助企业尽快复工复产，为实现"双胜利"他们始终坚守在抗疫第一线，用自己的实际行动守卫同里，践行志愿服务精神。（图4-1）

图4-1

志愿服务队由机关干部、旅游公司职工、村社区工作人员、网格员、爱心群众等累计400多人组成。在2020年最寒冷的冬天，他们深入同里镇的每一个街巷和村、社区开展抗疫志愿服务。在各村、社区的卡口都有他们忙碌的身影；在群众家门口他们在认真地登记着信息；在孤寡老人、困难群众家里能听到他们嘘寒问暖的声音。他们用自己的实际行动平复了群众恐慌害怕的心情，用科学的知识教会群众如何预防病毒，在寒冷的冬夜，处处可见一个个温暖的穿着红马夹的身影。

随着疫情的好转，企业开始复工复产，返程复工人员越来越多。志愿者们除了要加强卡口一线工作，做好返程人员的登记和防疫宣传，还要协助企业办理复工复产手续，了解企业面临的困难。特别是受疫情影响损失巨大的旅游、

餐饮、住宿等小微企业，志愿者们协助政府调研出台扶持同里文旅产业复苏发展的"同暖五条"和"加温八条"，帮助文旅企业渡过难关，为打赢疫情下的"双胜利"贡献力量。（图4-2）

图4-2

疫情给人们生产生活带来的不便和烦恼已逐渐淡漠，而种在志愿者们心中的为民服务的种子却在不断成长，它将激励着一批又一批同里的志愿者们在党旗的引领下，更好地服务群众、建设美好家园。

省文明镇

黎里镇：联合治水，共同"抗疫"

位于长三角一体化示范区先行启动区的汾湖高新区（黎里镇），以"吴根越角"党建生态圈为依托，积极与周边的西塘、陶庄、金泽等镇开展合作，联合"抗疫"。（图4-3）

在线上，利用"吴根越角党建生态圈"微信工作群，相互分享抗击疫情的最新信息，协调同步开展防疫工作，共同对抗疫情。在线下，通过在伟明村、芦东村、西塘鸦鹊村、陶庄湖滨村等省界交界处设置检查点，安排党员干部、一线执法人员、志愿者等开展24小时值班，进一步加强合作，严进严出，努力防止疫情的扩散和传播。（图4-4）

图4-3

当前汾湖防疫工作正紧张而有序地开展，汾湖加强对一线执法人员防疫物资保障，重点对村（社区）、企业等进行社会面宣传，除通知中允许的行业外，其他企业不得提前复工，对于擅自复工的企业，第一时间采取果断强制措施；排查到位，做好居家观察人员监测，对于拒不配合的，采取果断措施；各个卡

217

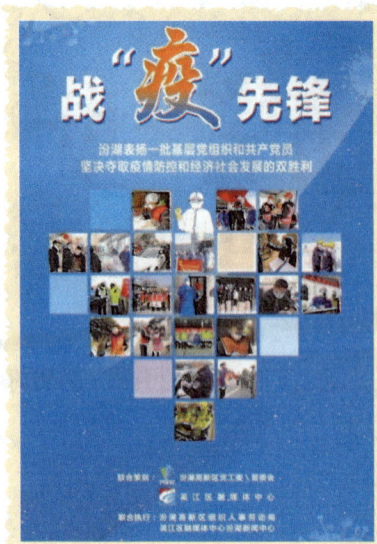

图4-4

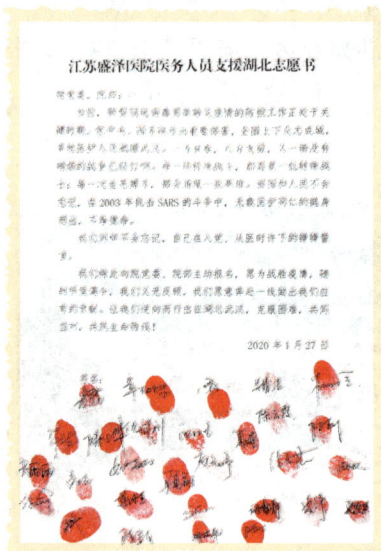

图4-5

口、交通要道严防死守，坚决防范疫情进入和扩散，切实保障群众生命健康安全。督促企业落实主体责任，对未复工企业驻厂职工进行妥善安置；加大防疫工作薄弱环节排查力度，对于小饭店、马路菜场、大排档等加大排查管控力度。

盛泽镇：靠前指挥，一线作战

盛泽镇将防控疫情作为当务之急抓实抓细。各部门和村（社区）各司其职，通过行动抗击疫情，筑起"钢铁长城"。盛泽各部门围绕"防""控"环节，开展村、社区、宾馆旅店等排查工作，做好健康知识宣传。对武汉来盛泽、近期去过武汉的人员做好登记工作，做好追踪随访，采取精准措施，防止疫情扩散蔓延，全力保障人民群众身体健康和生命安全。中国东方丝绸市场管理办公室组织部门工作人员对盛泽东方纺织城、广东商区、和服商区以及渔业商区开展全面巡查，全力做好市场商户疫情排查工作。应急保障组多种渠道解决防护和医用物资紧缺问题，应急保障组还设立了临时物资仓库，用于存放手套、防护服、酒精棉片、护目镜、方便面等医用物资和日用物资，安排人员每天24小时值班，并按照相关要求每日两次对库存量和当天消耗及进货情况进行上报，保障防疫物资供应稳定。盛泽镇各级党组织充分发挥战斗堡垒作用、党员干部发挥先锋模范作用，深入一线，扛起责任，担起使命，让鲜红的党旗在防控疫情的第一线高高飘扬。江苏盛泽医院的医生护士纷纷请愿，志愿支援武汉防疫。（图4-5）

盛泽镇区域党建工作站的新成员"流动先锋驿站"变身"防疫音频流动宣传车",用接地气的表达形式,走进盛泽的大街小巷,呼吁市民做好防疫工作,成为宣传防控新型冠状病毒肺炎疫情的新"移动阵地",在村、社区宣传防范全覆盖的基础上,实现"大街小巷"全覆盖。(图4-6)

图4-6

为打赢疫情防控攻坚战,吴江区各文明镇充分发挥能动性,坚持走群众路线,以老百姓关切的为出发点,用群众喜闻乐见的方式开展工作。在人员摸排管控上,注重全方位、无遗漏。确保查得细摸得清。桃源镇以网格化管理模式深入各村(社区)边摸排边宣传。平望镇借助智慧平望城市AI管理系统提升摸排实效。震泽镇安排24小时值守,在卡口执勤、道路管控的同时,对过往车辆和人员进行严格排查,尽全力阻止病源流入。在宣传内容上,注重贴民心、接地气。各镇会同区融媒体中心录制了九种本地特色方言版本的防疫知识小视频,把政策法规、当前形势以浅显易懂的白话形式加以传播,用小喇叭、宣传、巡回车等走街入巷开展宣传。在传播途径上,注重多平台、新形式。除张贴公益广告、发放告知书、悬挂横幅、短信提醒外,还通过两微一端、抖音等新媒体平台,以情景剧、三句半、顺口溜、歌曲、诗词等形式,力求多层次多角度加以展现。在保障供应上,注重稳需求、保质量。各区镇对辖区内大型超市、集贸市场严格管理,切实满足百姓日常生活需要,坚决做到"两个保证":即保证以市场价把规模菜田生产的全部蔬菜产品供应苏州市场;保证提供市场的产品符合质量安全管理的规定和要求,不发生质量安全事件。(图4-7)

图4-7

文明村：深挖细查，移风易俗，树战"疫"新风

自防控新型冠状病毒感染的肺炎疫情战役开展以来，苏州市吴江区各级文明村坚决落实上级决策部署，扎实开展各项工作，以移风易俗为抓手，深入走访、逐户逐人统计摸排，不断完善、创新工作机制，努力防止疫情扩散和蔓延，全力维护公众生命安全和身体健康。

省文明村

同里镇合心村："三拒绝四防控"打赢防御战

合心村积极响应国家号召，迅速通知所属村组立即取消村内所有"烧头香""迎财神"等民俗活动，并根据合心村自身情况和当前疫情现状，制订了"同里镇合心村抗新型冠状病毒疫情防控风险提示"。

合心村在第一时间发起志愿活动，征集防控工作志愿者。坚决做到"三拒绝四防控"，抵御新冠病毒。"三拒绝"：拒绝扎堆——不图一时热闹，但求平安健康！拒绝野味——不猎奇，不贪嘴，病从口入，教训牢记！拒绝谣言——只送祝福，不传谣言，别让错误信息帮倒忙！"四防控"：一是公共场所防控，针对沐庄综合服务中心、老年活动中心等群众日常聚集场所进行宣传防控；二是蔬菜种植户防控，针对留村的外地蔬菜种植户进行宣传防控；三是食品防控，针对村内商店和食品加工场所进行宣传防控；四是针对村民全面防控，深入村民家中开展摸排回村务工人员和回村大学生的摸排工作，并做好宣传防控工作。（图4-8）

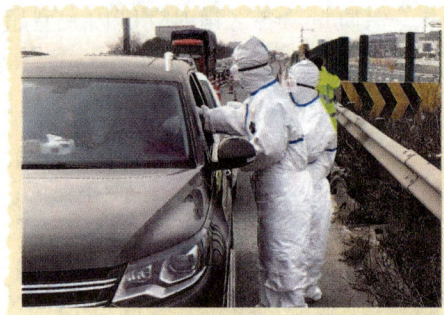

图4-8

平望镇莺湖村：全面摸排，守好责任田

平望镇莺湖村紧邻平南工业区，辖区常住外来人员约3500人，节前大多已返乡。根据往年经验，莺湖村节后将面临约2000人的返乡潮，防疫形势严峻。春节期间，全体莺湖村工作人员放弃休假，对本村外来人员信息进行全面排摸。将辖区内租住人员按照现居未返乡、已返乡将要返平和已返乡不再返平分成三类，以ABC进行标注区分。对从疫区返回的人员，第一时间上报并上门贴牌标识，告诫其居家隔离14天，做好动态跟踪。

莺湖村年轻党员成立了村口护村岗，轮班值守，对外来进出人员排查询问，严防死守保障村民安全。老党员成立巡防队，分组分片巡村，及时发现并上报返平人员信息，做好人员动态管理。村内通过播放流动小喇叭、发放村民告知书、微信宣传等方式，村民积极配合并主动参与其中。20组村民一家三

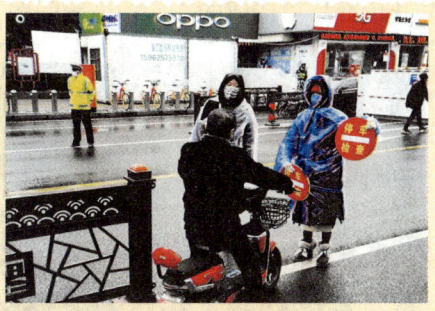

图4-9

口主动请缨，加入村防疫志愿者队伍中；16组村民主动推迟了儿女筹办已久的婚宴；14组村民向村一线工作人员捐赠了口罩；还有不计其数的村民第一时间向村委会汇报返平人员信息。（图4-9）

震泽镇三扇村：点面结合，打好阵地战

疫情发生以来，三扇村两委根据上级部门疫情防控相关要求，排查村内三个烧香点并紧急关闭，停止村内烧香活动。在村内重要路口张贴关于震泽慈云禅寺暂停开放以及取消"烧头香"活动的重要通知和预防新型冠状病毒的相关知识。除夕夜晚，三扇村工作人员在村道与烧香点附近开展联合巡查，严防村民开展烧香等聚集活动。

村书记通过微信渠道召开村两委微信会议，传达镇党委、政府关于疫情防控的要求，要求工作人员坚决响应党委政府的号召，不组织、参加任何聚会，主动劝阻身边各类聚会。工作人员每日上报疫情防控工作情况，做好村民宣传引导工作，关闭村内老年协会活动场所。组织人员对村内棋牌室进行巡查，劝导并关停

村内所有棋牌等娱乐聚集场所。提升每日巡查频率，对村民做好宣传解释工作，对从棋牌室转移到村民家中的集聚活动进行密切跟踪防控。（图4-10）

在抗击新型冠状病毒肺炎的战场上，全区各级文明村还探索出许多行之有效的举措。在市场管理上，开展专项宣传，严格处罚。八坼司法所专门搜集"在疫情期间私自哄抬物价的要受到刑罚追究"的相关司法解释，编印成册并向辖区内的药店、粮店、农贸市场等经营户发放。对哄抬价格销售口罩等物资的行为进行严格处罚。在环境卫生上，从严管理，切断传播。各村为积极有效应对疫情防控，防止废弃口罩造成的二次污染等问题，专门设置废弃口罩垃圾桶回收点。并设置外卖专门取放点，方便群众。在群众关怀上，加强防护，温暖人心。震泽镇众安桥村将新时代文明实践站开辟为临时疫情监测点，专门安排医护人员和志愿者昼夜在岗，及时为村民提供基础医疗服务。盛泽镇七庄村主动为行动不便、生活困难的居家老年人送菜、送饭上门。黎里镇汾湖湾村深入排查村中有肺炎病例接触史的人员，发放了告知单、口罩、温度计、消毒液等。在传统风俗上，耐心宣讲，争取理解。通过细致宣讲当前形势和政策，向居民群众倡导移风易俗新理念。震泽镇新乐村村民顾烨怡决定延期原定在大年初三举行的结婚仪式。震泽镇联星村厚明港5组的沈伟，经过村干部的劝说，也将原定在大年初五给女儿举办的成人仪式取消。松陵街道新营村的一户村民大年初四过世，村内立刻组织党员志愿者前往家中慰问并劝导从简办丧，并获得家属理解支持。（图4-11）

图4-10

图4-11

第五篇

新时代文明实践团队及个人风采篇

◎ 文明实践的志愿服务团队和个人，是文明实践的主体和主力军。在吴江，有超过30万名志愿者，他们常年活跃在吴江的各个角落，默默无闻地为社会发展做着贡献，以自己的实际行动架起爱心桥梁，倾心服务吴江发展。

新时代文明实践团队

吴江区委宣传部防疫志愿队：在基层一线防疫锤炼宣传业务本领

防疫人人有责，在这个重要关口，吴江区委宣传部积极响应吴江区委区政府号召，在自愿报名的人员中选拔志愿服务小分队支援平望防疫。平望镇党委政府在响应上级指令和制订本镇防疫措施方面快捷有效，镇主要领导到第一线指挥，了解实际问题，及时召开镇防疫领导小组会议决策部署，镇防疫指挥部调动全镇力量根据防疫决策落实各项防疫工作。

此次到基层支援防疫工作，对于宣传部的年轻同志是一次非常好的锻炼机会。在基层一线，可以提升个人应对突发事件的综合能力，在众多复杂的事务中锤炼宣传业务本领，发挥宣传特长，"四力"齐锻炼，配合平望镇共同做好联防联控、群防群控。（图5-1）

图5-1

第一阶段以协助防控为主（2月6～10日） 当好"保安"，协助架起安全防护网。根据平望镇的安排，首先做好对镇区车流和人流流动量大的524国道旁的大社区进行安防检测和政策服务，从2月6～10日的前5天每天都有约300名外来人员登记，有的是年前回到平望，多数是年后返回，对这些人员在进住大社区前，进行轨迹查询，并将名单报社区进行隔离时间确认，把好安全关。

在协助做好防护时"四力"锻炼包括：脚力——对大社区内住户，协助社区进行排查和上门宣传防疫政策，对重点必须隔离的人员进行隔离到位情况巡查，对重点人员的隔离情况是否到位是一大关键点和隐患重点。眼力——对人员进出登记时，根据其提供的资料和回答的问题，善于发现一些问题线索，如对进出大社区的人员做到轨迹巡查和隔离时间确认，在询问过程中确实发现有个别居家隔离未满14天就私自出行的，在及时登记后劝返家中继续隔离，并报

图5-2

社区进行监控。脑力——根据现场进出情况，对进出方式进行分析，既要保障通行和必要出行，又要特殊时期动员减少不必要出行。对可能出现的问题进行预判，减少不必要的矛盾。笔力——及时把当天遇到的问题梳理后上报镇指挥部，供决策参考。对安全防控与人员合理流动进行预测，根据返工人员数量与企业开工情况，对大社区流量进行分析，合理做好应对服务。（图5-2）

第二阶段以拓展服务为主（2月10日复工开始后）与时间赛跑，协助服务复工复学。接下来重心可以放在企业开工情况了解与外来人员返工流入服务方面，进一步加强与镇防疫指挥部的联动、与社区的联动、与经济部门的联动，服务好企业复工和外来人员返工。对重点项目的开工建设时间进行了解。对学校开学的准备工作和目前的网课情况进行了解。以点带面进行剖析分析，提出合理建议，按规律办事，帮助一起解决难题。在协助做好防疫的同时，对开工开学前的准备工作做一些协助提前准备服务。配合平望镇建好重要点位"防疫服务点"，这也是志愿服务的重要据点，是居民出行、员工上班、咨询和办理手续的重要综合文明实践防疫服务点。

在做好以上防疫工作的基础上，把宣传教育和舆论引导作为重点，引导广大居民提高文明素质和自我保护能力，引导发起各类防疫志愿服务，引导群众自发自觉防护，对在防疫过程中涌现出的典型的人和事进行宣传，对文明村镇、文明单位的先锋模范主动防疫做好宣传，对群众支持防疫的行为给予鼓励。（图5-3）

图5-3

盛泽体育总会志愿团队：亚洲跳水冠军郑曲琳领衔志愿防疫

图5-4

亚洲跳水冠军郑曲琳，加盟盛泽体育工作，同时又是公益宣传代言人，用自己的实际行动引领绸都新时尚。

招募24小时、集结50余人、组织3个小组，迅速分赴排查宣导第一线……这是苏州市吴江区盛泽镇体育总会发布志愿服务招募令的第一天。当前，新型冠状病毒的防控工作正处于关键时期，盛泽镇体育总会积极响应盛泽镇疫情防控工作整体安排，招募志愿体育队伍有序参与防控工作，为坚决遏制疫情扩散，夺取防控斗争胜利贡献力量。（图5-4）

体育总会是盛泽体育工作的一大特色，这一次招募由体育冠军领衔，也有非会员的女企业家助力，总会下属30多个体育协会会员、体育工作者、体育指导员都踊跃报名。（图5-5）

"担当尽责，必须当好维护社会稳定的贴心人。"疫情防控盛泽镇体育总会志愿服务在行动，盛泽体育总会牵头组织微信工作群，以"体总防控组长群"为首，采取1+N的形式构建24小时线上响应网络模式，使防疫宣导排查工作得以有条不紊地开展。中国战"疫"战势正急，无论南北，无分干群，各自贡

226

图5-5

献，共同担当，盛泽镇体育总会责无旁贷。目前，体育总会组织的3个志愿小组已分赴桥北社区、衡悦社区和镜湖社区投入支援工作，加强舆论引导，纾解居民群众不必要的焦虑和恐慌，增强社区居民自我防病意识和社会信心。

疫情面前任何人无法置身事外，社会公益和民间力量共同发力，抗击疫情才能事半功倍，希望志愿者家属多一分理解、多一分支持，唯有众志成城，才能形成战胜疫情的强大合力，才能打赢这场战役。另外，盛泽镇体育总会积极提倡疫情期间居家科学健身，居家期间每天应该保持一定的运动量，积极防护增强免疫力。

苏州市吴江区美美与共助学志愿者协会：美人之美，美美与共

苏州市吴江区美美与共助学志愿者协会，会员120多人，有公务员、企业老总、企业高管、大学教授等。在吴江、贵州印江、瓮安，宁夏灵武，吉林汪清，新疆喀什，湖南汝城等地方，累计捐助200多个贫困学生，捐助学费每月8万余元。（图5-6）

图5-6

建章立制规范运作 该协会起步于

227

2016年，正式注册于2019年3月，作为公益组织，严格管理是关键，协会成立就以章程为核心，出台了建立对口扶贫捐助地区的认定、捐款对象的确认、捐款方式、捐助过程的事前事后监督、捐助应急救助机制、协会组织建设等方面一系列规章制度，同时接受公众对协会的监督，提高协会的社会公信力。在吴江区委宣传部指导下，协会探索出"滴灌式、点对点"的精准教育扶贫方式：即由对口扶贫地区政府和专业组织给协会推荐品学兼优的贫困学子，协会考察认定并推荐爱心人士认捐，最后由捐助者直接对接贫困学子。协会规定对受捐助学生不得要求回报，只希望他们传承"美人之美、美美与共"的协会精神。（图5-7）

图5-7

理事带头形成合力　美美与共助学志愿者协会理事25名，理事共捐助学生超过100位，占了一半。会长费金华带头捐助6名学生、副会长何晓东捐助5名学生、捐的最多的沈晓峰，捐助21名学生。2019年，在捐助苏州新区一中新疆学生阿依沙时，会长费金华与副会长孙中华一同前往了解情况，班主任介绍了孩子的学习情况，孩子很努力，也懂得感恩，孩子今年要准备高考。副会长钱华资助的张天鹏、副会长杨忠华资助的周慧灵、理事徐瑾资助的付欢、会员刘晓近资助的毛金敏在2019年高考中都获得了骄人的成绩。理事徐凤鸣捐助了500个学生书包，其中有200个分别发往宁夏灵武以及湖南汝城，总价值在7万元左右。会员肖会东资助的学生任泓玺考上了心仪的省属重点高中。会员邹常青资助的周菁主动提出暑假期间不需要资助，可以靠自己的力量勤工俭学。会员俞小康为宁夏灵武的学生捐助了教育物资价值6.8万元。众志成城形成助学合力，传递大爱。

脚力绘制助学地图　协会与吴江，贵州印江、瓮安，宁夏灵武，吉林汪清，新疆喀什，湖南汝城七个地方建立了捐助联系，传递美美与共精神。协会配合吴江区对口扶贫的贵州印江自治县和瓮安县、国家发改委对口扶贫的吉林汪清县、新疆维吾尔自治区政法委对口扶贫的新疆喀什地区麦盖提县，建立结对帮扶关系，参与这些地区的教育扶贫事业。特别在外地捐助很不容易，现场了解情况相对难度大。协会积极响应号召落实精准教育扶贫，特别在外地捐助很不容易，现场了解情况相对难度大。如经过现场考察为湖南汝城捐助10名学生、印江捐助30多名学生、宁夏灵武捐助20多名学生。为吴江地区6所中学的31名学生完成了助学结对。截至今天已有60名协会会员捐助的学生考上北京大学、宁夏大学、重庆大学、福建医科大学、贵州民族大学、贵州理工大学、河北师范大学、西北农林科技大学等高等院校，累计捐助爱心款250万余元。

筹备支部党建引领　目前协会在筹备建立党支部，进一步健全管理机制，党建融入助学，发挥支部堡垒作用和党员先锋模范作用，以党建凝聚更多爱心人士参与到助学中来。为确保助学工作不断线，协会将建立捐资助学应急保障机制，以便在个别会员捐助困难时及时跟进捐助，以维护美美与共助学的良好品牌形象。同时，在会员共同的努力下，把协会的日常管理工作做得更细致，为协会会员的服务做得更周到，把捐资助学的短板补得更扎实，从而更好地为困难学生提供长效的助学服务。

文明实践凝聚品牌　2019年，协会会长费金华荣膺首批"苏州时代新人"荣誉称号，这个荣誉来之不易，是新时代爱心实践的证明。协会的办公地点设在太湖新城科创园内，接下来将成立新时代文明助学实践点，文明实践点的理念是"打好基础，树立品牌"。配合区委区政府对口扶贫工作的要求和区委宣传部的工作部署，扎实做好"美美与共，志愿者助学"文明实践行动，让更多的贫困学子顺利完成学业，使"德善吴江，捐资助学"成为吴江新时代文明实践的响亮品牌。加大宣传力度，提高"美美与共"文明实践品牌的知名度和美誉度，引导更多的爱心人士参与捐资助学活动，把"美人之美，美美与共"的大爱精神传递到更多的吴江人中间。（图5-8）

图5-8

协会将宗旨定位为"帮一人上学，助全家脱贫"。职责是致力于精准关注贫困学子的教育扶贫需求，帮助贫苦孩子获得平等的教育权益。用实际行动铸就新时代文明实践品牌。（图5-9）

图5-9

盛泽爱心义工协会：感恩志遇　益路有你

盛泽爱心义工协会2017年度获"志愿苏州"公益组织网络社群最具活力奖，2019年度获吴江河湖治理优秀志愿者团队，2019年度获苏州最佳志愿服务团队，2020年申请成立党支部，领头人刘淑娟获"吴江好人"称号。（图5-10）

盛泽爱心义工协会是一个自发成立的民间公益组织，成立于2012年8月9日，一直秉承着"帮助他人，服务社会"的志愿者精神，有着长期公益实践经验和良好的社会影响力，现有会员701人，党员35人。协会以志愿者众多、能力强、参与热情高等特点，将活动分成敬老爱幼、精心关爱、文明实践三大板块。会员们来自不同的地方，不同的行业，因为一个共同的目标走到一起，他们不畏严寒、不畏酷暑、不分男女老幼，走到一起，他们关爱老人、照顾少儿、宣传环保、无偿献血、实践文明，组织爱国主义活动，为寒冬的返乡者提供爱心姜汤，为炎夏的环卫工提供清热解暑礼包，他们组织起盛泽地区近千名热心公益的人士，常年发起爱心义工活动，通过自己的辛勤努力撑起了盛泽地区最早的文明实践公益事业。

图5-10

倾心"爱心百老惠"特色为老服务 农村中有一部分老人由于身体、家庭、经济等原因，没有机会去照相、理发、体检等，一些需求无法得到满足，为此协会专门开展此类为老服务，并在2016年以"爱心百老惠"入选了苏州市百个重点志愿服务项目。通过组织专业摄影师深入农村，为70岁以上的老人免费拍照、冲洗照片并保存电子档，方便在农村生活的老人随时取用。先后走进荷花村、红洲村、白龙桥村、溪南村、兴桥村、南塘村等各个村委，受益人数超过1200人次。与盛泽乐龄公寓结成了长期助老关系，定期到乐龄公寓开展为老服务，节假日组织志愿者包"爱心馄饨"和老人联欢互动；对行动不便的老人，志愿者到老人卧榻前，为老人理发、剪指甲。优秀志愿者赵云龙，每个周末都自带理发工具为老人理发，四年多来从不间断，已服务近3000人次。这些活动得到了老人和院方的好评和欢迎。通过帮扶，弘扬了中华民族尊老爱老的传统美德，也方便了老年人的生活，推进了文明社区（村）的建设。

爱心结对困难儿童 2015年5月起，协会开展了"爱心爸爸妈妈"结对帮助困难儿童行动。结对之前先做好长期、大量、细致、专业的准备工作，通过走访，了解受助儿童的情况，最后结对了8位小朋友，通过长期的有针对性地进行沟通、帮扶、互动，让爱心爸爸妈妈和受助儿童建立了亲密信任的关系，使受助儿童的身心健康和学习成绩都明显提高。在结对帮扶取得成功的基础上，2017年，又联合舜湖社区开展了"爱的港湾"关爱困难儿童活动，让更多的困难儿童受益。

关爱一线劳动者 从2013年开始，协会每年坚持在夏季给环卫工人送清凉的"绿豆汤"，在冬季到车站给返乡工人送"爱心姜汤"、帮助旅客搬运沉重的行李，叮嘱旅途平安。活动温暖了人心，净化了心灵，奉献了社会。另外，每年11月，协会开展"衣旧暖心"活动，为贫困山区过冬的孩子送去御寒的羽绒服、棉衣、保温桶等亟须的物资，将爱传递得更远，更长。

践行孝老文化　10月17日上午，协会参与镇第三届孝老文化节，走访慰问40户老人，涉及目澜、衡悦社区和圣塘、黄家溪、红州村以及坛丘郎中、北旺、南塘、永平村及爱心护理院。走访范围几乎覆盖整个盛泽行政区域。志愿者如同家人一般亲切的问候，让老人们非常开心，致谢政府关心，致谢志愿者！走访中，志愿者带来的温暖，让老人们十分欣慰，孝亲敬老也是社会发展的人本理念。在政府的关爱下，在志愿者们的倡导下，相信一代又一代的人会把这个优良传统发扬光大。

迎双节慰问抗战老兵　2020年9月26日上午，为铭记历史，向抗美援朝英雄们致敬，弘扬爱国主义精神，落实两个《纲要》精神，协会组织志愿者，在中秋国庆双节之际，怀着崇高的敬意登门拜访慰问抗美援朝老兵。听着老兵们讲述那枪林弹雨勇往直前的艰苦岁月，就是一场爱国主义教育。历史是最好的教科书，一个忘记历史的民族是没有希望的民族。今天安定团结的幸福生活来之不易，让我们倍感珍惜。他们一辈子坚持朴实纯粹，深藏功名，一辈子坚守初心，不改本色，事迹感人。那时条件艰苦得让人无法想象，要什么缺什么，但就是不缺保家卫国的信心与决心，就是不缺出生如死的爱国与奉献精神。在那激情燃烧的岁月里，他们从来没想过自己，一心背负国家赋予的崇高使命。这些优秀的中华儿女是历史功臣，是英雄豪杰，是祖国的荣光。如今的他们已是期颐之寿，那爬满皱纹的脸上，仿佛还残留着依稀的硝烟；那步履蹒跚的背影，仿佛还呼应着冲锋的号角……老兵们的精彩人生，可歌可泣，他们让我们真正领悟到了什么是"国家和人民的利益高于一切"，老兵精神正是我们伟大新时代珍贵的精神财富！老兵精神正是今天我们学习的榜样。

当今，一些人沉浸在"小我"的世界里怨声载道，造成自我迷失，越是如此，越需要精神世界的强化，越需要家国情怀，才能摆正位置，安放内心，不管风吹浪打，胜似闲庭信步！协会也呼吁社会所有人士能够建立自我，追求忘我，尽己所能，服务社会，吃水不忘挖井人，都能以自己的实际行动积极弘扬奉献精神，积极弘扬爱国主义精神，凝聚起万众一心奋斗新时代的强大力量。

让我们和我们的子孙后代们能够饮水思源，不断发掘和发扬民族精神，激励我们只争朝夕的信心和勇气，推动中华民族的伟大复兴。（图5-11）

图5-11

缅怀先烈，珍爱和平　9月18日，协会组织参观苏嘉铁路75号炮楼遗址的爱国主义教育活动。盛泽人民在中国共产党的带领下，奋勇抵抗日本侵略者，做出了很大的牺牲，最终取得了胜利，苏嘉铁路75号炮楼遗址是一个历史见证者。抗日战争是近代以来中国人民反抗外敌入侵持续时间最长、规模最大、牺牲最多的民族解放斗争，也是完全取得胜利的民族解放斗争。前事不忘，后事之师。我们在九月纪念中国人民抗日战争暨世界人民反法西斯战争胜利，更不能忘记"九·一八"事变，四万万中华儿女为国家生存而战、为民族复兴而战、为人类正义而战。中国人民以铮铮铁骨战强敌、以血肉之躯筑长城、以前仆后继赴国难，最终经过14年艰苦卓绝、不屈不挠的浴血奋战，打败了穷凶极恶的日本军国主义侵略者，取得了中国人民抗日战争的伟大胜利。

喜获"河湖治理优秀团队"　民间河长一点红，绿水碧波多从容。2019年12月27日，在"六方共建志愿行　民间河长再出发"优秀民间河长表彰活动上，协会志愿者张勇、张菁华被评为"优秀民间河长"，协会被评为"河湖治理优秀志愿者团队"。协会自2018年4月以来，积极参与民间河长护河行动中，共同助力吴江区打造"江南水乡标杆"。每月三次例行护河巡河，春夏秋冬，从未间断，醒目的民间河长红马甲活跃在每一个河畔，护河巡河已成为河长们生活的一部分。今后将继续发挥志愿精神，积极参与河湖治理，让吴江的天更蓝，水更清。良好的生态环境是最公平的公共产品，是最普惠的民生福祉。民间河长去巡河时总是热情洋溢：河边青青河清清，垂钓小生想静静。忽惊鸟儿急戏水，又听渔夫喝彩声。连雨从天降，情倾北麻漾，水漫几多愁，心头似踏浪。荡呀漾呀溪呀湖，湾呀浜呀呗呀溇，桥呀船呀港呀畔，水韵吴江竞自由。

时尚之都的时尚"红马甲" 2020年10月28日，为期三天的第八届江苏（盛泽）纺织品博览会在苏州市吴江区盛泽镇开幕。"丝绸古镇、纺织名城、时尚之都"再度向世界展示了实力与精彩。10月25日，协会刘淑娟会长和团队的核心成员就建微信群招募志愿者，参与到大会的志愿服务中。从25日开始准备，到30日结束，志愿者们整整忙了五天，时尚之都的景美、物美、人更美，时尚之都的时尚"红马甲"迎风飘扬，活跃和忙碌在展会的每一个角落，成为此次展会一道靓丽的风景线，在路边，"红马甲"指引着客商行车路线；在广场入口，"红马甲"有礼有节地让客商扫苏城码和测试体温；在会场门口，"红马甲"耐心地引领客商办理入场证；在会场，"红马甲"为客商解难答疑。志愿者以自己的实际行动助力绸都盛会，展示了协会志愿者们积极向上、乐于奉献的新时代文明实践精神，得到了来往客商的一致好评。（图5-12）

图5-12

疫情无情，志愿有爱 1月28日上午，志愿者们接到盛泽镇防控疫情志愿者会议通知后，下午1时，志愿者们在各社区准时集合，协助社区进行人员排摸和普及防控知识。协会对接舜湖社区，搭建盛泽爱心驿站。舜湖社区位于核心区域，管辖小区多，人口密集，排摸工作量非常大，志愿者的到来充实了工作人员不足的情况。各小区物业只有一两部座机，而疫情紧急刻不容缓，志愿者们纷纷掏出自己的手机联系小区住户。经过几天紧锣密鼓的工作，龙桥新村、东方花园、财富中心、城中花园、漾滨春天……各小区的排摸工作终于告一段落。然而，还没等大家来得及休息一下，疫情形势越来越严峻，各小区实行人员进出管理，部分老的小区由于没有物业管理，人员进出不受限制，对公共安全造成极大的隐患，急需人员上岗管理。接到通知后，志愿者们又一次踏上征程，义无反顾地加入执勤队伍。受疫情影响，吴江血库库存告急，协会发动志愿者前往血站无偿献血。疫情当前，众志成城，有一分热，发一分光，照亮战胜疫情的前路。

开展"让阅读点亮人生"读书会　2019年8月23日，由盛泽镇妇联主办、盛泽爱心义工协会协办的"书香盛泽"读书会在东纺城五楼"织女微家"正式启动。"书香盛泽"的启动，旨在用阅读引领成长，亲近书籍，与好书为友，和经典对话，开阔视野，陶冶情操，点亮心灯，营造读书氛围，让心灵与心灵沟通，让思想与思想碰撞，启迪智慧，醒悟人生，让书香飘满全镇。协会开展阅读活动，使浮躁的心回归宁静。悠闲读书，意在怡情，情之所至，灵魂可随着书的脉络而神游，或领悟诗词的豪情浪漫，哲学的玄妙精深，逻辑学的机巧善变，小说的峰回路转、悲欢离合；或寻遍名山大川，古迹名胜，深林幽谷，奇花异草；如有幸读到一本好书，就如同与高雅之士谈心，同良师益友交流，潜移默化之中得到升华。开卷有益，闲暇时读一本好书，添一分雅趣，长一分才智，享一分快乐。读书是一种感悟人生的艺术，让阅读点亮人生。

无偿献血救助生命　协会从2014年开始，每年2期，开展无偿献血活动，有些是第一次参加这样的活动；有些已经连续多次参加无偿献血；有些是大人带着孩子一起来参加无偿献血，协会已经累计献血1000人次以上。每一个人脸上都洋溢着发自着内心的开心的笑容，只要人人都献出一点爱，世界将变成美好的人间，做公益，献爱心！奉献所乐，才是最高级的乐。通过我们的实际行动，让这样的爱心献血活动不断延续下去，让更多的人认识无偿献血、理解无偿献血、参与无偿献血，用爱心让生命延续，用行动促进社会和谐，让我们一起，为自己加油，也为更多的生命加油。

盛泽爱心义工协会，民间志愿服务组织的优秀典范，引领公益风尚，不断努力，不断前行，丝路智善，爱心启航，文明实践融入社会服务，最近协会在申请成立党支部，期待在党的领导下，践行志愿精神，以奉献为乐、以服务社会为乐，为构建文明、和谐社会增砖添瓦贡献力量，成为时尚之都的文明使者。

新时代文明实践个人

王一青：持之以恒的精神追求

自2019年启动吴江区新时代文明实践中心建设以来，志愿者队伍建设和志愿服务活动开展是一大重点，越来越多的有志人士加入志愿者队伍行列，目前在"志愿吴江"平台上注册的志愿者已经超过30万人。

在众多志愿者中，有一位默默无闻，长期坚持的志愿者，她注册的累计时长排全区第一。她叫王一青，来自盛泽，把志愿服务当成持之以恒的精神追求。（图5-13）

图5-13

传承师恩，报答社会 她从小就养成了主动做好事的习惯。小时候的她，自身由于听力障碍，功课跟不上，学习很吃力，也有同学因此而疏远她。但她很幸运，遇到了好老师，时常鼓励和教导她：做一个善良的人，开开心心过好每一天。她所在的教室，白天是学生上课，晚上就成了小型电影院。很多人都过去看电影，地上也留下了很多垃圾。王一青每天早晨都早早来到教室扫地擦窗，等老师同学陆陆续续来到教室时，教室早已被打扫得窗明几净，她的心里也充满喜悦。有一天早上，她发现课桌底下躺着一个钱包，等到老师来上课，她马上就把钱包交给了老师，她很快就把这件事忘记了，后来校长在全校表扬了她，她非常开心。这件事情也让她更明白了做一个简单善良的人最快乐。她之后一直坚持做好事。

加入团队，如鱼得水 2016年07月16日，是她第一次参加盛泽爱心义工群（后改名盛泽爱心义工协会）的公益活动。因为听力障碍，她的内心刚开始有些忐忑不安，但很快她的不安就消除了。义工群的志愿者们亲切随和，和欢迎其他新成员一样欢迎她的到来，她很快就融入其中。这一次的公益活动，是为在炎炎烈日下辛苦劳作的环卫工人送绿豆汤，当一碗碗清凉可口的绿豆汤送到环卫工人布满皱纹和老茧的手中时，看着他们愉快舒畅地喝着，王一青感受到了幸福与激动：能为我们城市的美容师、辛勤的劳动者服务是一件多么荣幸的事情！从那一天起，她的心里就深深地渴望加入盛泽爱心义工群这个温暖的大家庭，成为一名光荣的志愿者。

一马当先，引领风尚 现在王一青已经成为志愿者团队中优秀的一员，志愿服务时长全区第一的她，已经成为志愿者的一张名片。在炎热的夏季，一起送清凉；在寒冷的冬季，一起送温暖；在重阳节前后，一起看望老人；在春暖花开的日子里，一起学雷锋……她用自己的行动，引领着志愿者风尚，诠释着爱与奉献！

王一青参加过的盛泽公益团队有：爱心义工、星星、绸都、益源、潜龙渠、目澜、桥北、衡悦、山塘、彩虹公益联盟、镇新时代文明服务团队等。她现在还清楚地记得，从微信朋友圈刷到的一句话：做公益不是有钱人的专利，而是有心人的参与！于是就果断地加入了志愿者的行列。夏天给环卫工人送清凉，冬天在车站送爱心姜汤，每月都去看望护理院的老人。

近三年的时间里，兢兢业业，任劳任怨。随着参加公益活动的次数和经验的增多，逐步承担起一些具体事务，多次参与组织为贫困山区孩子捐衣，收集物资，整理堆积如山的衣物，打包发货……同时她还是一个环保达人，参演了吴江区宣传禁燃禁放烟花爆竹的公益小品，积极推广环保理念，多次参与制作环保酵素以及公园环保宣传与净园活动，她作为一名盛泽野河荡的"民间河长"负责巡视上报河湖情况。虽然在听力方面有些困难，但与邻里间、志愿者之间的关系非常融洽，大家都亲切地叫一声"一青姐"。（图5-14）

图5-14

目前，她在潜龙渠新时代文明实践站的志愿服务队服务为主。自2019年她加入潜龙渠新时代文明实践服务队，就承担起了团队的很多事务。在2020年抗击疫情志愿服务中，更是承担起盛泽客运站志愿服务小组组长的任务，虽然很累，但看到志愿者们团结一心抗击病毒，并且互相关嘘寒问暖，就感觉温暖倍增，小组坚守了整整33天。汽车站任务虽然告一段落，团队还在进行其他一些志愿服务，一青姐仍然和团队伙伴们"益"路通行。这次疫情对王一青是一次历练和考验，同时更展现出潜龙渠新时代文明实践服务队志愿者们践行"奉献、友爱、互助、进步"的大无畏志愿者精神。

她走遍盛泽各个角落，丈量盛泽公益发展，公益时长吴江第一，用时间积攒文明深度，用热情渲染文明温度，用双手展示文明力量，用脚步丈量文明尺度。王一青说，我相信我会继续走下去，并倡导大家用鼓掌的双手做有温度的公益！

王仁龙：盛泽近50年教龄教育志愿服务者

王仁龙（图5-15），从22岁踏上教育事业，69岁离开教育岗位，近50年的教育职业生涯，科班毕业，扎根基层，正直、敬业、对教育充满情怀，与时俱进，对吴江盛泽的公办和民办教育做出了巨大的贡献，服务公办学校、服务民办学校，服务退休教师，是一位在教育界服务了50年的志愿服务者，同时也亲身感受了吴江教育的50年蓬勃发展。（图5-16）

最为难忘的还是那淳朴之情。当王仁龙走出师范校门，进入工作单位是在

图5-15　　　　　图5-16

1976年的夏天。工作的地点是吴江市（当时是吴江县）谭丘公社下面一个叫新东大队的一所农村小学。几间破烂的房子就是所谓的教学课堂，其中还有一间教室是草房。当然草房里没有一盏电灯，黑乎乎的，黑板上的字写得小一点学生就无法看清楚。最为让人无法忍受的是学生的课桌是用泥土堆砌而成的，上面放一块薄板就算是桌子了。他就在这间草房里开始了教师的生涯。面对四十多双渴望知识的眼睛王仁龙心情黯然，他不但为这些孩子的学习环境而沮丧，更为我们的国家如此贫困而担忧。这些坐在用泥土垒砌而成的课桌上学习的孩子就是我们天天在讲的事业接班人？他们能摆脱父辈们面朝泥土背朝天的命运吗？（图5-17）

图5-17

这样单调沉闷的教师生活延续了几年，从20世纪80年代中后期开始，一些中师毕业生开始涌入校园，成为校园里一道亮丽的风景线。给校园生活带来了一股似早春的树梢上刚透出嫩芽般的亮丽和清香。他们眼中闪烁着快乐和纯洁的目光，对学校中的一切丝毫没有挑剔，甚至对学校安排的工作也绝对不会有一丝怨言。他们小心谨慎一丝不苟地完成着自己的工作不敢有一点懈怠。尽管他每月只有40元左右的工资，没有奖金，但他们是快乐的。（图5-18）

图5-18

近乎有点原始的校园生活，给人脑海留下了许许多多无法抹去的回忆，这种回忆是酸是甜是苦，似乎各种味道都有，但是尽管如此，心中还是对已经逝去的岁月有那么多的留恋，这种留恋来源于人与人之间的真诚，来源于每个人对自己工作的热爱；来源于每个教师对同伴真诚相助；来源于领导与教师之间的零距离接触；来源于上级部门对下面的信任；来源于环境的纯净……已经过去的无法留住，即将来临的无法挡住，社会的车轮按照自己的行程毫不留恋地滚滚向前，向着90年代呼啸前行。

随着改革开放的不断前行，教师的职业越来越受到人们的尊重，学生的学习课程与科学和自然的联系更为密切，学生开始可以接触到真正的科学文明，也能在课堂上领略到世界名人的风范和他们对人类做出的贡献。我们的教学手段也开始一改过去几十年粉笔加黑板的模式，开始运用逐渐添置的投影仪作为辅助手段教学。随着政府对教育财政资金的逐步增加，计算机技术开始在校园里得到普及，多媒体技术在课上被运用越来越广泛。特别是进入21世纪后，信息技术在教育上不断被强化，几乎所有城镇学校都在教育、教学手段上进入了网络时代，教师人手一台计算机已经成为现实。计算机备课，计算机收集资料已经成为教师的一种常规工作手段。学生在计算机房里上网已经游刃有余。当初对计算机的神秘感已经被家长日益担心的所谓"网瘾"所替代。

校园的建设也日新月异，原本破烂陈旧的校舍随着改革开放不断深入，逐渐被新颖和美丽的建筑所替代。最美的房子是学校已经在祖国大地得到实现，而且设施一流。有些小学学校的校门可以与大学校门媲美。孩子们在校园绿树重影中嬉戏已经成为校园一道最美的风景线。随着国家财力的不断增强，九年真正的义务教育已经在全国实现，无论家庭出身如何，真正的免费教育切实保障着每个孩子接受公平教育的权利。改革让经济飞速发展，更让人们的思想发生根本性的转化。知识改变命运的理念已经家喻户晓。逐年的大学扩招已经让千千万万平凡百姓的子女踏入了大学的校门，由此也改变了他们的命运。在改变他们命运的同时，也为我们的国家源源不断地输送着经济建设所需要的人才。（图5-19）

整个社会史无前例地对教育倾注如此多的关注和热情。科技兴国，知识改

图5-19

变命运，在改革开放的年代里已经深入人心。人们对知识的渴求如同久旱的田地盼望雨水的滋润。各种学历提高班和电脑学习班如雨后春笋般显现。自身不断充电已经成为人们生活的一部分。考入大学进行深造已经不是年轻人的特权，已经退休的老人与年轻人一同走进考场参加大学考试准备进入大学继续学习已经不再是新闻。整个民族文化素养的提高为我们国家建设成为现代化的强国奠定了坚实的基础。现代化强国的梦想将在不远的将来得以实现。"人定胜天"缺乏理性的思想逐渐被与自然和睦相处的理念所替代，科学家思想的价值在改革开放的年代里越来越受到人们的尊重。教育在这里显现出无与伦比的力量。违背科学的举措正在逐渐被理性行为所纠正，敬畏自然、崇尚科学已经通过教育在人们心中扎下了根。通过教育改变落后已经成为共识。

时光变迁，弹指一挥间，从风华正茂满头乌发的青年逐步变成华发老人，也离开了为之倾注毕生心血的教育讲台。蓦然回首，发现，纵然世界再精彩，最为牵挂的还是在过去校园生活中老师和老师之间的淳朴之情，纵然学校的硬件变化再大，最难忘的还是纯真生活的点点滴滴，回忆过往，珍惜当下，幸福满满的人生之路有家人和朋友的陪伴，更有工作单位领导和同事的淳朴感情相依。（图5-20）

图5-20

周鑫华：八圻农民艺术家用非遗农民画讴歌新时代

周鑫华，58岁，是八圻街道黑龙村的村民，在2020年"最美八圻"系列评选中荣获最美居民称号。他善于用热情描绘熟悉的生活，用希望展现社会主义新农村的精神风貌，尽情讴歌党的十九大，抒发人民对美好生活的追求和热爱。他的作品充满了浓郁的乡土气息和勃勃生机，具有一种原始的生命之美。用实际行动描绘"最美八圻"，展时代形象。（图5-21）

241

图5-21

　　周鑫华是工艺美术师，初中毕业后拜师学木工、佛雕艺术；业余时间创作农民画、玻璃画，曾多次参加各级大赛及展览活动。系江苏省美术家协会会员，江苏省工艺美术协会会员、江苏省农民书画研究会会员、苏州市美术家协会会员、苏州市民间文艺家协会会员、苏州市工艺美术学会会员、吴江美术家协会会员、吴江民间文艺家协会会员。非物质文化遗产（吴江农民画、吴江灶画、松陵佛雕）传承人。词条辑入《中国民间名人录》《中国当代艺术界名人录》。2002年被编入《吴江市文学艺术人才库·美术卷》等。《苏州日报》《姑苏晚报》《吴江日报》、苏州电视台、吴江电视台、吴江电台曾多次以专题和新闻报道。周鑫华师从版画家马中骏老师，目前已经传承了四代。（图5-22）

图5-22

　　喜欢是最好的老师，岳飞树枝练字　周鑫华木棒练画　岳飞小时候很爱读书、写字，可是家里穷，买不起纸和笔。他用细沙和树枝来练字。他珍惜时间，刻苦练习，终于练就了一手好字。周鑫华和他的艺术创作，也是从童年开始。儿时爱好影响一生。幼年时的周鑫华只要一得空，就喜欢涂涂画画，沉浸在自己的绘画世界中。那时家里穷，买不起纸、笔、颜料，他就用泥土地、木棒子，作为他绘画的材料和工具。在河边放鸭，看着小河里欢腾的鸭子，他就情不自禁地拿起木棒在河边作画。灶屋里，帮妈妈烧火时他也能在地上作画。

《美丽的村庄》——乡风文明，美丽乡村 把生活的点点滴滴记录下来，周鑫华用对生活的无限美好向往勾勒自己的创作思路，一条养育人们的小河穿村而过，尽显水乡特色；一群大白鹅与人们相融相生，小船是当时的交通工具，满载着人们的希望。河两岸的一幢幢崭新小洋房，是生活富裕的映衬，垂柳、树木、房子的静与水流、人流、车流的动，构成了一幅绝美的图画。（图5-23）

非遗农民画已传承四代，传承技艺育新人 作为吴江农民画非物质文化遗产的传承人，周鑫华从2013年开始，已辅导过八坼小学、菀坪小学的学生超过200位，在黑龙村农民画工作室辅导暑期少儿农民画超过100位，参与非遗活动进社区、博物馆等辅导活动。学生周峰、孙江涛等在省市农民画大赛中获奖，八坼小学学生已经多次获得各级奖项。（图5-24）

图5-23

图5-24

发挥特长，服务乡里，做一名乡村美容师 随着绘画的深入，他在村民当中的名气也越来越大，空闲时帮着乡里乡亲画枕头画、灶头画等，心灵上得到一种极大的满足。在践行全国文明城市建设的过程中，带领孩子们一起参加"美美井盖共绘文明"文明实践行动，激发学生的想象力和创造力，让非物质文化遗产农民画得以更好地宣传推广，通过把一个个窨井盖添上了美丽的外衣井盖画，传递尊老爱幼、保护环境、邻里团结等文明理念。

成功布展，非遗传播，多彩非遗，美好生活 家乡的民风民俗，农村的一草一木，都是周鑫华源源不断的创作源泉。在文化和自然遗产日主题活动上，吴江把周鑫华农民画非遗传承展作为一项重要的非物质文化遗产活动。吴江已经把本地非遗的传承和保护，通过广泛开展人民喜闻乐见、参与体验性强的非遗系列活动方式，来宣传、展示、彰显吴江非遗与现代生活相融合的创造性转化、创新性发展的成果，突出非遗在满足人民日益增长的美好生活需要方面的作用，提高全民参与非遗意识，营造全社会保护非遗的良好氛围，推动形成人人传承发展中华优秀传统文化的生动局面。苏州市委宣传部、苏州市委对外宣传办公室、苏州市文广新局编制的《苏州市对外文化交流推荐项目》一书中，专门介绍了周鑫华的农民画，肯定他的作品充满清新质朴的泥土风韵和现代新农村生活气息。（图5-25）

图5-25

创作不断，恩师点赞，热情抒发，家乡情怀　周鑫华坚持创作农民画已有30多年，他的老师著名版画家马中骏也赞扬他在画中抒发了吴江农民对新生活的热爱与追求，歌唱着自己日新月异的美丽家乡，闪耀着现实的美好与理想追求的绚丽色彩以及他对自然和社会的思考、理解和价值观。1988年，对周鑫华来说，是人生的一个巨大转折。在一次偶然的机会中，他认识了版画家马中骏老师。马老师给了农民画图片资料，指导他农民画的特点，鼓励他参加赛事活动。周鑫华结合自己生活的感受，把农村司空见惯的景物融进了自己的绘画中，作品《家乡新貌》在苏州市首届农民书画展中获得了优秀奖。这次的参展经历，极大地鼓舞了周鑫华创作农民画的热情。

多才多艺，雕刻主业，松陵佛雕，非遗项目　周鑫华农民画画得这么好，但其主业是木雕，以木雕为生计，主要雕刻佛像。自1979年拜师学艺以来，周鑫华掌握了镂空雕、浮雕、立体雕等多种雕刻方法。由于江南农村都有供佛的习俗，前往他家定制佛像的遍及周边村庄和南浔、上海青浦一带。周鑫华对自己的每件作品，从雕刻、修光、上漆，到开相等每一个步骤都做得仔仔细细。他的《松陵佛雕》工艺，和农民画一样，同时被授予吴江非物质文化遗产项目。周鑫华说："绘画和雕刻艺术其实是相通的，都需要用心去感悟，用眼去观察，用耳去聆听，总会有收获。"（图5-26）

图5-26

玻璃作画，又添新功，不断丰富艺术表现形式　20世纪80年代末，周鑫华在做木工时，遇到王杏明老先生，当时老先生在家专心画玻璃画，深深吸引了他，从而对玻璃画产生了浓厚的兴趣。他当即拜王老先生为师，虚心请教。回家后准备了玻璃、颜料、画框等，试着画起了玻璃画。后来，周鑫华又多次上门请教，潜心钻研，每次都有收获。周鑫华的玻璃画画面雅致，色彩鲜艳，有透明感，尤其是田园风光和山水画，在逼真中显露神韵，展示了他对祖国大好河山的热爱，给人以无限遐想。

作为农民艺术家，周鑫华根植农村，遵循农民画创作不脱离生活的原则，周鑫华从生产生活中发现亮点，充满着乡土气息和韵味，不仅接地气，紧跟时代反映江南水乡农村的生活巨变。画作中呈现出怀旧和新奇的感觉，朴实地表现出吴江农村的风俗风貌和民间情趣。

回顾这些年的从艺之路，周鑫华坚定地说："我将永不放弃我手中的画笔，用它为社会主义新农村添上灿烂的一笔。"

周鑫华和他农民画的故事：

1988年7月，首次参加苏州市首届农民画展。作品《水乡新貌》获优秀奖；《云海峰顶》（玻璃画）同时入选。由苏州市美协、苏州市书协、苏州市群众艺术馆主办。

1989年10月，作品《故乡》获苏州市青年宫、苏州市文联、苏州市团委主办的青年农民美术·书法·摄影作品展览优秀奖。

1990年10月，作品《家乡情》获吴江市"铜狮杯"美术作品赛三等奖。

1991年1月，在江苏省文化厅主办的"省第二届农民画展"中作品《新房》获二等奖；《丰收时节》《我们村的图书馆》同时入选。

1999年6月，作品《我爱我家》荣获江苏省文化厅、省农林厅、省农民书画研究会主办的省第二届农民画大赛铜奖。

2002年2月，作品《渔家乐》《除夕》入选由江苏省文联主办的"江苏省首届农民艺术节综艺展"。

2003年，论文《我与民间绘画》参加了2003年第二届江苏民间书画研讨会的交流，并编入论文集。

2006年7月，作品《家当》荣获江苏省文化厅、省农林厅、省文化活动中心主办的"江苏省第三届农民美术书法作品大赛"优秀奖；《桑园情话》同时入选。

2008年6月，作品《龙舟竞渡》荣获江苏省文化厅、省农林厅、省总工会、省文化活动中心联合主办的"迎百年奥运——江苏省第四届企业职工暨农民美术书法作品大赛"优秀奖；同年11月入展中华人民共和国文化部、江苏省人民政府主办的"纪念改革开放30周年——2008中国农民画画展"。

2010年，作品《龙舟竞渡》入选由江苏省美协、苏州市美协、昆山市文联、昆山市周庄镇人民政府联合主办的"首届中国农民艺术节江苏农民画展"，并入编《首届中国农民艺术节——江苏农民画展作品集》。

2010年6月，作品《情系太湖》入选由中华人民共和国农业部、文化部、中国文联共同主办的2010年首届中国农民艺术节——中国农民画精品展，作品被江苏省文化馆收藏。

2011年，周鑫华的农民画入选"吴江区非物质文化遗产"名录。

2011年9月，作品《古韵新村》获省文化厅，省农业委员会，省文化活动中心主办，省农民书画研究会，省文化馆承办庆祝中国共产党成立九十周年"江苏省第六届农民书法美术作品大赛"铜奖。

2013年，作品《夕阳书香》获江苏省第3届江苏农民读书节书香农家书画大赛绘画类一等奖。

2014年，作品《美丽的村庄》获中国梦我的梦江苏农民书法美术大赛优秀奖。作品《农家灶》《龙舟竞渡》分别获得2014中国（苏州）民间艺术博览会金奖和铜奖。

2016年9月，作品《水乡行舟情悠悠》获首届苏州市文化艺术繁星奖铜奖。

2016年10月5日，由吴江区民间文艺家协会，吴江区公共文化艺术中心，吴江区松陵文化体育站，吴江区美术家协会主办的"周鑫华农民画展"在"秋海一堂画廊"成功举办，届时《人民日报》海外版，搜狐网，苏州著名版画家劳思、老画家瞿志民等莅临参观指导。

2016年12月，作品《水乡行舟情悠悠》被江苏省文化馆收藏。

2017年5月，应邀赴中央电视台央视网华人频道"华人会客厅"非遗"吴江农民画""吴江灶画""松陵佛雕"访谈。

2017年10月，经初赛、复赛，参加江苏省"乡土人才，传统技艺技能大赛"决赛，荣获中级工艺美术师称号。

2017年11月，作品《新禧》获第十五届苏州市民间艺术节精品展铜奖。

2018年6月，在吴江区公共文化活动中展厅成功举办"2018年文化和自然遗产日"系列活动，周鑫华农民画非遗传承展，展览由苏州市吴江区文体广电和旅游局主办，吴江区公共文化艺术中心、松陵文体站、吴江八坼小学承办，苏州市吴江区民间文艺家协会、苏州三里桥文化传媒有限公司协办，吴江区文联主席孙俊良题展标，共展出作品150件，其中有马中骏老师的版画10件，八坼小学农民画社团学生作品100件，农民画非遗代表性传承人周鑫华"农家""农事""农俗""新时代"四个篇章的作品40件，深受专家老师、观展者的一致好评。

2018年12月，受邀到黑龙村、八坼社区办事处、湖滨华城社区服务中心进行的"美丽乡村，美好生活"为主题的农民画讲座。

2019年4月，被苏州市吴江区关工委授予吴江区校外教育优秀辅导员的称号。

2019年，周鑫华的作品《大运河流进新时代》成功入选"壮丽七十年，阔步新时代"全国农民画创作展。

2020年，在苏州第二工人文化宫启动仪式上，吴江唯一的一个展区展示了周鑫华农民画师生作品，受到市领导的点赞与好评，也受到区文联和东太湖度假区的"文艺战疫"先进个人表彰。

2020年6月5日，在世界环境日期间，周鑫华组织学生参与"青涩少年，彩绘家乡"吴江少儿农民画作品征集赛活动，十多名学生获奖。暑假期间组织学生参与八坼街道"美美井盖，共绘文明"新时代文明实践活动，并参与黑龙村"二十四节气"为主题的井盖绘画，和孩子们一起以创意为舟，以画笔为桨，一幅幅生动有趣的图画跃然眼前，营造了良好的文明宣传氛围。

2020年9月2日，《鲈乡讲坛》录播农民画讲课内容。

2020年9月开学以来，周鑫华利用周末辅导学生创作"珍惜劳动成果，反对浪费粮食"和"公筷公勺"主题作品，有两名学生的作品在《中国自然资源报》上刊登。

2020年10月23日，作品《珍惜劳动成果》荣获苏州市文学艺术界联合会、苏州民间文艺家协会举办的第十八届苏州市民间艺术节精品展三类优秀作品，同时作品《震泽街景——仁昌顺》入选。

2020年10月23日，作品《大运河流进新时代》荣获苏州市文学艺术界联合会、苏州民间文艺家协会举办的第四届苏州市民间文艺（民间工艺类）创作推优二类优秀作品。

2020年10月，在2020年度"最美八坼"系统评选活动中，荣获八坼街道授予的"最美居民"称号。

如今的周鑫华把更多的关注放在了农民画的传承上，不仅手把手将女儿和侄子领上了绘画的道路，还免费辅导农民画技法，担任学校美术社团的指导老师，希望能将吴江的农民画一直传承发展下去。

安娜："中国好人"与"喜马拉雅"的未成年人教育故事

安娜，苏州安娜妈咪网络公益志愿服务队创始人，用心耕耘未成年人课外教育8年，创立"安娜妈咪"新时代文明实践公益品牌。2020年9月7日获评"中国好人"。与"喜马拉雅"结缘，用声音传颂街巷故事，用声音传递服务温度。（图5-27）

安娜是一个东北女孩，在大学里就担任学校广播站的播音员。大学毕业后来到苏州吴江工作，住在吴江开发区江陵街道山湖花园社区的小区里，她发现很多小朋友都由爷爷奶奶看护，由于年龄原因，老人缺乏对孩子启蒙教育的知识和理念，也不会给小朋友挑选图书，甚至不会说普通话。看到这种状况，安娜就常利用业余时间，给小区里的孩子讲故事和他们做游戏。

图5-27

孩子们都很喜欢听安娜讲故事，但由于工作关系，安娜并没有太多的时间，于是她萌发了将故事录成录音，然后让爷爷奶奶们放给孩子们听的想法。安娜在网上购置了录音设备，在书房中开始录制儿童故事，并把这些故事的音频发给小区的孩子们听。后来，安娜又萌生了将故事音频发到网上的想法，让更多的孩子能听到"安娜妈咪"讲的故事。相较于专业播音员，身为母亲的安娜更容易得到妈妈们的认可，粉丝也越来越多。

用文明实践公益品牌，道德的力量影响身边人。两次参加苏州市道德模范的交流活动的安娜，发现道德模范都是平凡人，却做着不平凡的事情，都是小人物在做大事情，他们非常伟大。其实每个人都有做公益的善念，也许只是没有找到适合自己的方式。

安娜的故事音频在网络上吸引了越来越多的听众，录制加上后期的剪辑制作，工作量越来越大，她先是请关系较好、较有名气的网友帮她录制了几期故事，让她意外的是，不少网络上的志愿者主动跟她联系，要求加入她的团队，共同打造安娜妈咪的公益品牌。"安娜妈咪早教公益播读"个人电台已更名为"安娜妈咪教育公益电台"，主播也不再只有她一个人，而是由6位来自全国各地的爱心妈妈或姐姐组成，上线的节目不但有按照年龄划分的儿童故事等，还有给家长听的教育互动节目，听众更是遍及全国各地。

安娜在网络上的知名度非常高，她用8年的业余时间，一手创立起"安娜妈咪早教公益播读"音频库，现如今收听量超过1亿次。不少网络上的志愿者主动跟她联系，要求加入她的团队，共同打造安娜妈咪的公益品牌。她的团队互相之间都没有见过面，但是每个参与的志愿者都兢兢业业，不管自己的本职工作有多忙，都会按照计划，将故事音频打包发给她，由她进行后期制作，并发布到网上。

2020年1月30日，一部名为《小宝家族之蛟龙女王的礼物》童话故事音频陆续在喜马拉雅、字节跳动、腾讯、天猫等平台热播。这是家住吴江经济技术开发区的安娜妈咪团队在抗疫期间以疫情为背景，专门为10岁及以下年龄儿童精心创作的"疫情期间必听的儿童故事"。本次创作的作品，主要是结合抗疫形势需要，将保护自然环境、养成良好卫生生活习惯等理念有机地融入故事中，给少年儿童传播正能量，产生积极的社会影响。

新冠疫情期间，为了更好地开展线上防疫宣传工作，安娜妈咪团队利用自身团队专业优势，立即投入"疫情期间必听的儿童故事"作品创作中，用较短时间，完成了作品的撰写、录制，并与喜马拉雅等平台联合播出。音频故事结合抗疫形势需要，将保护自然环境、养成良好卫生生活习惯等理念有机融入故事，给少年儿童传播了正能量，产生积极的社会影响。安娜表示，希望安娜妈咪团队这次的创作能够在疫情期间给小朋友带去好的故事，丰富孩子们的内心世界。（图5-28）

图5-28

音频故事广播剧《小宝家族之蛟龙女王的礼物》自2020年1月30日在网络播出后，就吸引了全国众多的小听众，成为"疫情期间必听的儿童故事"之一。经过"学习强国"APP、《现代快报》《吴江日报》等媒介的报道转载，作品单集播放量超200万。一直热心公益的她在疫情期间免费赠送近300套新发布的《安娜妈咪让孩子爱上阅读》书籍和同名音频课给玉树藏区的家长和苏州本地的家长，继续以更专业的方式帮助家长和孩子，让孩子爱上阅读！

从2013年起，安娜在喜马拉雅FM上创建免费的早教播读频道，取名为"安娜妈咪早教公益播读"。通过这个窗口，她向全国各地的网友分享着自己精心挑选录制的儿童故事、唐诗宋词、儿歌等。平日里，安娜在居住地江陵街道新时代文明实践所定期发布志愿活动，通过线上招募方式，召集大小朋友，免费给他们线下教学讲课。对当地不少小朋友们而言，不仅丰富了他们的业余生活，还营造了一个和谐的学习氛围。如今，这些志愿活动已经成为街道志愿活动中的亮点。安娜的志愿精神也感染不少热心公益的人，他们主动和安娜联系，要求加入她的团队，共同打造"安娜妈咪"新时代文明实践公益品牌。

安娜说，其实做一件事不难，但坚持做一件事真的挺不容易的。"安娜妈咪"的公益梦想是打造一个中国最大的免费少儿故事音频库，并将这些故事传播到我国的西部地区去。希望能够借助安娜妈咪这个品牌，打通公益的链条，争取更多关注孩子的爱心人士，使安娜妈咪这个公益品牌能够持续、健康地运转下去。目前她也在探索更理想的做公益的方式，实现她和志愿者的公益梦想。

大手拉小手：防疫卫士与新时代好少年

中共中央宣传部在宣传贯彻《新时代公民道德建设实施纲要》和《新时代爱国主义教育实施纲要》时指出，要深入学习贯彻落实党的十九届四中全会精神，着眼凝心聚力、立德铸魂，大力培育社会主义核心价值观，高扬爱国主义伟大旗帜，推动思想道德建设和爱国主义教育开创新局面。

这次全面防疫是一次大练兵，是落实两个《纲要》的全面动员，吴江区一对父女大手拉小手是践行两个《纲要》的优秀典型。

父亲：江苏盛泽医院党委副书记、纪委书记庾勍

疫情无情，作为医生，就要尽全力把风险管控到最低。从小年夜起到现在，他都在疫情防控一线，每天休息时间不超过5小时。他凭借积累的疫情防控经验，第一时间指导院内制订新型冠状病毒肺炎预检分诊、防控流程，监督审核、巡视全院重点环节执行情况，并对吴江区南部医联体成员单位进行防控专业培训，提升区内整体防控水平。还参与筹备盛泽镇集中隔离医学观察点，协助制订相关医学隔离流程，24小时内完成并投入使用。

随着战"疫"工作的不断深入，疫情防控责任之弦也越绷越紧，为严控病毒传播，他主动挺身而出，负责医院高速公路省界3个查控点医学监测任务，对外按照属地政府的统一安排，协调各部门形成防控合力，培训交通入口值守的工作人员，阐明防疫装备的必要性，强化联动、共战疫情。对内明确各查控

点医务人员配置标准、职责和功能，将疫情防控前移，守牢疫情防控关口。

面对疫情的持续性，保证防护物资充足是不可或缺的重要条件。为抗"疫"前线及时送上"粮草"，为一线医务人员解决燃眉之急。他和医院同事们在力行节约的同时，自己动手选择爱心人士提供的防渗透、透气性好、密闭性好的原材料应急，群策群力、加班加点完成"护面头罩"的手工制作，既可起到隔离保护作用，且在消毒后还能二次利用。

疫情期间，白天他坚守在一线，晚上睡在办公室，一天只睡几小时。他不但要近距离接触疑似人员，还得稳定疑似人员情绪，排除疑似病例。除夕当天，他还连夜完成转运一位疑似病患。

"毕竟我是医生，更是党员，我们离疫情一米之内，人民群众才能离疫情两米之外。"（图5-29）

他全程参与防疫得到了妻子的鼓励，孩子的支持。与妻儿分开半月，抽空从一线赶回家，他虽然很想抱抱孩子，却只能坚决要求妻儿站在离自己两米之外。

"疫情无情，我作为医生，要尽全力把风险管控到最低"，这是政治品德、社会公德、职业道德、家庭美德、个人私德的全面体现。

后疫情时期，他又为学校复学进行防疫辅导，奔走于各学校之间开展志愿服务。文明实践身体力行，他用辛苦换取防控安全。（图5-30）

学校是人员密集场所，每个细节、每个过程、每个区域都要严密防控，需要制订详细方案、实施环境消杀、开展模拟演练、落实心理辅导、建立应急机制。

大事难事看担当，逆境顺境看襟度。

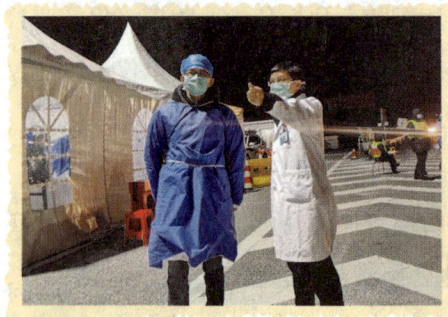

图5-29

他，没有豪言壮语，只有默默付出。

他，没有畏惧退缩，始终直面前行。

他，是疫情防控一线的"白衣战士"，

用行动诠释着医务人员弘道笃行、仁心仁术的"大医精诚"。

他，更是率先垂范的最美"打铁人"，用行动展现着纪检干部坚韧不拔、无私无畏的"铁军精神"。

在学术方面他一直不断进步，在参与的盛泽镇防疫的实践过程中，不断系统化思考和总结提炼，写下了近4万字的《新冠肺炎疫情联防联控基层实践》学术成果，准备出版发行，让更多

图5-30

人受益。出色的表现被吴江区委区政府表彰为新冠肺炎疫情防控工作中的先进个人。

女儿：庾钦杨，吴江区鲈乡实验小学越秀校区六（2）班学生

这次疫情，对孩子来说，是一次难得的爱国主义教育。疫情期间，父亲庾勍奋战在防疫一线不能回家。为了表达自己对父亲和广大医务工作者的崇敬之情，她写下了反映父亲抗疫事迹作文《等您回家》，在江苏省教育厅主管的《阅读》小学生双语学习杂志上发表："……年初一中午，等爸爸路过小区传达室拿换洗衣物，我们远远地跟他挥手致意。妈妈的眼泪等爸爸离开才掉落……"她还时刻关心疫情动态，向爷爷奶奶做好健康知识宣教，帮助他们正确配戴口罩，督促他们勤洗手。（图5-31）

庾钦杨入选了2020年第一批"苏州新时代好少年"。（图5-32）

每个人都是自己的典型，从个人到家庭，到社会，到国家，践行两个《纲要》是立身之本，长久之计。国家制定出台两个《纲要》，是贯彻落实党中央

图5-31

图5-32

决策部署的重大举措，是新时代巩固全体人民团结奋斗共同思想道德基础的必然要求，是把社会主义思想道德建设优势进一步转化为治理效能的迫切需要。以此为契机，着力用习近平新时代中国特色社会主义思想武装全党、教育人民，深化理想信念教育，大力弘扬爱国主义精神，聚焦聚力培养担当民族复兴大任的时代新人，充分发挥实践养成和制度保障的作用，促进全体人民在思想上、精神上紧紧团结在一起。

陈英：身边的志愿者，我为大家保平安

新冠肺炎疫情暴发以来，盛泽这个美丽的绸都、工业的重镇，因外来务工人员多，又地处江浙交界处，防控压力巨大。得知社区需要防控志愿者，在家人的大力支持下，年已古稀的陈英加入了盛泽镇抗击新冠病毒志愿者的队伍，为盛泽绿杨新村居民管理点值班，从2020年2月2日开始至3月20日结束，整整48天。用热心真心换暖心开心，莫道桑榆晚，为霞尚满天。

在管理点值班的每一天，志愿者们得到了广大居民的全力支持，因为大家都知道，抗击新冠肺炎病毒是一场没有硝烟的战斗，只有严防死守，才能守护住自己的家园。居民们都自觉配合志愿者，进出小区主动出示身份证。其实，能够为大家做点事情也是一种幸福和快乐。在早期社区对外来人员摸底的时候，就发现有一位湖北籍的居民春节回家了，至今未归。陈英就把他家的地址牢牢地记在心里，分别向社区、网格和公安机关巡察组汇报。3月15日那位居民来管理点登记，陈英几乎惊呼着对他说："你终于来了！"帮助他把健康证、复工证、隔离解除证（所在工作单位）等一一验证，催他赶快去社区报到的同时，抓紧时间打电话向社区领导汇报情况。这位湖北朋友一踏进社区，顺利办好了一切手续，回到自己的家。

每天在管理值班，要说辛苦那也是事实。但看到居民们积极配合，受到热心人士的大力帮助，她心里总是暖暖的，再苦再累也甘愿。有很多热心人以实际行动关心着志愿者，有送口罩的小阿弟，有送御寒被的老板，有送水果的居民。更有一位阿姨，每天都给志愿者送来水果、点心，没有一天间断过。正月十五元宵节那天，社区的领导给志愿者们送来了热气腾腾的汤团，那真是吃在

嘴里，甜在心里。其实，志愿者们在联防联控的第一线站岗，只不过是做了该做的一点点事情，可以说微不足道，但志愿者得到的太多太多，感觉受之有愧。

俗话说，平静的水面有时候无风也会泛起涟漪。也有极个别的居民，对于联防联控的措施不是太理解，有时候配合得不是太好。往往听到这样的话："本地人，回自己的家也要看身份证，真是奇了怪了……"等等。碰到这种情况，我们只能笑着和他们解释，以取得理解。记得有一次，有个老年男性朋友，我们按规定要他出示身份证，他很是激动，脸涨得通红。我怕出意外，灵机一动说，你我是同龄人，认真检查是我的职责，出示身份证是你的职责，请你理解。说得他笑了起来，耐心地配合检查。当然也有不理解的，那是极少数，每当听到居民们说："谢谢你们，辛苦了！"心里像灌了蜜似的甜。（图5-33）

在联防联控期间，恰逢三八妇女节，吴江电视台、区红十字会等单位和团体，给我们女志愿者送来了鲜花，此时此刻，陈英感到作为一名联防联控的志愿者，是何等的光荣与自豪。今年的三八妇女节，是她七十年人生最美的时节。

48天的抗疫经历，在她人生的长河里只是短短的一瞬间，给陈英的人生增添了光彩的一笔，也给我留下了许多宝贵的精神财富。我为抗疫来站岗，我为大家保平安。她以"七十古来稀"的年纪、"五十知天命"的干劲、"三十而立"的热忱，给自己的联防联控志愿者服务画上了一个圆满的句号。（图5-34）

图5-33

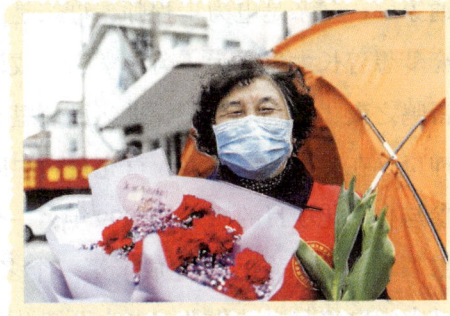

图5-34

童充：苏州时代新人，引领社会风尚

童充，中共党员，高级工程师，国网苏州供电公司科技专职。2019年度获得十佳苏州时代新人称号，2020年获得江苏省五一劳动奖章。经过近20年不懈钻研，数千次探索实验，他提出了动态防雷三大法则，被国际雷电研究领域广泛认可。他主导研发了全球领先的"智能电网动态防雷系统"并在苏州投运，该系统为目前世界上覆盖面广、控制功能强、性能指标高的一套动态防雷系统，投入使用后年均避免经济损失9000余万元。他主导承担起"动态防雷"国际标准的制定，引领全球雷电防护迈入新时代。他是我国首位国际防雷"杰出青年科学家奖"获得者，还先后荣获国际防雷"科学技术成就奖"等荣誉。（图5-35）

图5-35

"动态防雷"究竟是一项什么技术？作为此项技术的核心研究成员、我国首位国际防雷"杰出青年科学家奖"获得者，童充解释说，雷电活动，是危害电网安全的重大因素。据不完全统计，因雷电导致的电网事故，在我国沿海省份占了一半以上，往往一次雷暴，就能造成一个地区的电网数百次线路跳闸，不但波及大量电力用户，而且对工业生产和人民生活造成的负面影响难以估算。童充主导研发的全球领先的"智能电网动态防雷系统"，可年均避免经济损失9000余万元。

童充，1976年出生于苏州吴江平望镇一个普通家庭，父亲是电力工程师，母亲是医生。如同那个年代的许多孩子一样，童充梦想着长大后成为一名科学家。或许受父亲大学时代故事的影响，每当电闪雷鸣之夜，在别的孩子躲进父母怀里时，他总是趴在窗前静静地观赏大自然的神奇。在父亲的引导下，童充自高中阶段开始接触计算机编程，大学阶段开始参与自动化项目的研发。1999年，一个偶然的机会，童充开始涉足人工智能防雷领域。2001年，他完成了第一个多频辐射探测系统。2002年，童充考入武汉大学电气与自动化学院电力系统及其自动化专业，开展电网控制结合动态防雷及雷电探测方面的研究。2004年，硕士研究生在读的他，作为中国唯一代表出席第18届雷电探测国际会议（ILDC），该会议是世界雷电研究与防护领域公认的权威学术会议，他成为该会议最年轻的论文发表者。2005年，研究生毕业后，童充进入苏州供电公司工作。"近年来随着智能电网的发展，可再生能源接入和远距离电能输送的发展，导致电网防雷的难度越来越大；再加上全球气候变化明显，极端恶劣天气也不断增多，雷电活动也更加频繁剧烈。"童充说，如何研究更先进的防雷手段？如何进行有效的监测和预防，将雷电对电网的危害降到最低？也成为世界各国这一领域研究学者研究攻克的主要难题。

经过前期一次又一次的反复理论实践、开发研制和调试测试，2017年5月，最大规模的智能电网"动态防雷系统"在苏州投入运行。自苏州"动态防雷系统"运行一年多来，截至2018年底，共避免各种电压等级重要重载线路雷击跳闸导致停电59条次，涉及线路及系统断面负荷209万千瓦，总计挽回经济损失超过9000万元。

科技兴则民族兴，科技强则国家强。2019年10月22日，从国际大电网会议（CIGRE）法国总部以及上海第83届IEC大会现场传来消息，由国家电网公司主导，国网江苏电力和苏州供电承担的"动态防雷"科技成果获国际大电网标准工作立项，标志着我国在"动态防雷"这项重要技术上，已经从"并跑"实现了"领跑"，走在了世界的前列。

突如其来的一场新冠肺炎疫情，让全球开始关注中国的卫生现状，也打乱了童充的阵脚。从2020年1月下旬开始，童充便陆续收到了来自全球学术界的数十封邮件，有关心个人的健康的，有询问最新疫情态势的，隐隐约约都带着担忧。看到这些，童充坐不住了，1月24日除夕夜11时，这位43岁的年轻科学家的个人"外交部"正式上线了。"因为我身在中国，我更了解中国的现状，我只想把发生在身边的故事分享给世界，让世界看到真正的中国，也让世界对中国充满信心。"为了克服时差，童充开启了自己的小小"外交部"。这个小小"外交部"的上线时间集中在晚上7点到凌晨1点，查阅、翻译、发布、问答……昏暗的台灯下，一杯早已放凉的茶，"哒哒哒"敲击键盘的声音，数百封疫情防控"情况报告"通过即时通信工具、视频会议、社交平台、电子邮件，陆续发往11个国际组织、29个国家或地区的100多位专家学者、国际友人。童充的"外交部"每晚准时上线，他的努力也得到了世界各国专家的肯定。英国籍的国际大电网组织系统性能专业委员会主席齐亚·艾明回复童充："谢谢你们带来这么令人振奋的好消息！希望你们一切都好起来！"意大利热那亚大学教授雷纳托·普罗科皮奥在语音留言中说："谢谢听到疫情控制正在好转的好消息！祝愿早日打败病毒！"国际友人的问候和鼓励，让童充感到期盼已久的安

图5-36

图5-37

慰与温暖。1月31日晚，童充参加了国际大电网专委工作组召开的远程会议，讨论将要展开的国际合作和国际会议工作。会上，个别代表质疑中国当前卫生环境。面对质疑，童充据理力争，并用一系列科学数据和最新战"疫"成果赢得了参会专家的信任和支持。凌晨2点，大会结束，并未采纳任何一条对中国不利的建议。

面对取得的荣誉，童充表示，希望有更多的人关注科学研究，并希望有越来越多的人投入科学研究中，为国家科研创新贡献力量。2019年，"苏州时代新人"培育工程共遴选出89位"苏州时代新人"，旨在推进新时代文明实践中心建设，完善文明城市长效机制，他们是社会主义核心价值观的自觉践行者，是爱国奋斗奉献精神的领跑者。为苏州"再创一个激情燃烧、干事创业的火红年代"提供强大的精神力量和丰润的道德滋养，为苏州开放再出发积聚更多的道德能量。（图5-36）

童充是一名普通青年科研工作者，心怀梦想，一如既往地踏实钻研，再攀高峰，用责任、毅力和担当，诠释一名青年科技工作者的初心和使命。他就是守护这座城市安宁、国家电网安全的时代新人。（图5-37）

第六篇

新时代文明实践
精品创作欣赏篇

◎ 在文明实践实施的过程中，涌现了很多精品力作，这些作品弘扬了中华传统文化、伟大的革命精神以及当地特色文化等，讴歌了我们的党、我们的祖国和我们的英雄，记录了文明实践获得的丰硕成果。

吴江区公共文化艺术中心：文明实践融入文艺创作精品

文明实践融入精品创作，以革命文化、传承经典、精品创作、服务小康为目标，坚持中国特色社会主义文化发展道路，坚定文化自信，讲好吴江故事，苏州弹词开篇《半条红军被》，唱响一首长征赞歌，弹奏一支评弹新曲。（图6-1）

图6-1

苏州市吴江区公共文化艺术中心（以下简称中心）是吴江区文体广电和旅游局下属的副科级全额拨款事业单位，馆舍建筑面积为7100平方米，下挂吴江区文化馆、吴江区非物质文化遗产保护办公室、吴江区评弹传承中心。中心为国家一级文化馆、省级巾帼文明岗，先后荣获省文化系统先进集体、省文化科技卫生"三下乡"先进集体、苏州市"服务农民，服务基层"先进集体等荣誉称号。中心承担全区公共文化艺术活动和社会文艺团队，群众性文艺创作和精品工程的组织指导，重大公共文化惠民、主题宣传和节庆文化活动的组织策划实施，公益性艺术培训，公共文化学科的理论研究以及全区非遗的保护和传承等主要工作。（图6-2）

举精神旗帜，立精神支柱，建精神家园　以灵魂的工程师标准，不断培育文化新人，创作精品。中心现有正高级职称2人，副高级职称6人，中级职称

图6-2

12人。中心不断创新群众文化工作举措，持续16年打造"吴江区域文化联动"品牌，连续7年策划组织全国性大型文化活动，承办"中国民间文化艺术之乡"民歌、山歌展演、"欢跃四季"全国百姓广场舞吴江展演、"运河风韵"京杭大运河非遗摄影展、京杭大运河文化艺术节、京杭大运河沿线城市广场舞展演等。"吴江区域文化联动"活动荣获国家创新工程奖并被文化部命名为"国家创新工程项目""农民工文化服务示范项目"，2017年被列入全国"百姓大舞台"品牌项目。"吴江市戏曲文化生态保护区建设""文化馆公共数字文化服务模式创新和示范"先后列为"国家文化创新工程项目"。

辛勤耕耘，精品呈现，服务人民　精心搭建"百姓戏台""民星闪耀""吴江文化讲堂"等群众文化平台，每年开展各类活动600余场。传承保护吴江非物质文化遗产，编辑出版"鲈乡风韵文丛"5卷，其中《太湖渔歌》获江苏文联"迎春花奖"。2个项目列入国家级非遗代表性项目名录，3个项目列入省级非遗代表性项目名录，20个项目列入苏州市级非遗代表性项目名录；现有代表性传承人77人，其中国家级传承人2人，苏州市级传承人11人；2014年，江苏省同里水乡民俗文化生态保护实验区获准建立。加强精品文艺创作，苏州弹词开篇《半条红军被》获第十八届全国群星奖入围奖、第十三届江苏省五星工程奖金奖；中篇苏州评弹《袁了凡》获第二届江苏省文华奖·文华优秀节目奖等。创演丝绸旅游文化主题晚会——音舞诗画《千年锦绣》，创演中篇苏州弹词《龙蚕》《红色之路》《柳亚子历险记》等，创作歌曲《七月的第一天》《旗袍》《和合一家》等。

传承优秀传统文化，树立当代良好形象 传承和弘扬中华优秀传统文化，讲好中国故事是树立当代中国良好形象，提升国家文化软实力的重要战略任务。中心积极推动传统文化走出国门，扩大吴江文化影响力。承办文化部交办的"风从东方来"中国民歌赴韩国首尔体验交流活动等，将传统文化传播到澳大利亚、法国、日本等国家。传播优秀当代文化，着力推动反映当代中国发展进步的价值理念、文艺精品、文化成果走向海外，努力进入主流市场、影响主流人群。整合各类资源，推动内宣外宣一体发展，奏响交响乐、唱响大合唱，把中国故事讲得愈来愈精彩，让中国声音越来越洪亮。

讴歌党、讴歌祖国、讴歌人民、讴歌英雄，参加第十三届江苏省五星工程奖颁奖晚会演出。做好传统文化创造性转化和创新性发展，使之与现实文化相融相通。宣介优秀传统文化，把优秀传统文化中具有当代价值、世界意义的文化精髓提炼、展示出来。

一个感人的红军长征故事 1934年冬天，红军长征来到湖南汝城县沙洲村，三位红军女战士借宿村民徐解秀大姐家中，临走时，其中一位女战士把自己仅有的一条被子剪下半条，留给了家徒四壁的徐大姐。说等到革命成功后，她再带整条被子回到沙洲村，再来看望徐大姐。于是徐大姐天天盼，日日等，等了一年又一年，等了五十个春秋。2016年，在纪念红军长征胜利80周年大会上，国家领导人讲述了这个动人的长征故事。一部红军长征史，就是一部反映军民鱼水情深的历史。2017年初夏之际，吴江区公共文化艺术中心接到来自浙江省湖州市南浔文园红军长征追踪馆的电话，希望中心创作有关"半条被子"的评弹作品。面对这样接地气、有温度、有深度的素材，中心上下群策群力，最终交出了一份令

图6-3

人满意的答卷。苏州弹词开篇《半条红军被》获第十八届群星奖入围奖，在第十八届群星奖决赛现场，中心主任朱晓红接受了采访。（图6-3）

一段动人的军民鱼水情 苏州弹词温婉细腻，但如果要歌唱为革命抛头颅洒热血的红军女战士，那肯定是远远不够的，音乐旋律上还要融入红色元

素。歌颂红军的歌曲那么多，用哪一首更好呢？解秀大姐在村口送别女红军的场景不断涌现，不断冲击着创作者的神经。那情那景，唯有那首脍炙人口的民歌《十送红军》能担当了。因此，《十送红军》的旋律成为作品的灵魂，把高亢激昂的唢呐作为整个开篇的前奏和收尾，主题曲始终贯穿在评弹曲调里。事实证明这样的处理是正确的，在剧场演出的时候，全体演职人员见证了演出的成功，观众被深深打动；观众随着音乐和情节的推进被带入了那个动人的情景；热爱评弹的观众觉得在传统的曲调里加入新的音乐元素，丰富和增强了作品的艺术感染力。

一支喜人的苏州弹词新曲　《半条红军被》从2017年创作、排演以来，已数易其稿。一方面让作品呈现回归曲艺本质，另一方面要让作品更加打动人心，村口剪被子，要剪出真情，剪出难舍，剪出革命的坚定，剪出必胜的信心……五十七年后再送一条被子，要送出军民鱼水情。推翻一次文稿意味着重新一轮排练，导演与演员要不厌其烦、克服各种困难进行排演。跨度近两年的比赛中，泪流了，汗流了，血也流了（一位演职人员演出时受伤，身缝二十多针），但全体演职人员在歌唱红军精神的同时，也自觉地用红军精神鼓舞自己，勉励自己。当一个又一个的困难袭来时，大家就用"长征必定成功"的精神相互鼓励，不断负重前行。

2017～2019年，《半条红军被》先后获得第十三届江苏省"五星工程奖"；第十八届群星奖决赛入围奖。2019年作品受中央电视台戏曲频道《一鸣惊人》栏目邀请赴北京录制庆祝中华人民共和国成立70周年专题节目，并在国庆期间播出。受《半条红军被》的启发，受红军长征精神的鼓舞，吴江区公共文化艺术中心又创作了有关长征故事的短篇苏州评话《困牛山》《金魂》，弹词开篇《再唱红梅赞》和短篇《湘水骄杨》等，《半条红军被》得奖后，在基层进行巡演，既满足了老百姓评弹的需求，又弘扬了传统革命文化。（图6-4）

新时代，苏州市吴江区公共文化艺术中心自觉承担起举旗帜、聚民心、育新人、兴文化、展形象的使命任务，不断增强脚力、眼力、脑力、笔力，努力在实践创造中进行文化创造，在历史进步中实现文化进步。坚持守正创新，重点抓好理念创新、手段创新、基层工作创新，让一切文化创造源泉充分涌流，为使中国特色社会主义文化始终反映时代精神、引领时代潮流而不懈努力奋斗。

图6-4

苏州市吴江区松陵街道：志愿之歌

志愿者是一个城市的爱心，一群人温暖一座城

在松陵，也有这样的一群人

用汗水浇灌着生活的热土

用爱心守护着城市的温度

他们正如盛夏季节里飞舞的萤火虫

星星点点，聚是一团火，散作满天星

成就了这个城市最美丽的风景线

松陵街道　志愿之歌

萤火虫

作词：钮国民　作曲：徐方　演唱：徐方　佳玉

没有蝶儿美　没有鸟儿壮

我是一只小小小小的萤火虫

没有嘹亮的歌喉　没有优美的舞姿

只会默默默默散发光亮

夜深了，整个城市已经安睡

我们还在别人的睡梦里幸福地忙碌着

不吵不闹，不说话，像星星眨着眼

相遇时互放的光芒，只让月亮知道

清新的空气 甜甜的水

太湖新城滋养了小小的我们

聚成一团火，散作满天星

精美、乐善是我们共同的追求

吴晓风：《丝语江南》入选江苏省委宣传部"中国梦"主题新创作歌曲

这首《丝语江南》，是苏信学院吴晓风老师（图6-5）创作的歌曲，已入选江苏省委宣传部"中国梦"主题新创作歌曲，是苏州唯一入选的歌曲。

苏州，是一座历史悠久，驰名中外的文化名城，丝绸是她历史画卷中绚丽夺目的一笔，记载着曾经的辉煌与荣耀。

图6-5

我国在2013年提出了"一带一路"倡议，是对古代丝绸之路和海上丝绸之路的进一步深化与重建。

苏州有两大绸都——苏州和吴江盛泽，且吴江盛泽在四大绸都中丝绸产量最高，苏州的两大绸都是"一带一路"中丝绸产品主要的起源地，作为丝绸的故乡，在我国古代贸易中扮演着非常重要的角色。苏州丝绸工艺技术水平高，种类繁多，出口和外销量大，在国际上享有非常高的声誉。

2011年，商务部印发《茧丝绸行业"十二五"发展纲要》，明确提出，要把苏州培育成国际化丝绸都市，提升丝绸产业文化价值。

2012年初，苏州市委市政府提出了新的战略构想，强调要继续传承发展苏州丝绸产业，提高苏州丝绸的品牌形象，振兴苏州丝绸的产业文化。出台了《苏州市丝绸产业振兴发展规划》，致力于重振苏州丝绸产业和文化的双重影响力。

2018年，在《2018—2020苏州丝绸产业振兴发展行动》三年计划里提到：以苏州丝绸产业振兴发展为目标，推动实施苏州丝绸"品牌优先"战略，确立"商贸引领、品牌优先、创新驱动、质量为本"的工作理念；着力把苏州建设成为中国丝绸行业人才集聚、文化传承传播、研发设计、商贸物流、先进制造的创新发展中心；面向未来，加快苏州丝绸产业从传统产业向现代产业、时尚产业的转型发展，早日实现苏州丝绸高质量发展和振兴的目标。

2020年，工信部等六部门印发《蚕桑丝绸产业高质量发展行动计划（2021—2025年）》，为推进蚕桑丝绸产业高质量发展，满足人民美好生活需要、带动相关产业发展、助推乡村振兴及脱贫攻坚。

今天，随着苏州与"一带一路"沿线区域贸易互助不断加深，苏州在丝绸之路经济带上的地位更显举足轻重，苏州丝绸将与文化、旅游、商贸深度融合，提升内涵及国际影响力，在各个方面，发挥其应有的作用。

在此背景之下，创作团队项目组计划创作歌曲《丝语江南》，来表现江南丝绸之美，展示丝绸文化内涵。

《丝语江南》这首歌，表现的是丝绸这个从中国古代延续到现代的文明符号，在"丝绸之路"和"一带一路"中发挥着重要作用，它象征着美丽和智慧，体现着大国传奇和东方魅力，书写着一代又一代的传奇。

歌曲温婉秀丽，在如诗如画的铺陈中，仿佛看到丝绸扬起的千年华卷，听见追梦路上的悠远驼铃，把传统文化与时代脉搏紧密相连，体现出"中国梦"的本质，国家富强、民族振兴、人民幸福。

创作团队介绍：

作词：吴晓风，苏州吴江人，中国音协会员，中国音乐文学学会会员，江苏省音文学会理事，苏州音协理事，苏州音乐文学学会副会长，苏州市吴江区音舞协会副主席。作品曾获第九届中国音乐金钟奖，江苏省第四届新人新作银奖、音乐茉莉花奖、"五个一工程奖"，苏州市"五个一工程奖"等。曾获苏州市第二届"优秀中青年文艺工作者""姑苏宣传文化重点人才"等荣誉称号。

作曲：杜小甦，国家一级作曲家，享受国务院政府特殊津贴专家。现任江苏省音协副主席、江苏省演艺集团副总经理、江苏省政协委员。作品曾获国家"五个一工程奖"优秀作品奖、第二届全国舞剧会演优秀剧目奖、第四届中国音乐金钟奖优秀作品奖、中国第二届二胡节作品二等奖，江苏省音乐舞蹈节音乐金奖、茉莉花合唱比赛二等奖；"五个一工程"优秀歌曲奖、第六届省舞蹈比赛优秀音乐奖，在多部大型原创歌剧担任项目监制。

演唱：张丹丹，副教授，硕士生导师，现任南京艺术学院流行音乐学院副院长；中国音协流行音乐学会理事；中国音协流行音乐学会教育培训委员会常务委员；江苏省青联委员；江苏省流行音乐学会副主席兼秘书长；江苏省音乐家协会理事；江苏省青年艺术家协会理事；江苏省委宣传部"五个一批"人才；江苏省首批"优秀青年音乐人才"；2009年获中国流行音乐金钟奖，2010年获全国青年歌手电视大奖赛团体金奖；2011年获金号奖全国最喜爱歌手评选最具潜力歌手奖；2012年获文化部文华奖第十届全国声乐比赛流行音乐组一等奖；第二届世界青奥会开幕式主题歌《中国名片》《点亮未来》演唱者。

丝语江南

作词：吴晓风　作曲：杜小甦　演唱：张丹丹

桑叶青青，哺育春蚕吐丝，
纤纤手指，牵动千年情思。
时光的金梭　穿行在经纬之间，
编织出一行行锦绣的诗句。

难舍你　千丝万缕的情意，
惊叹你　五彩缤纷的炫丽。
江南丝语，丝语江南，
从稻香书香里走来，神采飘逸。

绸缎轻轻，舞在千秋梦里，
匠心巧手，裁出霓裳羽衣。
悠远的驼铃　回荡在追梦路上，

讲述着一个个东方的故事。

传递你 造福人间的美意，
续写你 光耀古今的传奇。
江南丝语，丝语江南，
从岁月长河中走来，辉映天地。

华也：新时代文明新风精品赏析（六篇）

华也，原名钱国良，苏州吴江人，中国音乐家协会会员、中国曲艺家协会会员、中国音乐文学学会常务理事、江苏省音乐文学学会副主席、苏州市音乐文学学会会长。至今已有100余首作品在各类全国性征歌活动中获奖。《今天阳光真好》被中宣部、中央文明办等部委选为"民族精神代代传"活动推荐歌曲；《我很想去你们的家》《江南小茶楼》《点亮春风》《雷锋没有走远》《从我做起》《我的家乡云南美》分别在中国音协主办的征歌活动中获奖；《欢乐一起来》《闪亮的青春》《丝路金桥》等七部作品在央视播出。《祖国在我心里》获天津市"五个一工程"奖；《心中的水乡》《江南小茶楼》获浙江省"五个一工程"奖；《彩虹》获第十七届南湖合唱节优秀新作品奖；《我的家乡云南美》获云南省"小布谷鸟杯"少儿合唱歌曲创作大赛一等奖；《西塘古韵》获江苏省首届钟山奖佳作奖；《炫出青春风采》《中华是一家》获江苏省茉莉花奖；《韵动中国》为第三届全国体育大会会歌。共有15部作品获苏州市"五个一工程"奖。

图6-6

华也老师创作的歌曲，都是紧跟时代发展潮流，歌颂祖国、家乡美好的发展成果和愿景，展现生活中的美，充满了正能量。新时代，围绕新征程，又不断进行主题创作，屡创佳绩，引领文明新风尚，做文明使者。（图6-6）

2020年他创作的歌曲《点亮生命》，

用歌声赞美了坚守在生死前沿的白衣战士，同时表达了我们每个人的心与白衣战士紧紧地连在一起。该作品已入选江苏省委宣传部"中国梦"主题新创作歌曲。

作品一：

作品简介：在鼠年春节来临之际，新型冠状病毒袭击武汉，并迅速向全国扩散，一场抗击疫情的阻击战随之打响。根据党中央重要指示，要求各地必须引起高度重视，全力做好防控工作。要把人民群众的生命安全和身体健康放在第一位，要全力救治患者，坚决遏制疫情蔓延势头。为此各地纷纷行动，一批又一批医务工作者义无反顾奔赴武汉，奔赴湖北。全国已有3万余名医务工作者前往，他们不顾自身安危，用生命挽救生命。华也看到白衣勇士驰援武汉的壮举，精心构思，反复琢磨，尽量避免空泛的、口号式的语句，创作出《点亮生命》。曲作者拿到歌词后，被歌词中"用生命挽救生命；用生命点亮生命"的词句深被深感动，于是连夜创作，并在两天内完成了谱曲、编曲和歌曲的录制。歌曲采用女声独唱，小提琴奏出主旋律，以及歌手深情的演唱细腻动人，极富艺术感染力。

点亮生命

作词：华也　作　曲：崔安强

演唱：岳佳　小提琴：樊星

爱的花朵盛开着娇艳，
爱的阳光送来温暖。
不管前路有多么凶险，
你义无反顾一往无前。

用生命挽救生命，
逆行而上，搏击狂澜。
用生命挽救生命，
在这没有硝烟的战场，
白衣战士坚守在生死前沿。

爱的清泉滋润着心田，
爱的冬季孕育春天。
不管疫情有多么猖狂，
你面对危难初心不变。

用生命点亮生命，
大爱无疆，气贯长天。
用生命点亮生命，
在这充满荆棘的路上，
美丽天使我的心和你紧紧相连。

作品二：

为你骄傲为你歌唱

作词：华也　作曲：姜兴龙　演唱：钟丽燕

一路走过风雨迎来春光
一路穿过坎坷收获希望
春天的故事还在耳边回响
幸福路　越走越宽广

我要为你骄傲为你歌唱
你的名字是如此响亮
大地上绽放醉人的芳香
东方　奏出美的乐章

我要为你骄傲为你歌唱
你的神采是如此飞扬

新时代吹响复兴的号角

世界瞩目你的辉煌

一路高举旗帜步伐铿锵

一路不忘初心奔向小康

改革的春风吹得神州欢畅

强国梦　展翅在飞翔

我要为你骄傲为你歌唱

你的名字是如此响亮

大地上绽放醉人的芳香

东方　奏出美的乐章

我要为你骄傲为你歌唱

你的神采是如此飞扬

新时代吹响复兴的号角

世界　瞩目你的辉煌

呜唉呜唉噻咯洛哩嘿

噻咯噻咯　我骄傲

为你骄傲为你歌唱

为你骄傲为你歌唱

啊　为你骄傲　啊　为你歌唱

噻咯洛哩嘿　为你骄傲

噻咯洛哩嘿　为你歌唱

为你骄傲为你歌唱

为你骄傲为你歌唱

为你歌唱

作品三：

作品简介：为纪念中华人民共和国成立70周年，一批优秀的文艺作品陆续涌现，由华也作词、徐沛东谱曲的《祖国在我心里》就是其中一首好听的歌曲。

《祖国在我心里》描绘了神州大地的大美河山，歌颂了祖国的雄伟壮丽，饱含浓浓的深情。采用民通的演唱手法，生动表达了全国各族人民对伟大祖国70年来所取得的辉煌成就的赞美之情。歌曲一开始用柔情的慢板唱道："把你装在心里，我的心胸博大无比，把你爱在梦里，我的梦境璀璨甜蜜"，然后逐渐引入深情的境界，"西部的春色，东海的晨曦，北国的雪原，南疆的花季，这就是我魂牵梦绕的故里"。

随着歌词的变化和曲调的转换，作者将《祖国在我心里》一步步推向高潮，歌曲由慢到快，由弱到强，节奏变化鲜明，彻底打破固有模式，带来了亲切自然、高雅时尚的全新感觉。

著名青年歌唱演员谭晶在演唱这首歌曲时，也以她娴熟的民通演唱技巧，从情入手，用情说话，将歌曲的内涵诠释得生动感人，不落俗套。

祖国在我心里

作词：华也　作曲：徐沛东　演唱：谭晶

把你装在心里

我的心胸博大无比

把你爱在梦里

我的梦境璀璨甜蜜

西部的春色　东海的晨曦

北国的雪原　南疆的花季

西部的春色　东海的晨曦

北国的雪原　南疆的花季

这就是我魂牵梦绕的故里

把你写在诗里

　　　　　诗的激情一泻千里

　　　　　　把你描在画里

　　　　　画的意境深远美丽

　　　黄河的奔腾　长城的逶迤

　　　日月潭的秀美天山的神奇

　　　黄河的奔腾　长城的逶迤

　　　日月潭的秀美天山的神奇

　　　这就是我一生眷恋的土地

　　　希望属于你　辉煌属于你

　　　走在新世纪　走在春光里

　　　相约未来奔向更美的天地

作品四：

　　作品简介：太浦河是太湖流域最大的人工河道之一，因沟通太湖和黄浦江，故名太浦河。太浦河是太湖流域的重要河流，长为57.2千米，流经江、浙、沪三省市十多个乡镇。太浦河上承东太湖，下接黄浦江，太浦河具有防洪、排涝、航运、供水和生态等综合功能，是一体化示范区的生态廊道。沿线历史文化资源丰富，底蕴深厚，生态环境不断优化。太浦河工程全面建成以来，通过太浦河工程排泄太湖流域洪水，发挥了显著的减灾效益，有效减轻了洪涝灾害。

　　如今波平浪静水清的太湖滋养着周边城市群快速发展，使其成为我国最具发展活力的城市群之一，并在长三角一体化进程中发挥着举足轻重的作用。如今的太浦河，也成为多地城乡居民的自来水取水水源地。曾经在开挖太浦河中涌现的无私奉献精神和在激情奋斗中绽放的光芒始终激励着广大群众在新时代的征程上奋力向前。

　　吴江区音乐舞蹈家协会2020年围绕区文联"一湖三河三名人"及"长三角一体化"的指导思想，2020年重点完成协会顾问钱国良（华也）作词，江苏省音协副主席杜小甦作曲的歌曲《放歌太浦河》。

《放歌太浦河》反映了开挖太浦河的艰辛，"战天斗地，艰苦卓绝"，体现出一种无私奉献的精神。同时也反映了太浦河给两岸人民带来了美好生活，展现了一幅壮丽美景，是擦亮长三角生态底色的绿色之歌。旋律优美动听，且激情澎湃，这是对百里美景，宏伟气魄的太浦河，正续写新时代复兴之歌的由衷赞美。

放歌太浦河

作词：华也　作曲：杜小甦　演唱：方晶晶

家乡的太浦河，荡漾着碧波，
河水流淌着一首奉献的歌。
一头通浦江啊一头连太湖，
奋斗的岁月，奇迹耀史册。
太浦河，我的太浦河，
你留下了多少动人的故事，
战天斗地，艰苦卓绝，
你的精神时刻激励着我。

清清的太浦河，洒满了春色，
河水流淌着一首绿色的歌。
歌声飘荡在美丽的长三角，
江南披锦绣，绣出好生活。
太浦河，我的太浦河，
你描绘出一幅水利的杰作，
造福人类，热情似火，
你的情怀永远感动着我。

啊，太浦河，我的太浦河，
你日夜流淌在我的心窝。

百里美景，宏伟气魄，

你正续写新时代的复兴之歌。

作品五：

作品简介：华也和贾春梅老师合作的歌曲《好日子一起过》，在河北省文联、音协主办的"决胜全面小康、决战脱贫攻坚"主题歌曲评选中获优秀奖。让我们不忘初心、牢记使命，坚定信心，顽强奋斗，为决战脱贫攻坚、决胜全面小康贡献力量。2020年是我国全面建成小康社会的决胜之年。为此，华也和贾春梅创作了《好日子 一起过》，词中虽未提到小康二字，但字里行间都洋溢着迈进小康社会的自豪感。

贾春梅，江苏苏州，知名音乐人，中国音乐家协会流行音乐学会会员，江苏省音乐家协会会员，演唱或创作歌曲多次在各类音乐比赛中获奖。2013年创作歌曲《恋恋故园情》获苏州市群众文艺优秀作品大会演金奖。2015年获江苏省音乐"茉莉花奖"声乐比赛流行组优秀奖。2016年演唱音乐作品《一条叫做"小康"的鱼》获十七届中国文化艺术政府奖群星奖。2017年创作歌曲《我是你的歌》获第二届苏州市群众文化繁星奖音乐类金奖。2018年演唱音乐作品《水袖》获第十三届江苏省"五星工程奖"。2019年创作歌曲《问春》获第三届苏州市群众文化繁星奖音乐类金奖。2020年演唱歌曲《生命线上的守护者》、评弹《会说话的眼》发表于《出征出征》抗击疫情优秀歌曲集。

好日子　一起过

作词：华也　作曲：贾春梅　演唱：贾春梅

喜鹊喳喳叫得欢，

终于盼来了这一天。

过去的岁月难忘怀啊，

如今的日子比蜜甜。

好日子，一起过，

幸福路上谁也不落单。

手挽着手来肩并肩，

前程似锦奔向前。

习习春风扑面来，

百姓鼓舞笑开了颜。

芝麻开花节节高啊，

更好的日子在等着咱。

好日子，一起过，

阳光温暖每个人心田。

今天赶上了好时光，

幸福共享到永远。

作品六：

作品简介：疫情好转，春暖花开，山河无恙，由苏州大学音乐学院、艺术教育中心出品的MV《风雨之后阳光终于来到》，谨以此曲献给白衣战士、人民解放军、人民警察、社区工作者等参与疫情防控的志愿者，该作品获得2020江苏省文艺大奖·音乐奖声乐作品、小型器乐作品、音乐理论征集评奖声乐作品三等奖。

作曲：唐荣，上海音乐学院作曲理论博士。任苏州大学音乐学院副教授，硕士研究生导师，"仲英青年学者"。主要从事作曲与作曲技术理论、中国当代音乐创作等方面的教学与研究。在《音乐研究》《音乐艺术》《中央音乐学院学报》《中国音乐》《黄钟》及《中国社会科学报》等中文核心期刊发表学术论文数十篇。主持或主要参与的科研项目主要有国家社科基金艺术学项目"杨立青音乐创作研究"、"华人作曲家手稿数字化典藏与音乐文本分析"、上海市教育科学研究重点项目"二十一世纪欧美音乐理论学科教育教学研究"，教育部人文社会科学研究项目"论现代弦乐四重奏的创作——以勋伯格四首代表作为例"等。多次参加国内外重要学术交流，近年来先后受邀赴中国人民大学、上海音乐学院、武汉音乐学院、华东师范大学、茱莉亚音乐学院、哈佛大学举办讲座或参与学术会议发言。在教学与研究中将专业内容与课程思政相融合，先后主持苏州大学党建研究委托项目"'请别忘了她'——东吴革命精神永传承"、党建研究校级科研项目"音乐专业音乐理论课程思政与教学改革探索"等，并为广大党员做了题为"奏响时代强音，彰显信仰之美——《国际歌》《义勇军进行曲》音乐分析"的音乐党课讲座。近年来他创作的音乐作品先后获得江苏省文联主办的"'我和我的祖国'——庆祝中华人民共和国成立70周年歌曲征集评选活动"优秀作品奖、苏州市第十二届"五个一工程"奖与苏州市第十四次哲学社会科学优秀成果奖等。

演唱：齐莹，毕业于上海音乐学院声歌系，获硕士学位。任华东师范大学音乐学院声乐系副教授，中国声乐家协会副秘书长。曾荣获第十三届CCTV全国青年歌手电视大奖赛（民族组）铜奖；第二届亚洲青年歌唱家大赛（民族组）金奖；第五届国际华人艺术节（新加坡）中国声乐国际大赛（民族唱法）金奖；第三届全国高校音乐教育专业声乐比赛（教师民族组）一等奖；第四届孔雀奖全国高等艺术院校声乐大赛综合师范院校（教师民族组）一等奖。指导多名学生在国内外声乐比赛中共计获得20多个奖项。连续三次荣获第四届、第五届和第六届孔雀奖全国高等艺术院校声乐大赛优秀指导教师奖；第六届"神州唱响"全国高校声乐比赛优秀指导教师奖；第五届香港国际音乐节优秀教师奖；曾入选《当代音乐》杂志总第537期封面人物。近年来，一直活跃于国内外舞台，曾参加CCTV中央电视台春节联欢晚会和元宵晚会的节目录制；多次受邀出访欧洲、美国、新加坡进行交流演出；多次在湖北、上海举办个人独唱音乐会；多次在上海音乐厅和东方艺术中心举办"齐莹师生音乐会"。在华东师范大学歌剧实验中心排演的中国歌剧《原野》中饰演女主角"金子"，并在我国的上海、浙江、海南、台湾等地区巡演。

风雨后阳光终于来到

作词：华也　作曲：唐荣　演唱：齐莹

那年的冬天心在煎熬，
空旷的街道阴霾笼罩。
往日的繁华不见踪影，

所有的人啊都为生命祈祷。

那年的冬天爱在燃烧，
勇敢的战士逆行奔跑。
生死前沿争分夺秒，
风雨同舟无惧骇浪惊涛。

风雨后阳光终于来到，
辽阔的大地冰化雪消。
与久违的阳光问一声好，
为中国力量感到骄傲。

那年的冬天终身难忘，
多少人坚守不辞辛劳。
穿过了风雨彩虹照耀，
中华儿女共把奇迹创造。

风雨后阳光终于来到，
无边的风景依然美好。
与明媚的春光紧紧拥抱，
让世界看到我们的微笑。

吴雪森：盛泽文联协会防疫作品赏析（两篇）

作品一：

作者简介：吴雪森，吴江盛泽人，1947年7月出生，1966届盛泽中学高中毕业生。当过知青，做过农民、民办教师、代理文化站站长。返城后当过工人，获省高等教育自学考试汉语言文学大专文凭。2007年自辽吴化纤厂退休后，受聘在吴江区丝绸协会搞文秘工作，曾担任《吴江丝绸志》执行副主编，另受聘担任

《江苏丝绸》杂志主笔。现为吴江区曲艺家协会会员、吴江区戏剧家协会会员。

看抗疫照片　唱吴江故事（唱词）

今年春节勿平常　新冠病毒很凶猛

迅速传播危害大　防疫斗争是硬仗

党中央吹响冲锋号　吴江全民上战场

守土一方保平安　驰援武汉战旗扬

手机照片一张张　张张图片暖心肠

吴江抗疫故事多　边看边唱来宣扬

（一）

百姓安危心中装

领导干部做榜样

深入一线查隐患

鼓舞民众看希望

党员争当志愿者

交通检查问端详

（二）

社区防疫任务忙

志愿者守护责任当

封闭式管理不松懈

宣传教育天天讲

把好人员进出关

网格巡查做保障

（三）

捐款票据有一张

慈善事业做榜样

汇款一亿献大爱

恒力集团名气响

社会责任担在肩

不愧为世界五百强

（四）

雷神山医院要开张

组装式箱房派用场

"殷弘"公司接命令

保质保量把时间抢

五百套组件分批运

装配派出好工匠

（五）

武汉防疫很紧张

再增援兵添力量

江苏二下征召令

吴江巾帼意志强

两座医院四护师

豪情满怀赴战场

（六）

防护物资跟不上

就像打仗缺刀枪

盛虹出资三千万

救活"刚松"破产厂

日产口罩廿四万

谱写抗疫新篇章

抗疫故事实在多　　桩桩件件正能量
一时头浪唱勿完　　下次准备再登场
待到春暖花开时　　驱散阴霾迎朝阳
高歌一曲祖国颂　　前进道路又宽畅

作品二：

垃圾分类人人要关心（上海说唱·金铃塔调）

（唱）桃花纽头红

杨柳条儿青

勿唱先朝评古事

唱只唱

垃圾分类人人要关心

分垃圾，好风哩格景

学习分类的重要性

掌握分类的好本领

提高分类的自觉性

风风火火分垃圾

男女老少齐呀齐上阵

这场战争打得真伟大

全靠中华民族自强不息的

好精神啊

我们的家园变得更干净

（板）小郭与小陆

一个单位里工作

有日礼拜天

一道白相农家乐

看看美风景

听听好歌曲

嘴婆忙勿停

两人有口福

小郭品绿茶

小陆啃甘蔗

小郭尝枇杷

小陆吃芦粟

品绿茶

啃甘蔗

尝枇杷

吃芦粟

吃芦粟

尝枇杷

啃甘蔗

品绿茶

两人再敲胡桃壳

剥出里面胡桃肉

放进嘴婆甜津津

翘起拇指连声夸

勿多一歇全吃光

瓜皮果壳一堆作

小郭问小陆

台子上面的果壳

哪能处理哪能丢（读"笃"）

小陆答

这件事情太简单

简而言之

言而总之

装进塑料袋

丢在垃圾箱角落

小郭讲

错错错

垃圾分类有新规

各种垃圾分开丢

绿茶脚　芦粟芯

枇杷皮核甘蔗渣

厨余垃圾做肥料

丢在绿色垃圾箱角落

其他垃圾胡桃壳

丢在灰色垃圾箱角落

塑料杯子可回收

丢在蓝色垃圾箱角落

小陆听了蛮佩服

两人动手把垃圾丢

垃圾分类长知识

小陆心里很满足

表示要向小郭学

争当一个宣传员

垃圾分类献芳华

（唱）男女老少齐呀齐上阵

桃花纽头红

杨柳条儿青

勿唱先朝评古事

唱只唱

垃圾分类人人要关心